北京味兒

瞿宣穎 主编
侯磊 整理

北京出版集团
北京出版社

图书在版编目(CIP)数据

北京味儿 / 瞿宣颖主编;侯磊整理. — 北京:北京出版社,2022.6
ISBN 978-7-200-16055-0

Ⅰ. ①北… Ⅱ. ①瞿… ②侯… Ⅲ. ①北京—地方史—掌故 Ⅳ. ① K291

中国版本图书馆 CIP 数据核字(2020)第 226422 号

总 策 划	高立志	责任编辑	乔天一 张 帅
责任印制	陈冬梅	封面设计	田 晗
责任营销	猫 娘	封面绘图	宗其香
封面题字	段京良	扉页辑字	瞿宣颖

北京味儿
BEIJINGWEIR
瞿宣颖　主编　侯磊　整理

出　　　版	北京出版集团
	北京出版社
地　　　址	北京北三环中路 6 号
邮　　　编	100120
网　　　址	www.bph.com.cn
总 发 行	北京出版集团
印　　　刷	北京华联印刷有限公司
经　　　销	新华书店
开　　　本	880 毫米 ×1230 毫米　1/32
印　　　张	10.5
字　　　数	193 千字
版　　　次	2022 年 6 月第 1 版
印　　　次	2022 年 6 月第 1 次印刷
书　　　号	ISBN 978-7-200-16055-0
定　　　价	68.00 元

如有印装质量问题,由本社负责调换
质量监督电话　010-58572393

瞿宣颖先生与《北京味儿》

今天，知道瞿宣颖（1894—1973）这个名字的人不是很多，其中原因有很多。我想，最主要的原因是瞿先生在文史和掌故学方面的著作大多都在上个世纪的二十年代到四十年代，五十年代以后，他的著述虽然仍不少，还做了大量古籍整理工作，但更是任劳任怨的默默耕耘了。他的晚年是在上海，因此北京的读者对他并不太熟悉。晚年瞿先生多以号行，用"蜕园"行于世。

瞿宣颖的祖籍是湖南善化，即今湖南长沙。他的父亲是晚清的内阁大学士、军机大臣瞿鸿禨，向以为官以清正廉洁著称，后来与主政的庆亲王奕劻不睦，又受到袁世凯的排挤，于是返乡与王闿运唱和。辛亥后迁居上海。

瞿宣颖是瞿鸿禨的第四子，除了幼承家学，有深厚的旧学基础外，他的新式教育也是在上海完成的，是上海复旦大学的早期毕业生。在北京政府时期，他做过国务院的秘书长、国史编纂处处长。后来也曾在南开、清华、燕京、辅仁等大学任教。

瞿先生精于古文、诗词,也擅长书画。近年来,他的书画作品也经常见于各地的拍卖会。瞿家父子两代与我家也算是世交,我的外祖父毓霖公①与瞿宣颖也有往还。至今,我还存有瞿先生为我外祖父画的梅花,骨干花枝遒劲清雅,颇见功力之深。瞿先生除了精研史学和古典文学,著有《中国骈文概论》等,更于方志、典故之学多有关注,他曾与傅振伦、王重民等发起编纂《河北通志》,也有《同光间燕都掌故辑略》和《中国社会史料丛考》《北平史表长编》等著作。我在九十年代参与整理和编辑出版《北京市志稿》时,也见到瞿先生主笔撰写的其中《前事志》部分手稿。

瞿宣颖自1920年进入北京政府任职到1946年离开北京定居上海的二十余年时间,都是在北京度过的,而居住的地点大多没有离开过东城,这些地方也都是我所熟悉的。后来他曾买下东城弓弦胡同麟庆的旧宅——半亩园,居住的时间最长。由于他的家世和学问,与当时的北京耆旧学人往来频繁,如傅增湘、俞陛云、周肇祥、郭则沄、柯昌泗、刘盼遂、吴廷燮、夏孙桐、陈垣、夏仁虎、溥儒、李释戡、徐一士、黄孝纾等往来密切。与当时北京诗坛画界和民俗掌故学人多有交集,成为半亩园中经常聚会的师友。由于近半生

---

① 王毓霖,字泽民,江苏淮阴人。民国时著名实业家、银行家,曾任北平保商银行行长,交通银行董事等。曾在周口店经营矿业,编著有《经济统计摘要》《房山游记汇编》等。

居住在北京，所以熟悉北京风物，对北京的史地民俗极为关注，对于北京有着深厚的感情。

北平沦陷时期，瞿宣颖曾一度出任"国立编译馆馆长"，因此也就成了他一生中的污点。故晚年改署"蜕园"，也有重做新人之意。他后来仍然做了不少古代文史整理的有益工作，还被聘任为上海市徐汇区政协委员。

对于瞿宣颖或瞿兑之这个名字我倒是从小比较熟悉的，因为读过不少他关于史地掌故方面的著作，颇为受益，在许多同期的学人著作中他的名字也彼彼可见，只是我那时还不太明白他后半生之所以落寞的原因。但是后来对他的生平和学问还是有了更多的了解。

最近由北京出版集团编辑出版了瞿宣颖的《北京味儿》一书，书后有侯磊先生的一篇"代后记"，即《瞿宣颖与北京：一位民国"史官"的居京日常》。我认为这篇文章对瞿宣颖做了十分全面的介绍，评价也是比较客观公允的，因此不想在此对瞿先生的学问和生平再做更多的赘述。不过还是可以就这本书，谈谈自己的体会。

《北京味儿》收录了瞿宣颖关于北京历史人文、风物、掌故、建筑、人物、教育乃至市井社会生活的几十篇文章，大多是辑自当时的报纸杂志，都是散见各处而从未结集出版，可谓零金碎玉。这些文章虽然风格与行文有异，但绝非市井耳食之言，道听途说，而是具有很高学术价值的。

例如《北游录话》，原载于《宇宙风》杂志，分十篇写完，全文采用他与刘麟生之间的对话形式，极其轻松自然，而又站在一个对于北京陌生的角度提出问题并做解答，阐述个人的看法，引证史料，娓娓道来，这在此类文字中是十分少见的，读来有种很亲切的感觉。

《最近的北平教育》是篇很短的文字，但是对于1928年迁都后，当时北平的大学状况乃至招生的良莠、生源的状况和会考制度都有独到的见解。这样的文字虽然与"北京味儿"并没有直接的关联，却很客观地反映了那个时代的教育状况。

《京官生活回忆》一文虽在《子曰》杂志发表较晚，也是他离开北京后的作品，但基本是他在北京生活二十几年的深刻体会，十分生动地描述了民国时代北京一个社会阶层的生活状态，完全是真实可信的材料。远比后来人揣摩那个时代的生活的描述要可信得多。

《北京味儿》一文大多是讲北京饮食的，这在瞿氏的文章中可谓闲来之笔，完全是以白描的笔法散论北京餐馆与小吃的文字，但是却言之有物，对于不同的社会阶层都有讲述，对于北京餐饮受到的各地影响也有客观的评价。

这本《北京味儿》的后半部大多是关于北京的市井民俗与风景名胜。

瞿宣颖先生虽然生活在北京的上层社会，但是对于市井民俗也很熟悉，当时像陈宗藩、张次溪、高伯雨这样致力于市井民俗和掌故轶闻的作家也都向他请教，或著作请他作序。《北京味儿》一书中这样的文字，在他的著作中应属"小道"，并不占有很高的位置，但是也应有一席之地。瞿先生在这类文字中虽然多是泛泛之谈，但确也十分亲切，很少"掉书袋"，都是娓娓道来，虽然多不能作为引证的依据，但也能让人有身临其境的体味。

感谢北京出版集团编辑出版了《北京味儿》一书，一是将瞿先生散落在许多报纸杂志中关于北京的文字辑于一书，得以流传后世；二是为北京史地民俗、社会生活研究提供了一部有益的资料，可供参考。确实是功德无量的。

辛丑正月　赵珩于彀外书屋

目录

故都闻见录 …………………………………（001）

杶庐笔谈（七篇）……………………………（109）

北游录话 ……………………………………（127）

最近北平的教育 ……………………………（195）

北平 …………………………………………（198）

从北京之沿革观察中国建筑之进化…………（202）

记城南 ………………………………………（235）

京官生活回忆 ………………………………（250）

北京的人情味儿 ……………………………（260）

北京味儿 ……………………………………（270）

故都二老 ……………………………………（278）

良乡栗 ………………………………………（280）

搭棚与裱糊 …………………………………（282）

北京的冰……………………………………（284）

年宵摊与厂甸………………………………（286）

北京的杂技…………………………………（289）

厂甸回忆……………………………………（291）

北京建置……………………………………（294）

北京的香山…………………………………（297）

清末民初的北京报纸………………………（300）

万里长城……………………………………（303）

瞿宣颖与北京：一位民国"史官"的居京日常（代后记）
…………………………………………………（305）

故都闻见录①

　　我友铢公，笔端挟飞动之致，每摹绘景物，使人读之，如身历其境，延景赏心，应接不暇，唯恐其终篇也。其文随物赋形，遇圆成璧，若太虚之云，起止无心，自然成趣，意其下笔直书，了不经意，心暇手闲，乃能如是。读其文者，辄与之俱化。杜老之诗曰："意惬关飞动，篇终接混茫。"此非善为文者不能道，亦非善读文者不能道。铢公之文颇称之矣。其文兼有诗词，有小说，有游记，于古近郦道元，近柳子厚，又近唐人小说。一日偶称故都风物之美，劝余往游，因欲仿陆士龙之说鄴中，鲍明远之记雷岸，快余等过屠大嚼之意，连夕握管，成数十篇，犹不能自已。余受而读之，击节称快。谓自来导游之作，无此精丽也。冠兹数语，

---

　　① 《故都闻见录》系列，《燕姬》至《警吏》连载于《申报》（上海版）1931年9月1日至1932年10月31日，共35期39则；《京曹》至《正阳门楼》连载于《申报月刊》1933年第二卷第七期至第十二期，共34则，总计73则，署名铢庵。其中《京曹》《九陌》《光棍》《茶棚》《同仁堂》《打鼓》《古董》《万寿点景》《崇文门》《市招》《书肆》《纸坊》《仓》《正阳门楼》12则曾收入《枕庐所闻录 养和室随笔》，由辽宁教育出版社，1997年3月初版，署名：瞿兑之。

以审同好。二十年夏日春痕记。

一　燕姬

《燕京杂记》云："京中妇人不知织纫，日事调脂裹足，多买肉面生果等物，随意饕餮，家徒四壁。一出门，珠翠满头，时装衣服，长短合宜，居然大家风范。"《旧京遗事》云："内无担石之储，出有绮绫之服。"此盖由明清两朝贵游仕宦胥吏军籍麕居此地，养成媮靡之风。晚清旗籍妇女，尤为人所诟病。一旦国亡家破，既无谋生之技能，复鲜服劳之训练，于是年长者屈为佣工，妙龄沦而卖笑。其境极可怜，其故抑非一朝一夕矣。旗女于妇功毫不讲求，固如上述，即冶容之饰，亦逊于汉人。往时咸梳高髻，阔几盈尺，成以假发，全失天然之美，益以浓敷脂粉，俗艳逼人。自民国十三年移宫以后，已不复见此装饰，转效汉妆，益有邯郸学步之诮。古云："燕赵多佳人。"此语不适于今矣。然满洲妇女有一事为汉人所不逮，盖贵游之家，习于礼范，应对进退，动容周旋中矩，仪态万方，不矜不迫，殆非勉学而能。欧人重社交，妇人以羞涩生硬为耻，此风于满洲见之。本斯美质，去其骄惰，加以近代饰容之术，固足为模范女子也。满人之绝美者，固亦数数见之，特稍拙于涂饰耳。其装束亦胜于汉人，故旗袍至今不废而转称便也。

二 马缨花①

客有不喜北平者，曰："北平春夏间之尘土涨天，塞口鼻欲嚏，齿嚼之有声，此何可耐也？"应之曰：诚然。北平市政之待商榷者，何止一端？此其一耳。他日市当局能辟较远之规模，平治道路，广植树木，则此患□□②铲除也。试观东交民巷中之洁无纤尘，其故可想矣。夫平治道路，需费良多，或非旦夕所可期。至于植树，安见其不能举邪？古时宫禁多栽槐柳，唐人诗句，摹绘屡矣。北平故宫，犹存旧规。今中华门至天安门，丹垣之旁，尚多古槐。蟠枝攫拏③，苍鳞斑驳，虽零落不成行，犹堪作美荫。外此王侯第宅，门首亦多槐榆。壝④坛庙宇，则饶松柏。而御沟侧畔，垂柳毵毵⑤，瀹然浓绿，每延数里，皆足见往时树木之盛。民国三、四年间，兴举市政，东西长安街一带，广植德国槐与马缨花。此二木皆易长，至今

---

① 马缨花：又名马缨杜鹃，常绿灌木至乔木，可入药。
② 编者按：原文如此。
③ 攫拏：张牙舞爪。
④ 壝：古代祭坛四周的矮墙。
⑤ 毵毵：毛发、枝条等细长的样子。

长夏垂阴，与黄瓦丹垣，映带成至美之色彩，足征其时犹有工于都市建设之人才。比年以来，则每岁清明，空购无数树秧，植之街畔。既无负专责者灌溉而监护之，不旬日辄复萎死，年年植稚树，年年终于无树，覆辙相寻，从无澈底更张之计划，甚矣，北平市当局之无人也。凡近年新辟之路，及繁盛之市街，多无树木。每至夏季，烈日直射，行人为之焦头沃足，偶见一二高才及肩之稚树，摇摇欲毙，状至不堪。其实每年植树之际，但派专任警察十人，便可周历全城，监护其事，更可责成邻近居户，每户专护一株，如或萎枯，立令赔补，事轻易举，莫此为甚。为长者折枝，可为而不为，是北平市当局之谓矣。

北平土宜之树至多，若楝若柳，几于随地可生，不加斧斤，从无夭折。他若桑枣槐榆之属，可以荐盘盎充薪槱①者，市民皆等闲视之，良可广为播种。顾余以为最足以代表北平之树，莫如马缨花也。马缨花即合欢木，其叶琐细对生，昼间舒展，至宵而合。自夏及秋，作花状如马颈之繁缨，故得是名。其色上红下白，淡雅宜人，往往叶生，不假培植，无待十年，高齐楼橹，浓阴密布，能隔红尘，循名责实，俱符嘉树之号。使有贤明之市当局，尽一月力，遍树此木于全城，则美荫长垂，后之人永诵《召棠》②之

---

① 薪槱：指柴火。

② 出自《诗·召南·甘棠序》："甘棠，美召伯也。召伯之教，明于南国。"召伯是周文王姬昌的庶子，武王、周公的异母兄弟，仁政爱民，曾舍于甘棠之下，人民为了表示爱戴而爱甘棠树。后世以此颂扬官员爱民的政绩。

什①矣。前年市政府定以菊花为市花。夫菊非北平所独有，又为日本帝室徽识，嫌于淆混，盍若采马缨花制为图案，不尤雅丽切合邪？

三　西涯②

纳兰容若《渌水亭杂识》称明李文正东阳赐第在西长安门西，俗呼李阁老胡同。其别业在北安门北。北安门即地安门，俗称后门。门外即十刹海，由此淡沱绵延以至积水潭，为玉泉泉水入城停蓄处。方元代全盛时，此水当城之西，南来漕艘，由通惠河穿城而入，汇聚此潭，牙墙锦缆，排闼骈阗，殆如天宝时唱三郎《得宝歌》故事③。明代缩小城垣，漕艘在城东起仓，此地沦为烟水，遂使帝城一角，可兴江湖万里之思。宜文正留连于此，垂为名迹也。文正《怀

---

① 之什：书的篇章。之：助词。什：古时诗文以十篇为一卷，代指篇章。
② 西涯，指北京市什刹海前海的西北角，即今金丝套（大金丝、小金丝胡同）地区。
③ 相传《得宝歌》由唐玄宗创作，后成为曲牌名。玄宗朝广运潭总码头落成典礼时，上百人齐声向唐玄宗高唱："得宝弘农野，弘农得宝耶！潭里船车闹，扬州铜器多。三郎当殿坐，看唱《得宝歌》。"

麓堂集》①有《西涯十二首》。西涯在慈恩寺后，公即取以自号，盖公祖业在此，非别业，容若偶误也。十二首：一《海子》，二《西山》，三《慈恩寺》，四《响闸》，五《饮马池》，六《杨柳湾》，七《钟鼓楼》，八《桔槔亭》，九《稻田》，十《蓬池》，十一《菜园》，十二《广福观》，皆积水潭至十刹海一带之景也。嘉庆中法梧门重访西涯故居，爱倩罗两峰绘《续西涯十二图》，一时名流题咏盈册。姨丈黄再同侍讲，尝手摹一通，余于丙寅之冬假诸其家，亦临数纸。黄诗有云："西涯本是元西海，（积水潭即元西海子。）妙绘清吟各几回。（西涯作图始沈石田、文衡山，梧门诗龛凡五十余图，予所见已十余图，嘉庆中老辈题咏极多。）居士龛还更第宅，相公地本乏楼台。（西涯是李文正公祖业，初无别墅，故文正诗有"绿野无堂正忆装"之句，详见梧门《西涯考》。）前朝山色犹城上，大雅风流去水隈。松树藜光途渐熟，花时约友每同来。"余追和一首云："承平清暇人如接，图画追摹首重回。南望好吟《怀麓集》，东风已失国花台。迷离坊曲荒烟里，萧瑟园林野水隈。多恐昔贤名姓没，几人郊墓读碑来。"

文正墓在西直门外畏吾村，与极乐寺相近。寺以海棠擅名，有国花台，今台虽在而树已荒，村名亦改。余于癸亥

---

① 李东阳（1447—1516），字宾之，祖籍湖广茶陵（今湖南茶陵），生于什刹海西涯地区，故号西涯。明朝内阁首辅，谥"文正"。《怀麓堂集》为其一部诗词别集。

春间，偕方御骖策蹇过访，曲折寻问，始得其处，故有此诗末联也。今积水潭一带，烟水空明，鸥凫葭菼，萧然有波泽之致。临水人家，时闻砧杵，尤与时代隔绝。旧京高士，孤踪独往，每爱结庐是间。无锡许溯伊即卜筑于此，临流垒石，移竹成援，夏晚小集宾朋，翛然意远。余尝以句写其景云："烟濛官柳无穷碧，雨出遥山不断青。"犹不若宋牧仲之《过银锭桥旧居》诗尤为工切。宋诗云："鼓楼西接后湖湾，银锭桥横夕照间。不尽沧波连太液，依然晴翠送遥山。旧时院落松槐在，仙境笙簧岁月闲。白首炼师茶话久，春风料峭暮鸦还。"

积水潭迤南至十刹海，有稻田数亩。城市中得此，景尤奇绝，桔槔咿哑，宛在江南，长堤一桁，官柳覆之。夹岸芦棚冰担，喧阗里许。满洲士女，浓妆炫服，嬉游其间。比年以来，旧京风俗渐改昔观，惟此间犹存春明梦余景象。北岸有酒楼曰"会贤堂"，亦纯旧式，凭阑俯视，全景在目，把酒遐思，直如南渡后人追想汴京繁华也。

四　丰台芍药

今平汉、平绥、北宁三路交轨之处曰"丰台"，入北平第一巨站也。金之南城门曰"丰宜"，盖城废而门址犹存，故得今名。每车行过此，若当花时，必有持盈握之芍药以求售者，红紫缤纷，使人忘征尘之倦。往时丰台居民皆以莳花为业，连圳接塍，不植他物。内苑侯门簪鬘之需，繁费若此。唐诗所谓"近来无奈牡丹何，数十千钱买一窠"。遗风余韵，犹有存者也。毛西河之姬人曰田田，即此处卖花翁之女，吸风饮露，想见姑射之肌。咸同间，犹有骚雅之士就此置酒。王壬父《湘绮楼诗》注云："每岁花时须以十金留一日，俾勿剪去，可供赏燕。"当时已以为奢。今社稷坛园药圃甚盛，短篱围之，巡行一周，香盈裾袂，游人鲜复远至丰台者。

北平园艺之工为诸都市冠，名葩异种，难悉举名，尤适土性者，芍药以外，则数海棠。凡人家庭院稍阔者辄有双株，而故宫绛雪轩、南海颐年堂、颐和园乐寿堂植此尤茂。余长沙城中故宅有双株，势殊峻拔，已近百年。盖物主为满洲裕某，自北都移植者，薪木既毁，神物遂枯。及移家北平，宅中前后两院亦各有两丛，一绛一白，每年递为衰盛。白者螳枝偃蹇，垂阴满庭，虽在北平亦为罕见。复次则紫白丁香，丛生不择地，与海棠开时相先后，苞药细琐，馨香酷烈，然插之胆瓶，雅而兼艳。以视欧西之紫罗兰，何渠不若邪？等而更下，则石榴与夹竹桃。此二物自晚春以历中秋，花实不绝，布列中庭，足增富丽，亦旧都风俗也。好事者戏以二语括满人第宅之状,曰:"天棚鱼缸石榴树,先生肥狗大丫头。"意谓其中庭必架天棚,门首必列盎以贮金鱼,而以榴点缀其间,先生云云,则其家所豢养也。达官富贾,绝无雅骨,其家居布置浓俗,跃然如见。虽曰谑而近虐,亦非善于体会物情者不能道也。

每岁除将近,则东西两庙市竞售唐花,牡丹碧桃,栽入盆盎,以映椒盘,顿添春色,随宫剪彩,方之为拙矣。南州远物,若橘柚、天烛、末利、建兰,值价甚高,培护稍一不周,辄复无幸,殆惟豪富之家方能育此,而艺之者终不绝也。至于太液夫容,颜色最艳,车行金鳌玉𬟽桥畔,初日晚凉,尽人消受,不必池中蓄之,斯则南方所转不逮。好事者喜于秋间为菊会,标新领异,五色目迷,余嫌其变雅为俗,稍失东篱真逸自然之趣。冬之于梅亦然,艺梅之匠,俗骨难医,好以梅枝屈折就范,全不顾其横斜之态。余以为北平园艺既有发展之望,市民生计利赖实多,市当局宜奖励其所已成,而诱导其所不及。凡显与科学美术相背驰者,宜劝止之也。

四时之艳,述之差备,尚有一物乃忘齿及,则俗所谓榆叶梅是也。其花兼有桃花、海棠之姿,而甚易长育,即诗所谓"棠棣之华,鄂不韡韡"[①]者,他处罕见,故都独多。

---

① 出自《诗经·小雅·鹿鸣之什》,棠棣花开每两三朵彼此相依,后喻为兄弟情谊。

五　团城

　　往年车驾在西苑，各国使臣觐见必于承光殿。殿建团城之上，自掖门拾级而登。平台数亩，密甃花瓶，檐宇轩昂，窗棂洞豁，近挹北海之波光，远浮西山之岚翠，贝阙瑶宫，真吾国建筑所独具之美也。按其体制，古所恒有，故籍中所谓"宫右为台以备非常"者。近代稀复筑台，意必胡元不擅此技，北京宫阙规模皆沿元旧也。明代诸帝尚常召见平台，清宫惟团城足当此号，若瀛台，则实非台也。余于民国十二三年常上直于此。朝夕揽其胜概，尤爱庭中古栝。栝之为状，白鳞碧鲜，虬干疏阴，叶似松而稍细。其姿态逊松之奇杰，而秀雅则远过之。其中最大者一株，传是金源遗植，旁列稍幼者十余。历年以此地为公廨，厮役无知，薰以烟火，颇有亡者，致为可惜。余尝抚绘此树而系以诗曰："过眼兴亡八百春，珍台丛树尚嶙峋。金源岂忆承平事，玉瓮同留劫后身。枉为清阴留俗客，若回池水浣流尘。犹应悔向人间老，未共盘龙柱作薪。"诗中之玉瓮，指元世祖所制之酒瓮也。元代大朝会必置于正衙，其后沦于西华门外真武庙中，俗呼玉钵庵。乾隆十年乃以千金易之，移庋殿庭，覆以石亭，遍镂御制，及诸臣和诗。瓮为黑玉所成，随其天然形态，微加雕琢，容酒数石，斯实历史上有数之珍物。至殿中所供白玉佛，嵌以宝石璎珞，俗人每艳称不已，不足与此并论矣。北人不识栝桧二字，呼曰"白皮松"，经年望之若负霜雪，郊行亦恒见之。南人辄诧为奇观也。

六　白蛉①

南中昆虫草木之毒，所在多有，故昌黎有"下床畏蛇食畏药"②之句。北都气候素寒，宜无此患，然盛夏之中，亦有一二可虞者焉：曰"守宫"，曰"蝎"。而蝎为尤毒。其状钳爪钩尾，尾合毒汁，以尾螫人，痛不可耐。古文万字，即象其形，后加虫为虿，其实一也。己巳夏间，假居燕京大学王教授寓斋。昼寝闻枕畔悉索有声，未之异也。抵夜展衾，则一蝎赫然在焉，恐怖几不复能寝。此室中有纱窗，扫除至洁，而犹不能免，他处可想。故凡居北土者，如不张帱，则宜移床室之中央，勿近墙壁。然此物螫人不能致死，近代生

---

①　白蛉：一种与蚊相似的吸血昆虫，幼虫水生，成虫为黄白色或灰白色，有双翅，全身密布细毛，会传播疾病。
②　出自韩愈《八月十五夜赠张功曹》："下床畏蛇食畏药，海气湿蛰熏腥臊。"

物学家早已论定，不足忧也。其人力所不得施者，惟白蛉耳。白蛉体纤而色白，飞集人肤，几于目不能观。初来之客，受其嚼嗋最烈，次年则抵抗力渐增，久居渐不复畏。然血液易受反应者，或终身不能免焉。协和医院精研此证，卒不获治疗之方。近始发现西山卧佛寺为白蛉孳生之源，谓春夏之交以石灰墁溪壑，可冀绝其根株。他日市政进步，秽恶尽除，人力亦未尝不可胜天也。

七　大夫

北语医生曰"大夫"，而读大若"代"，南人每以为异，然此音甚确也。"大"本在泰韵，古音固当读"代"。今通行读"达"字去声者，乃受吴语之影响也。凡吴语皆读泰韵之字为柖韵，不知以何因缘，北人独采此吴语，而于专用名词之大夫则仍读正音。地名亦然，大同、大名，皆读"代同""代名"。浅人不知，以柖为正，以泰为讹，遂摇首瞠目，不得其解矣。

医生称"大夫"，或亦举为怪异，殊不知古代官名尊称，久而习俗用为相敬者，不止一个。剃匠之为"待诏"，茶役之为"博士"，当铺火计之为"朝奉"，皆是也。推而言之,"相公"为唐人尊宰相之称,明以后以呼秀才,此预祝也;"员外"为唐宋较滥之散官,几于尽人可得,乡里富豪遂亦冒此荣称,故小说中称土豪必曰"员外",此滥施也。至于医生之称"大夫",抑又有说。古代以医为业者,必通籍官府。《金瓶梅》《石头记》记延医事,辄云请某太医。其始也医生皆为大夫,继则概以"大夫"称医生,与南中称医生曰"郎中"者一也。

八 炒栗

今南方诸都市,每至中秋前后,街头巷尾,以糖沙炒栗卖之,标曰"良乡栗子"。南人于北方地名多模糊,独良乡以炒栗,得印入人脑矣。良乡者,由北平西南出第一县也。炒栗之垂于吾国史乘者,至今已几千年。按《契丹国志》,萧罕嘉努尝对辽主言:"臣知炒栗,小者熟则大者必生,大者熟则小者必焦。"辽以燕为南京,必辽之君臣习于燕京风俗。故萧罕嘉努举以为喻,期其易晓也。《老学庵笔记》[①]云:"故都李和炒栗名闻四方,他人百计效之,终不可

---

① 《老学庵笔记》:南宋笔记,作者陆游,多记载亲身经历的事,文史价值高。

及。"其《剑南集·夜食炒栗有感》诗注云："漏舍待朝，朝士往往食此。"据此则汴京亦有此风，而南渡以后复传至江表也。然则区区一物，关系千年来世运之升降，文化之迁移，有如是者。秋宵霜冷，青灯之畔，买此物盈握，啖之有味外味，弥足发思古之幽情。其在北都，炒栗而后，继以白薯。烤白薯外焦内熟，买一枚立街头食之，可当一餐。煮白薯汁浓作赤色，味尤腴美，无论贫富，皆嗜啖焉。盖其香味隽厚，富人虽舆马过衢巷，未有不遥闻而动食指也。

九　猫厄

闻诸猫种以波斯为上，在吾国则临清产狮猫，为昔年贵游所珍视。狮猫之为状也，氄毛浓泽，善伺人意。每当冬夜围炉，得此物蜷伏足畔，胜似摩挲玉肌。北地苦寒，非氄毛不暖，故此种颇宜。其种性遗传，须两三代乃一见，不必每胎皆然，即一胎之中，亦止偶一遇也。余家小花猫，第一胎即产一头，全身雪白，惟半颊与尾为黑，既长于捕鼠，复善于媚人，终日抚摩，绝不烦怒。丙寅初春，病数日不食，送入医院，莫测所由，意谓不可救矣。蜷伏炉旁，忽自起就食，自此获庆更生。及己巳之春，忽复失踪。盖近年猫皮之价大昂，每头值可数元，奸人贪利，乘夜纵毒，诱而毙之也。畜猫之家，日以失踪相闻，久而渐觉，警厅虽亦捕治此辈，然利之所在，谁能禁之？无以名之，名之曰"猫厄"。人性不仁，残及无辜，有如是者，呜呼！

一〇　查楼[①]

嘉庆初年，日本有《唐土名胜图荟》[②]之刻。此书近颇有传本，全为当时来游上京者归国追模之作。其卷帙次第，首大内，次皇城，次内城，次外城，次园囿郊垌，而终之以直隶各府。其编制，先之以总图，而后及乎典章文物、风景名胜，系之以说明，而参引名人之题句。其于大内也，则若《帝后御冬夏朝服之图》《午门朝参之图》《午门内九重门之图》《太和殿大朝会之图》《除日保和殿宴外藩蒙古之图》《乾清宫千叟宴之图》《重华宫小宴图》；其于皇城也，若《天安门颁诏之图》《元夕奉芍药牡丹之图》《冰嬉之图》《紫光阁试武进士之图》《皇帝躬耕皇后亲蚕之

---

① 原载《申报》（上海版）1931年9月24日，第21004号，第11版；转载于《国闻周报》1932年4月4日，第9卷第13期1则。
② 原书名为《唐土名胜图会》，冈田玉山等编绘，作者为著名画师兼木刻高手，书中插图版画丰富细腻，约刊于日本文化二年（1805）。本书中又称之为《唐土名胜图绘》。

图》。皆太平之世声名文物之盛,即《会典》诸书所不克备见者也。若《东西安门之图》《四牌楼之图》《正阳门正阳桥之图》,则京师城阓廛市之迹,可以自今证古而若合符契者也。至如各衙署寺院、坛囿苑御,或其名厪存,或其地已泯,览其图绘,皆宛然如见。数百年来经营缔构之功,犹得长存于吾人之想像,斯诚图籍之瑰宝,中土所未见。至如人物衣冠之制,多已远非今状,尤好古者所不可不一观。吾以为古今风俗变迁,最可玩味者,莫如戏楼与妓馆。其所载《东西青楼之图》,是在今灯市口东边一带。妓女皆服长袍盛妆,弹筝琶侑酒,绣帘红烛,迥非今世所见。正阳门外之查楼,其戏台与今制尚不殊,惟观客皆露立,妇女始居席棚。民国以前旧式戏院,客坐皆以长凳纵列,侧耳听之,不正对戏台,妇女则居楼上。有主男女合坐,辄大为时论所诟,警厅从而厉禁之,故知其为乾嘉遗俗也。今则此种戏院已仅有存者,男女合坐,莫敢不服矣。《唐土名胜图荟》绘其状,至足耐人寻味。牌楼上署"广和查楼"四字。查楼者,查姓富商所创,于是凡戏楼皆以查为名,不知何时误"查"为"茶"?得此书始克正都人相沿之误。

一一　底子钱[①]

《通鉴·唐贞元十三年》：宦者称宫市买物，仍索进奉门户及脚价钱。胡注：进奉门户者，言进奉所经由门户皆有费用，如汉灵帝时所谓"导行费"也。旧时京外官吏所用阍人（俗称"门上"），动索进见者之苞苴[②]，号曰"门包"，最为恶习。上至宫廷，亦复不免，而又加甚，观此则由来久矣。门上多北人，每京曹外简，则交互夤缘[③]，竿牍如织，共觊随行，视为利数。虽有风节之士，欲禁之，则曰："我辈恃此为生，否则谁肯跋涉万里以相从耶？"其情如此，无如何也。自爱者亦不过严饬若辈不得勒索而已。外官无论矣，京官尤清苦，家丁所恃，亦惟门生故吏之入觐者，叩门赠以数金，然终不得如外官之可倚势强索也。

门包以外，则底子钱为大宗。底子钱者，主人购物，则付款之际索留百分之二以润家丁，此为相沿公例。若例外需索，弥无止境，故自往店肆购物，其价必较仆役往购为昂，

[①] 原载《申报》（上海版）1931年9月25日，第21005号，第11版；后转载于《互助周刊》1931年11月8日，第8号第7期1则。
[②] 苞苴：指包装鱼肉等用的草袋，也指馈赠的礼物。
[③] 夤缘：拉关系，攀附。

由于店肆预为之地耳。斯亦唐人所谓门户者。京辇之下，丛[①]此贪蠹，官方所以不澄。都邑既墟，此辈遂失所凭依，然而底子钱之俗仍不能革也。

特近数年来，租住宅之打扫钱则竟不复见。打扫钱者，每租赁约成，则房主与房客之仆役各得一月租金，而瓜分之，并所谓茶钱，号曰"三份"。茶钱者，租房之第一月须多付一月租金，以当押租，至解约时可以多住一月，不需付租也。此缘居民日少，房主不得不降格以从，否则更无问津者耳。以此觇之，将来故都之风气，必可渐趋简单醇朴，旧染污俗，终将成为陈迹欤？

一二 黠仆

《燕京杂记》极言京中奴仆之奸黠，曲尽情态：

> 凡有兴作及置物等类，多由司阍[②]之手。司阍先定贿于市人，使昂其价值，然后引之进门。倘主人斥去，令改招别处，虽易数家，其价递倍，主人无奈，卒依

[①] 丛：聚集，丛生。《尚书·无逸》："乱罚无罪，杀无辜，怨有同，是丛于厥身。"《抱朴子·自叙》："荆棘丛于庭宇，蓬莠塞乎阶霤。"

[②] 司阍：看门人。

初价。

京师卖物荷担或市肆，遇贵人必昂其价值，仆隶则常价得之矣。余尝偶立门前，有荷蟹过者，问其价昂甚，后还内唤仆买之，则前价一半耳。余思其故不得，后问久旅者，咸谓与贵人交易时少，与仆役交易时多，倘以常价卖于贵人，便破仆役浮开之数，于是群仆交詈，递相遍告，无复与交易者，以故与贵人交，必昂其价值云。

仆隶浮开物价，彼此通合，弥缝上欺，即南仆初入京者，亦于市上互相盟约，私定滥报之数，百喙一词，使主人无从考察；中有醇厚者，不入其党，拳棒交下。

凡久居京者皆知此情。然以京仆恭谨知礼法，伺应善如人意，亦习而安之，宁愿少受欺绐①，终胜于亲与市廛较锱铢也。近年阶级之限已除，南人旅居，多习于市易，则豪奴之技亦渐无所施矣。中等人家多不用男仆，其弊尤鲜，然女仆之奸黠亦正未易周防。

凡介绍女仆者，俗号媒行。业媒行者，必为熟于世情之妇女，藏垢纳污，不言可喻。若人家须唤女仆，辄相其门地高下、主人性格习尚，为择其宜者应之。其人初至，必甘言柔色以媚主人。三日内谓之试工，不合则去。然多不待试工

① 欺绐：欺骗。

期满，辄复求去，盖利其按日计赀。而媒行每送一人，辄得车费一次也。若安而不去，则须先取一月工资，而以四分之一献媒行。每届三节，仍有常例。媒行既利于女仆之屡易其主，女仆亦从无安于一枝之意，常曰米煤琐屑，随手盗窃，转售店中，便获蝇头。姿首稍佳，或与厮役勾结，致成奸盗，皆习闻之事也。往时工资至薄，近方以月三元为准，然若辈所冀者，在主人饮博赠遗，可得额外之收入，纵增其工资，亦不足邀其一盼也。故寡交游之家，尤难于用人，要之恶习不易革除矣。

一三　裱糊匠

北都裱糊匠之艺，超于四遐①，与棚匠殆相颉颃。若舍馆初定，嫌其敝旧，唤裱糊匠以纸糊之，则鲜洁夺目，朽腐悉化为神奇矣。其艺之最神者，藻井楣桷，悉以色纸界之，俨如彩绘，天吴紫凤，无迹可寻。迩来工价渐昂，每室须三四元，然以视圬漆之工，其廉远甚也。相传清廷需用裱匠，苏州特送四人，初到即发出细腰葫芦一枚，令裱其里。一人沉思良久，乃去蒂入碗锋其中，令三人互摇之，使极光洁。然

---

①　四遐：指四方极远之处。

后用白棉纸水浸一宿，调匀灌入，即倾去，俟干复灌。如是数次，然后进御，破之则彻里有纸，而无补缀之痕。意此术自吴中传至北都欤？前代都城所在，辄为名工荟集之所，而其乡里或反失传也。

凡糊屋，以顶棚为最难。屋之上以高粱秸为架，秸倒系于桁桷①，以纸糊其下，谓之顶棚。不善裱者，辄有皱纹，北都糊匠决无是也。侈者则以汉瓦文纸，逐方排列，俨如藻井。近又有以棕帘为顶者，亦颇雅洁。然裱糊之法，终不可久，鼠类窟穴其中，不数月辄穿败，又手触易污，故一二年辄须一易。建筑之术日新，此艺终须淘汰矣。

北方窗牖高大，其下一层多嵌玻璃，其上则糊高丽纸，以御风沙。届夏令则糊以绿色冷布，而以纸为帘，覆于其上，随时可以舒卷。状既雅洁，为值亦廉。

一四　皇穹宇

天坛占地之广，过于大内。坛墙以内，古树交荫，缛草纷披，几疑身在郊野。盖明代筑坛本在南郊，至万历间，北边警报日至，虑猝有强寇凭陵，乃筑外城圈入之也。墙内

---

① 桁桷：屋上的横木和方椽。桁：指屋梁上的横木。桷：方形的椽子。

隙地，自生益母草。有人专采此物制益母膏，视他处所产尤效。昔年传太庙独产灰鹤，以松柏为巢，与天坛之草，并为灵产也。坛三成，白石阑陛，高庳周径，皆有定数。坛北为皇穹宇，所以备遇雨行礼之所。皇穹宇北为祈年殿，皆重檐复撩，金碧辉焕。欧人游北平者，尤惊叹皇穹宇之美绝，盖以屋顶至重，而楹间相去又阔，匀配重力，独具匠心，能代表东方最高等之建筑艺术耳。宫殿庙宇，无不取长方形，惟皇穹宇为圆式，诚为杰构。

光绪己丑八月二十四日寅刻，雷电交作，大雨如注。忽祈年殿殿额着火，因而延烧，至未刻而殿中烟焰自琐窗中出，烧着梁柱，其光熊熊，如虹亘天。于是步军统领发令箭调兵奔救，而以殿宇过高，水激不到，卒致八十一楹之大殿悉成煨烬，香气四溢，播及通衢，盖殿材皆楠木，而神牌则檀木也，甚至丹陛上之汉白玉（西山产白石，质若瑶珉，宫中栏槛阶戺多制以此物，谓之汉白玉）阑干悉致炸裂，真奇灾也。平时宫殿之灾多归咎于典守者，若祈年殿似无可盗之物，不知何以致此，事后重修，工官遍检则例①，竟未载其矩度。幸觅得一老匠，曾与修缮之役，稍忆其结构，苦思力索，方得毕工云。

---

① 则例是清代重要的法律形式，其数量、篇幅、内容等为历代之冠军，六部及都察院、理藩院、八旗、国子监、内务府等机构部门都有各自的则例。梁思成著有《清工部〈工程做法则例〉图解》。

一五　粪阀

北人男女皆不用裹器，虽荜门圭窦①，而屏偃之处内外分明，故不虞其无别。北人淳朴，犹沿古制也。俗号溷圊②曰"茅房"，或曰"东厕"。若在公共处所，则别书之曰"堂客"，曰"官客"。北人以妇人为堂客、男子为官客也。若在人家，则屏以内为内厕、屏以外为外厕也。其扫除之役，有粪夫为之，月给以钱。粪夫皆山东籍，其团体至坚，每恃其众恣为讹索，居民恒恶而畏之，与水夫号为二阀。水夫者，无水管之家则必以人运井水供饮用，此辈就有井水处装车，逐户运送，以水质之美恶定月资之高下，亦以山东籍为多。（《旧京遗事》谓明代水夫皆山西籍。）顾粪夫视水夫尤恶，盖水可自取，而粪夫则每街止一人，或数街奉一人为首领，如甲不来，则乙亦不肯至也。二十年春间，市政府拟规定运粪时间，卒以群起罢工，无可如何而罢，其凶焰可知矣。运粪以柳筐载于独轮车，装载既满，上无覆盖，摇摇欲坠，见者莫不悼而避之，以视上海租界推挽以行

---

① 荜门圭窦：篱笆做的门，形状如圭的墙洞，指贫穷人所居之处。
② 溷圊：厕所。

者益为可厌，此真大国之耻。欲祛此恶习，唯有多设公共水厕，使若辈无可要挟，或可严令改良耳。今上等住宅，无不自设水厕者矣。

北都井水多苦咸不可饮，以西法掘深井，以机出之，则免此患。凡无水管之家，必饮机井，然中等人家亦多已设水管者。忆往年无水管时，豪家饮水取自玉泉，诚为澄洌，道中水车上标黄旗曰"上用"者，即玉泉之水也。其实都中水道皆源出玉泉，疏浚澄清不得其道故耳，否则何至跋涉数十里取诸城外也。

一六　茶肆

《天咫偶闻》云："大通桥西堧下旧有茶肆，乃一老卒所辟，并河有廊，颇具临流之胜，秋日苇花瑟瑟，令人生江湖之思。余数偕友过之，茗话送日，惜其水不及昆明，而茶尤不堪。大抵京师士夫无知茶者，故茶肆亦鲜措意于此。而都中茶皆以末丽杂之，茶复极恶，南中龙井绝不至京，亦无嗜之者。"此段述都中茗事，至可玩味。北人所好者曰"香片茶"，熏以馥烈之味，而茶实粗劣，一纸之裹，售铜元六枚，恰可供一壶之瀹，良为便利，饭庄茶坐，无不用之。凡南人所至之处，亦备龙井，然无真龙井，略具其色而已。

坛园（中山公园为旧社稷坛，故晚近诗人多谓之坛园）松柏之下，棐几绳床，清阴细草，与两三素心之侣，盘桓晷移，实北都第一乐事。顾苦无佳茗，有陆羽癖者，能自携茶具，斯为妙绝耳，大抵北人不擅花乳铜铛之韵，然选胜则固优为之。陶然亭茶坐，当秋风起日，亭皋①叶落，蒹葭苍苍，据一角危阑，送夕阳衔西山，与金阙觚棱②相映，此景最胜。游人至此，虽欲不驻足流连不得。颐和园宫门前当西苑营房大道，有小茶肆，傍古柳数株，累土为台，叠甓为几，以苇棚为荫。夏日临流，蝉声盈耳，偶见凫鹭浴水，羽毛鲜洁，相逐为嬉，令人浑忘尘世一切机事。此肆主人为旧日旗营军官，斥家为此，殊见匠心，他处盖未之见也。《天咫偶闻》所述，盖即此类。

城内诸小茶肆多兼为说书场，几案亦殊雅洁，秋宵无事，徐倾一碗，听负鼓盲翁唱蔡中郎，大足消遣。隆福寺街东口旧有弘碧轩茶馆，其门榜弘字末缺笔，尚是乾隆以前之物，民国十三年以后，已不见矣。

庚子以前，茶肆之最巨者推后门外之天汇堂，广庭巨

---

① 亭皋：水边的平地。
② 元代诗人陈孚《开平即事》二首其二云："金阙觚棱龙虎气，玉阶阆阓鹭鹓班。"陈孚（1240—1303），字刚中，号勿庵，浙江临海县太平乡石唐里（今白水洋镇松里）人。至元年间，以布衣上《大一统赋》受重用，《元史》称其"天才过人，性任侠不羁，其为诗文，大抵援笔即成，不事雕斫"。著有《观光集》《交州集》等。

厦，锦槛明灯，座中之客，多为豪贵，盖后门一带多王侯第宅也。其几案茶盏悉为特制，大逾常品，厮役趋走者数十百辈，各有等威，秩然不紊，庚子被兵，化为煨烬，今其地犹号"天汇大院"。自时厥后，亦无此规模宏远之茶肆矣。

一七　严嵩书榜

店肆喜乞达官贵人书扁额字，其习自古有之。光宣之间，多鲁人王垿①所书，当时有"有扁皆书垿，无腔不学谭"之谚，民国初年犹然，近始稍绝迹。王书实不佳，盖北都商肆多鲁人，徒以乡谊为重耳。惟店肆之极旧者，尚保存严嵩书额，实为可观。分宜榜书结体绵密，用笔峻整，绝不矜奇吊诡，而人自莫能胜，正昔人所谓作大字如小字者。如今之景山"北上门"额，大石作大高殿东西牌坊：一"孔绥皇祚"、二"弘佑天民"、三"太极仙林"、四"先天明境"，草厂七条胡同袁州馆之"帝里春台"额，前门粮食店之"六必居"额，后门大街之"仁一堂"额，菜市口之"鹤年堂"额，及"用收赤箭青芝品，制式灵枢玉版篇"

---

①　王垿（1857—1933），字爵生，号杏村，晚号昌阳寄叟，山东莱阳人。曾拜同乡状元曹鸿勋为师习书法，清亡后定居青岛。北京瑞蚨祥、天津谦祥益、青岛市面众多匾额都出自其手。

楹联（或谓此二者其子东楼书），皆昭昭在人耳目者。他如铁柱宫①之"净明忠孝"②四大字，书之厅壁，尤见笔势。其佚者，则翰林院之"丹林森严"额，贡院之"至公堂"三字（乾隆时屡书以易，皆不及，仍用原额），礼部之"夙夜匪懈"额，西城兵马司之"大德显灵宫"石额。最近毁弃者，为西单牌楼北大街路西双复染坊之"双复"二字，灯市口煤铺壁上之"价重乌金石火光恒"八字，俗人不知宝贵，轻易擦去，良可惜也。六必居及鹤年堂肆主颇知宝爱严书，不轻出以示人，闻有出价至三万元者。谅此二肆全恃此古旧之市招为营业广告，非重金所能易也。琉璃厂与隆福寺诸书店榜额亦多名手所书，则多在道、咸以后矣。

一八　导游

东西各文明国都中，皆有导游之册。北平为吾国文化中心，远近闻风兴羡而愿一游者，不知几千万人，而终无可

---

① 此处所言铁柱宫位于前门打磨厂西街，始建于明代，为江西会馆所在地，后改为小学。铁柱宫为道教净明派道观，供奉晋代道士许逊为祖师，主宫位于江西，相传当时有蛟为害，许逊除掉蛟并以大铁柱镇压，后世于各地建立宫观以祀许逊，名为铁柱宫。

② "净明忠孝"为道教正一道支派净明派的宗旨。净明派又称净明道、净明忠孝道，始见于南宋绍兴年间，以道教四大天师之一许逊为祖师，主要经籍为《净明忠孝全书》，主张忠孝神仙，强调世俗伦理等。

以指导游人之书，何其异哉！自《日下旧闻》以下，考证燕都史迹之书何止充栋，然为学人探索之资则可，为游者之指南，则游者有所不暇读也。欧西人士纪述北京之作，亦已不鲜，然终多隔膜，且亦不协最近情况。迩日闽人陈宗蕃著《燕都丛考》三编，周述城之内外坊巷园林故迹，证以近事，足为实用之资，然仍偏于史迹者多，非专为导游而作，若市肆贸易饮食游处之类，不登于策也。坊间所出指南，则索然寡味，不足以发游赏之情。民国十八年春间，市政府繁荣设计委员会拟出一书，应此需要，业已具稿，政局既变，遂束高阁。又该会以西人来游者人地生疏，辄雇北京饭店左近之露天通事为游侣，此辈胸无点墨，于史迹既瞢无所知，袭谬沿讹，足贻国耻，议开传习所以养成此等人才，此事亦卒无所就。今每年美国游历团数百人杂沓来临，市政府纵能派员招待，亦断无逐一为之疏释之理。市民团体既未发达，亦无此能力尽地主谊。试思彼跋涉万里而来，观国之光，入此名都，阒无人焉，既不知应诣何处，亦不知可购何物，侊侊然俯仰随人，目迷五色，如聋如盲，莫能名焉而去。其去后之感想为何如邪？言念及此，可为长叹。今市政府动以经费无出为患，试思每来一游客，至少在北平须费百元。此百元者，即北平市上之流入资金也。市商会为接受流入资金计，宜与市政府合作，创一大规模之款宾社，专取能投西人嗜好之商品，陈列其间，以吾国固有艺术精神布置之，以欧文标明价格，聘有新商业知识而能欧语者任招待之责，即以其赢余经理上述之二事，固绰然有余裕，而何患乎费之无从出哉？或曰：二十年春间，欧美同学会曾开美术工业展览会，而所获盖寡，此事殆不易为。殊不知所陈列者不当限于美术工业，即饮食服御玩好凡为吾国之特产皆可搜罗。若专以高价之珍物求售，宜其难矣。此自在于商家自动为之而政府加以指导协助，急起直追，犹未晚也。

一九　陶然亭

康熙中，工部郎中江藻建亭于城南龙树寺旁，曰"陶然"。后人因以姓为号，曰"江亭"。其地荒烟百顷，坡坨高下，延景实心，有极目江湖之致。每当秋晚，蒹葭苍苍，白露为霜，尤令人忘在帝城之内也。往时冠盖多集城南。城南衢巷阗塞，尘氛最杂，欲至什刹海等处一览液池风日，则非竟日之功不可。京朝士大夫苦之，以是亭清旷独绝而不远市廛，每有宴游，辄假以治具焉。同、光之间，潘文勤、张文襄于此大燕公车名士，以彼此皆为主人，竟互相推诿，未备肴蔌，大贻笑柄。《湘绮楼诗集》有诗，即咏是日之事。甲午战事初起，亭畔泽中忽连日有声如牛，喧传以为水怪主兵，其实鹎鹏之属也。维鹎在梁①，恐正足以刺在上位者耳。光绪季年以后，京曹多居内城，江亭之会遂希。民国以后，社坛北海，相继辟园，簪裾雅集，喜喧恶寂。春明旧事，渐已淡忘，更无人访此寒烟野水矣。余于辛酉之冬，曾驱车一涉其地，颓然一阜，轩槛欲圮，纲虫四幂，佣保祈客设一茶，且无肯顾者。萧然四望，承平游事仿佛犹在目前。亭本以秋胜，故亭旁一墩曰"锦秋墩"。每岁重九，犹间有好事者假作登高之地。北都人颇重斯节，是日市肆皆卖重阳花糕。糕有二种，其一以糖面为之，中夹细果，两层三层各殊，乃花糕之美者；其一蒸饼之上星星然缀以枣栗，乃其次者也。

二〇　骡车

《竹叶亭杂记》云："京城骡车近多踵事增华，即买卖车之站口、跑海者，里帏亦有绸绫，窗亦有玻璃矣。（市中制车供人雇用曰'买卖车'，终日置胡同口得价方行曰'站口'，东西奔走莫定曰'跑海'。）额约斋司农②云：乾隆初只有驴车，其先德农中丞起初在部当差时，犹只驴车，惟

---

① 出自《诗经·曹风·候人》，比喻小人在朝或德不配位。
② 额约斋司农：即额勒布，满洲索佳氏，字约斋，曾任户部郎中、户部侍郎、总管内务府大臣、两淮盐政等官。清代，户部侍郎雅称为少司农。

刘文正有一白马车，人见白马车即知刘中堂来矣。自川运例开，骡车始出，其时名骡车为川运车。适读吾乡刘海峰征君赠姚道冲归里诗，有'骡车日日穿胡同'句。道冲为余叔高祖，名孔锌，以雍正戊申保举人才来京，然则骡车雍正时已有之矣。大兴金春甫克谐云：'乾隆三十年后，京中惟马车渐多，骡车尚罕见，盖前此或有，自川运始盛行也。'车之有旁门，则纪文达始创也。车旁开门碍于转轴，于是将轮移后，始有后挡之制。"据此则先有马车而后有骡车。

光绪三十年以后，都中始有出赁欧式马车者。前此南人入都，无不以乘骡车为苦，盖乘者须结跏趺，刚轮击石，车辄左右震荡，触额每坟起若瘤。又其行至缓，正阳门外，胡同狭隘，前后鱼贯，不得争先，一有阻滞，动经晷刻，其名曰"岔车"。大抵朝出访客，必抵暮始能归，故彼时内外城隔绝殊甚。满人居内城者，甚至半生未至外城；居东城者，亦经年不至西城。熟于故都土著之语者，辄谓东西南北城语音各异，凡以此也。惟后挡车稍舒适，然非达官莫敢御。

二一　厂甸

乾隆三十六年，琉璃厂东头发现辽御史大夫李内贞墓，其志石有"葬于城东海王村"之语，于是始知琉璃厂在契丹时为东郊之地。琉璃厂者，工部所设制琉璃砖瓦之地也，全街均为书店古玩店及南纸店。他如花炮、饮食店，仅偶一见。道、咸以来，卿相士夫退食之暇，辄于此检阅书册，评赏字画，摩挲彝鼎，度其优闲之岁月，隐然成北都文化中心。周年旧历岁首，负贩设摊者麇集[1]其间，道为之塞，警厅须先事指定路线，疏通车马，仅得无事，盖全城无贵贱贫富雅俗男女老幼中外，无不往游为快也，谓之"逛厂甸"。十七年以后，禁止旧历，颇复稍衰，然旋复依例，盖故都繁荣不能不有赖于此也。

有王卓然[2]者，于民国十年旧历正月初三日起至十五日，调查厂甸商业，制成八表。一曰"耍货"，谓小儿玩具也，在各种商业首屈一指。每日售货直铜元八万枚以上。次曰"饮食"，谓茶点之属也。三曰"日用品"，以妇女

---

[1] 麇集：聚集、群集。
[2] 王卓然（1893—1975），字回波，号梦白，辽宁抚顺人。爱国民主人士，社会活动家，"九三学社"发起人之一。

妆具为多。四曰"古物",其中古玩一百三十九户,古画五十户,古书二十八户。五曰"杂项",花炮金鱼之属。六曰"杂技",西洋景之属。七曰"运赌",其别曰"抽签",曰"滚蛋",曰"转转"。八曰"非商业的营业",则政府及学校所经营之游艺会、陈列所等也。

明胡应麟《少室山房集》云:"燕中书肆多在大明门之右,及礼部门之外,拱宸门之西。每会试举子,则书肆列于场前;每花朝后二三日,则移于灯市;每朔望并下浣五日,则徙于城隍庙中。灯市极东,城隍庙极西,皆日中贸易所也。灯市岁三日,城隍庙月三日,至期百货萃焉,书其一也。"此明代鬻书之情形,与今大异。今书肆除琉璃厂及其附近外,以隆福寺为最多,头发胡同小市亦有之,而品稍下。若近年东安市场书肆林立,则多新籍,供普通学生之浏览而已。

故都百业凋零,惟旧书业愈亦发达,盖学术昌明,需要弥繁。从前冷僻之书无人过问者,今或以为专门之业。例如各省志书从前几于论斤买者,今每部必值数元,罕见者至值数百元。家谱之类素不入藏,今亦见收于北平图书馆,而犹苦于无处可觅。加以日本欧美皆有专驻之员,日事访求,不吝重值。国内好事之流,广有金帛,竞搜善本,声气交通,此呼彼应,皆以北平为绾毂之区。琉璃厂、隆福寺各书肆多以干员分驻各地,犹患肆应之不及也。近年城内旧家之藏,多已罗掘无余，唯外县僻远之区，尚有珍蕴未发者。书肆中人虽于学术源流懵无所知，然名目版本则如数家珍，苟欲访求一书，但任语一肆，彼自能辗转穷搜以报命，即或中止不购，亦无怨色也。凡每年岁首厂甸陈列之品非必上乘，好事者徘徊消遣于冷摊之畔，偶或以廉价得残本。若真欲购书，不必拘拘是时也。其购古玩字画亦然。

二二　样子雷

民国七年，朱启钤奉使至南京，于图书馆中见写本宋李诫所著《营造法式》一书，亟取而表章之，付诸影印，于是世人始渐知八百年前吾国有此一建筑学者，以历来从未笔之于书之工程法式，贻厥后人。虽李氏所生之北宋，已为建筑术衰落时代，然而宋明以来相承之风格，得稍考见其源流，已为极可珍之文献矣。嗣后以书中图像未备，不足以资证明，乃遍取《四库全书》中现存之两本，比较而勘补之，属陶湘[①]、郭葆昌[②]二氏为董理其事，于是有民国十四年重校精

[①] 陶湘（1871—1940），字兰泉，号涉园，江苏武进人。民国著名藏书家、刻书家，藏书达30余万卷。
[②] 郭葆昌（1867—1942），字世五，号觯斋。河北定兴县城内三街人，著名古瓷学家。曾为袁世凯烧制了4万余件"洪宪御瓷"。

刊之大字本，其中彩绘色泽，重叠相宣，鲜洁夺目，今由商务印书馆经售，价至七十余元者也。

朱氏研究古今建筑数十年，民国初年北京诸新建筑，若正阳门，若文华、武英二殿，若中央公园，皆出朱氏手笔。融合新旧，悉具雅裁，为中外人士所交口称道。至今北平具有近都美之规模者，朱氏之功也。民国十八年，朱氏出其历年搜辑之图画模型，开展览会于中央公园，次年得中华文化基金会之资助，设中国营造学社于北平，每年出汇刊四次，复时开成绩展览会，而尤以二十年三月所开之圆明遗物展览会为最有兴味。斯会之动机，则由于十九年与北平图书馆合购样子雷模型之事。

样子雷者，承办宫殿陵墓工程之世业工师。国有大工，必取给于彼，故其家有嘉道以来各大工之图样数千件。朱氏任内务总长时，即耳其名而访求之。雷氏避不肯见，近年为生计所迫，始托人到处兜售，累代珍藏，渐有分散之虞。乃由北平图书馆出赀全数收买，约费六七千元，其中关于圆明园者即有图式一千八百余件，模型十八具。此事轰传于一时，学术界中莫不以先睹为快也。圆明文献中最为中外人士所注目者，为《谐奇趣西洋楼水法图》二十叶。此图系乾隆铜版，现在已发现者，北平故宫及辽宁热河两行宫所藏，又北平旧家所藏原印本，与席伦氏《北京皇宫考日本世界美术全集》所载今昔对照之图相合，若与最近残破状况相较，更觉不堪寓目矣。圆明被毁,迄今已七十年。及见盛时之状者,殆已绝无仅有。故园中博采西洋建筑之事,几不为人所知。从前作游记歌诗者,亦不甚措意及此。近始有学者参合中西记载,而决当时有西洋人参定图式也。嗟乎!夕阳野草,断甓零椽,此中贮先民多少血泪,后之人其可不长悬心目,而以之自警哉?

二三　黄芽白①

北方霜早寒深,宜冬季无蔬菜可食,然乃适得其反。黄芽白者,得霜愈浓,则愈甘美,一至春令,索然无味矣,所谓"霜菘"是也。炉火既燃,煮菜一盎,和羹食之,可以加餐,无劳更假肉味,且日日啖之不厌,故非他蔬可及。若以盐渍缸中,镇之以石,寒重冰凝,入口如啮冰雪,爽脆无比。东坡所谓醉后啖盐齑,定即指此。往时满人于嘉平八日,杂煮珍果米粟为饴麋,号曰"腊八粥",亲友互相饷遗,必以此齑为胜,云菜之美恶,可以卜家之盛衰。

北都寒季皆燃煤球以取暖,贫家室小窗严,煤火将烬,则生毒臭,人卧不觉,中其毒则窒息而死。往时缺西药急救

---

①　黄芽白:大白菜的一个品种,因菜芯颜色浅黄,好似嫩芽而得名。

之方，惟急饮以虀汁，则可甦，亦赖家家俱有此物也。近年多用西式火炉，即使仍用煤球，亦多知移将烬之火于室外而后就寝，又警区多备药物，广为劝告，此患渐稀矣。凡初至北都者，宜审问而慎防之也。又北都有温室，可以人工育蔬蓏，故冰雪严寒中，思食王瓜之属，可以立应，特价奇昂耳。

二四　卖冰声

舒位《瓶水斋集》有《京师寄内》诗云："丁香芍药都开过，杏子樱桃价渐平。金剪乍收铜碗响，卖花声换卖冰声。"此诗写夏令景物酷肖，盖卖冰者以二铜盏叠击之作声，便捷可听，累见明清人笔记，其风绝古。近不独卖冰者，凡卖甜食者亦如是也。北都藏冰多在什刹海，冬令即凿海中之冰若巨石块，纳诸窟室，次年夏间，发而售之，无贫富皆恣用。古者藏冰颁冰之政至重，前朝仍有四月赐冰之典，朱炎烦歊①，赖以稍解，亦犹行古之道也。北人夏令筵席首进冰盘，以生果杂置冰盘啖之，贫人或竟啮冰代饮，易致腹疾，是宜严禁。

---

① 烦歊：炎热。

二五　冰嬉[①]

近年北都冬日盛行冰嬉。北海公园铺银百顷，尤适为此，各大学男女学生，靓服诡装，驰骋其间，视夏日舞场尤为阗塞。南方无此坚冰，故永不能见此盛会也。此风输自欧西，然往时下级社会固已常为之。长白敦崇《燕京岁时记》云："冰鞋以铁为之，中有单条，缚于鞋上，身起则行，不能暂止，技之巧者，如蜻蜓点水，紫燕穿波。内廷宴乐，亦陈此戏，冬季就土阜洒水，浇成冰山，高逾数丈，莹滑异常，更使内监之健壮者，着带毛猪皮履，自颠溜下，不得俯仰其躯，谓曰'打滑溜'。其能直下不仆者，为上乘。"《日下旧闻考》云："太液池冬月陈冰嬉，习劳行赏，以简武事而修国俗，然则斯固满洲旧俗矣。"余意唐人泼寒胡之戏，必与此相近，盖苦寒之国，游戏亦取诸本地风光也。

《燕京岁时记》又云："冬至以后，水泽腹坚，则什刹海、护城河、二闸等处皆有冰床。一人拖之，其行甚速，长约五尺，宽约三尺，以木为之，脚有铁条，可坐三四人。雪

[①] 原载《申报》（上海版）1931年12月17日，第21088号，第11版，《人物风俗制度丛谈》中也有《冰嬉》一篇，原刊于《三六九画报》，1944年第25卷第4期，署名：蜕庵。两篇同题而不同文。

晴日暖之际，如行玉壶中。王大臣之有恩命者，亦准于西苑门内乘坐拖床，床甚华美。上有宀如车篷，可避风雪，按《倚晴阁杂钞》，明时积水滩常有好事者联十余床，携都篮酒具，铺氍毹其上，轰饮冰凌中以为乐，诚豪侠之快事也。"

二六　四合房

海宁王教授国维曾撰《明堂庙寝通考》一书，据甲骨文字证明古建筑通制为四宫相对而中函一庭。中庭即中霤，礼所谓家主中霤而国主社稷，正谓其当一家之中央为集会之地。若如旧说以中霤为穴居漏雨之地，殊违理智，扞格难通，此说既立，则明堂庙寝一切古今经学大师聚讼不决之礼制，皆得疏通证明，游刃有余。王氏为近代国学祭酒，信道好学，粹然儒者，而又精晓欧文，博通艺事，能以西方科学论证方法整理国故。每树一义，必犁然有当于人心。不独故步自封之老辈望尘莫及，即并时治学之士，持论间有不同，而以言造诣之深，无不敛手推服。王氏以十六年夏日，感愤时事，自沉于颐和园之昆明湖，全国学术界遂失山斗，顾其遗书益为世所重矣。

前记一说，为王氏阐明经学最精之作，以之印证北都所沿之建筑通式，殆弥不可拔也。北都中等家庭多为四合房式，谓上房三楹或五楹，东西厢房各三楹，而对上房之客厅，北人谓之倒座者，又三楹或五楹也。此正与王氏四宫相对之说若合符契。北俗多沿古昔，今山陕皆尚存穴居之风，则古宫室制之存于北都，极无可疑。又宫殿亦大体袭古制，都下居民本有定式，特宫殿之具体而微者耳。径直言之，则北方建筑足以代表古代建筑也。

大抵居宅之大门不能正对中堂，必偏辟其右，惟公署王邸乃备朱门琐窗，前施行马，王府则兼列棨戟，重阃洞启，可以直抵内寝。自余民宅，皆启右门也。入门有塾（门旁小屋），俗称门房，为厮役所居。与门房相连者，即上所称之倒座，宾至则入之。旁或有小院，可以为庖厨溷厕。倒座与正屋必隔以短垣，而树以屏门，俗称垂花门，以其短楹刻镂为倒垂菡萏①之状也。入垂花门，为正屋之庭院，即上所称之上房及厢房所在矣。通例上房为卧起所在，厢房则以为书斋宾馆，或以居子姓、庋杂物。上房之后，或更辟一小院，为后照房。其旁或更辟别院，俗称跨院，则或以处仆媪，非中等以上不办矣。要而言之，都下之屋多为上述之四合式，纵使千变万化，亦仅以回廊复室见奇，大体不出此也。等而下之，则有三合式，谓无倒座也。若贫户所居，则为杂院群房，不能备此格矣。

---

① 菡萏：荷花。

二七　玩具

　　故都东西两寺庙会及东安市场以至新春厂肆等处，最能吸引游人者，惟小儿玩具，浮滩列肆，层见叠出，皆是物也。尝见故宫有宋钱舜举所绘《货担图》，妇人牵引小儿，聚观争购，正是此景。欲研究民间风俗者，舍此无所之矣。约而举之，有非他处所习见者数事焉。一曰"抖空钟[①]"：《燕京杂记》所谓裁竹为二短筒，中作小干，连而不断，实其两头，窍其中间，以绳绕其小干，引两端而抖擞之，声如洪钟，甚为可听也。工于此技者，能抛至半空，重复落下，而声仍不绝。或两手分张，引绳使直，而空钟自左至右，飘忽往来，绝不着力，亦不坠地，号曰"仙人过桥"，为卖艺者一种技术，市井小儿多习为之。一曰"牛剌八"：以玻璃作葫芦形，口衔其管，递为呼吸，其底震荡有声，然稍不经意即易破裂。新春厂肆多卖此物。一曰"捏江米人"：以铁丝为胎，据糯米纷染诸彩色，为戏剧中人物之象，大不逾二三寸，须眉剑戟，织悉毕肖，纯以手成，不假他物，诚为绝艺。北语糯米为"江米"，故云。一曰"财神

[①] 空钟：今作"空竹"。

鞭"：以糖渍山查果贯作长鞭，修至三四尺，亦以岁首货之儿童，美其名曰"财神鞭"，以悦妇稚，既不可口，亦无可玩。一曰"弹弓"：以坚木被牛革作弩，中贮泥弹，引而发之，可以毙鸟雀，殆即韩嫣金弹之遗制。制玩具者类皆旗民，平日薄有才智而无恒业，乃出其余技引申变化以为糊口之资，多有僪巧可喜，出人意表。尝游市场，见以口令呼两虫相斗者，初意其训练之精若此，当售价不赀，迫而细察之，始知其为伪物，而以绝细之发引之，暗藏其发于袖中耳。玩具既日新月异，索价复贱，生涯殊不恶。惜多不能持久，无由运售他处也。

二八　奇钟

《西清华记》云："交泰殿大钟，宫中咸以为准。殿三间，东间设刻漏，一座几满，日运水斛许，贮其中。乾隆以来久废不用；西间则大钟所在，高大如之，蹑梯而上，启钥上弦，一月后始再启之，数十年无少差，声远直达乾清门外，犹万历时旧制也。"又云："内府有一钟，下格有一铜人，长四五寸许，屈一足踞，前承以沙盘，钟鸣时，铜人则一手执管，于盘中划沙作'天下太平'四字，钟声寂而书亦竟矣。闻亦利马窦初来时所制者。"

往时读此记载，辄以为诞，今故宫开放，内府球图之珍无不披露，始知沈氏实据所目睹而言也。交泰殿本贮藏宝玺之所，平日绝不御幸，故殿中足有余隙以庋大钟。国中时钟之大而且古者，殆无与比矣。至古物陈列所武英殿所藏旧钟表之珍异者，尤不可胜计。民国十七年，曾觅内府造办处老工师一一修复其机件，以之列演，皆有可观。中有一具，每届钟鸣，则匣门自启，晶沙交流，簌簌有声，俨若瀑泉，既而枝上鸟鸣，嘤婉可听，振翼飞过别枝，复引吭良久始歇，其工巧殆非人力，余亦类比。旧人传说，嘉、道间，粤东某督觅工制机，出一人执笔书"万寿无疆"四字，拟献宫中，以吝于使费，为内竖所诘，云设使其机书至"无"字，突然而坏，祸且不测，某督遂惧而止。彼时机工专注意于玩好之物如此，宜乎老辈力诋西人之奇技淫巧矣。

乾隆甲申，西洋某国贡铜铃十八人，能演《西厢》一部。人长尺许，身躯耳目手足悉以铜铸，心腹胃肠皆用关键凑结，如自鸣钟。每出插匙开锁有定程，误开则坐卧行止乱矣。张生、莺莺、红娘、惠明、法聪诸人能由开箱加衣，身段交接，揖让进退，俨然如生，惟不能歌耳。一出毕，自脱衣卧箱中。临值场中，自行起立，仍立于毯。此某笔记所载也。今故宫无此物。故宫所藏钟表，多英国十七世纪制品，有制造厂家标识，不徒以装缀华珍、音奏谐美见长，其机件之精确，历久不差舛，亦今日所无。此外世家旧族所藏，正复不鲜，其小者固多流落市廛，其重不可致者尚所在有之。吾意有癖此者，能网罗之，撰一故都钟谱，必极可传。又都人呼表亦曰"钟"，亦沿自古昔也。

二九 青衫

自国民政府成立以来，到处有青白之旗色，凡公署墙垣楹槛及文告一切，皆饰此二色。其青色多嫌浅薄，一经风雨，不待终年，已呈剥蚀，实与观瞻有碍，顾卒无起而纠正之者，案"天之苍苍，其正色邪"，青天宜用深青，殆数千年沿袭之观念，惟深青能代表吾国文化之特殊精神也。以吾所见，惟故都中央公园之中山堂四壁作石青地，垩以粉字，最为美观。然他处仍以淡青饰于丹垣之上，丹色不移，而青痕已落，陆离斑驳，至为可憎，美城之中，斯为一玷。往时有何人主张将宫殿黄瓦丹垣悉改青白，适欧洲某艺术家游于此地，急扬言于众曰："北京宫阙以黄瓦敌青天，以丹垣隐绿树，每当夕阳映射，幻成奇彩，方知昔人意匠之精。此旧邦文化仅存之残影，幸勿摧毁，如不见听，则从此欧西人士返驾不前矣。"此语为有识者所附和，幸免于厄。西人侨居故都者，爱护文物甚于国人，盖学术与艺术无国界可言，不嫌于越俎也。吾又闻有艺术家为进一步之创论曰："故都之美，不在黄瓦丹垣，而在青衫之色。"往年工商界多服青衣，近数年则中上流阶级男女皆染此风，虽内袭华服，亦必以青衫为表。盖故都所出毛蓝布色韵沉厚，与此古城之环境适相调和，一种柔静幽雅之标格，足以映带成趣，非善于体会物情，不能发此论也。故都学校生徒人数激增，服此者尤众，衢路间盈目皆是，近且风尚传至南方。懿此青衫，其将永久代表古国朴雅之风乎！

三〇　浴德堂

入西华门观古物陈列所藏书画之处，曰"武英殿"。殿之西北有小殿三楹，署曰"浴德堂"。堂有浴室，室外为井亭，高与堂齐。亭中一井，以砖石砌成，方形之水管沿堂之后而过。东即浴室，室顶形圆如盖，井旁之方水管直接于此，其侧一小门，铁棂为窗，一砖台有阶级可登，此台为置铁镬以煮水者，显然可见。室之四壁，悉以白色炼砖甃之，既非中国之物，亦非近代建筑。细推其理，盖武英殿本为远方技术专门人才待诏之所，以聚珍版印书于是，教习外国语言于是，编修诸专门书籍亦于是，此必回回人进土，耳其浴法，因令仿其式制之于此，聊以广异闻而已。而流俗相传，谓高宗幸回妃某，以体有异香，号曰"香妃"，因仿其国俗构浴殿。殊不思武英殿为外朝，绝非妃嫔能至之地，况于浴乎！俗人不谙国故，懵于史事，动辄附会，而耳食者亦复深信不疑，诚可嗤也。高宗有回妃，其传说固已甚久，王闿运《湘绮楼文集·今列女传》一篇即纪其所闻。此原不足异，特不当以浴德堂附会之耳。

三一　驼铃

往时京曹雅谑以骆驼喻翰林官，谓其高视缓步，有相类者，又其群络绎，能碍行人，有似翰林之结党援。此语盖明代已有之矣。驼之为物也，当雪虐风饕之候，有任重致远之能，庞然巨躯，氄毛深厚，具蔼然可亲之度，实北方之神畜。凡货煤者，必以此物运至。由西山至城内，秋冬之季，常昼夜遇之，约十驼为一队，穿鼻以绳，连绵不绝，最后一驼，项悬巨铃，则前引之人但听铃声，可知驼之无恙，不劳照管，其声重浊而缓。每当霜清风紧，自为唱答，令人悠然如闻古出塞曲也。若道遇驼铃，复逢汽车笛响，则一新一旧，一急一缓，所示时代之差，绝辽远矣。吾意驼铃可代表北方之民族性，而驼队与汽车并行道中，亦足代表北都文化之新旧杂陈，并行而不悖也。驼至四五月间，毛落见肤，瘦骨嶙峋，状殊惨怛，市上渐不多见，更热则不能出矣。一至秋风稍厉，新毛便生，辄复煦然有回春之意。故此物不独不能逾河，即赵魏间亦不可致，其性殊也。凡驮煤以麻袋，引驼之人手足面目皆被煤污，谓之"煤黑子"云。

三二　炕

京西诸山煤矿丰衍，即以土法开掘，亦可获利。北地苦寒，常以孟冬之朔至仲春之晦为然炉之季，近年气候益变，甚至阴历九月中旬已非煴火不可，民国十九年重九日即已霏雪，苟非取煤尚易，何堪设想也。土人取煤而屑之，和以黄土，暴干为丸，号曰"煤球"，以白泥作垆，然之于户外，俟其炽盛，移入室中。其上可以煮汤粥，煎茗药，富家则饰以铜具。往时无西式火炉，大都用此，惟不善用者易触煤毒为可虞。至于内廷府邸，高堂大厦，非区区一炉所能致暖，则有地炕。地炕者，穴地累砖，有似窟室，然煤其中，温气自然四达。此为古代遗制，《水经注》已语及之。平民之居，无此工程，仅于卧起之处为砖炕以取煖而已。

北人居处多就南牖为炕，冬日可以直射，富厚之家亦不设木榻，唯炕上多施毡罽之属，亦差能适体。日间衾褥卷而藏之，至夜方设，此盖亦古风，古以施之地上为不同耳。今日本人如此，正吾汉制也。炕既宽大，常可并卧数人，以足抵牖，绰有余裕。日间设矮几于上，即可观书作字。炕上置书，不似几案之狭小动辄碍肘也。清代帝皇召见臣工即御炕，乾清宫东西暖阁犹存其式，华茵隐囊，想见坐起之适。今旧屋经南人入而居之者多已废炕，不知此物宜于北方，不可废也。欧人旅居北都者，转喜其式，常愿保存之。独炕中然火，南人初至北方，不宜轻试，恒有因卧炕而致得春温症者，盖不堪其燥烈耳。北方贫户尤非此不可，彼既无力制床榻，又环堵之室，即有床榻亦无所施，且严冬漫漫，无火亦不能度日，惟居炕则既可省地，又可省煤。一家男妇老幼，纵列而卧，酣寝达旦。男子既出，妇人可从窗中唤卖食物者买而食之，可竟日足不履地。若山西之俗，妇人好缠纤足，致不能自胜其躯，竟至终年不离炕，此种恶风，足以弱种。北都旗妇本不缠足，即汉妇近亦多解放，幸不至此也。"炕"字见《契丹国志》，其称已古，特南方未尝有耳。

三三　一撮毛

　　故都细民未尽脱除旧时代之虚荣观念，往时都中婚礼仪仗较简，旗人风俗尚存古意，多以婚时列喜字灯数十对，即为最靡丽者，然自华整可喜，惟丧殡之仪则殊繁缛。其俗，灵舆以六十四杠为最隆，谓以六十四人举柩也，以次递杀，至于八人。其杠髹朱，绝巨，每逢举殡，辄暴诸衢路，号曰"晾杠"。其棺罩依会典仪制，得施彩绘，近年多滥以华绣为饰，绝无所本，以悦俗目而已。然华盖金瑤，流苏四注，有龙楯之遗意，凡业此者曰"杠房"。杠房辄以举柩平稳自矜，相传习此者须以盆水置柩上，升降俯仰而不溢为能事。盖舁人①既多，人体虽动而柩自平，固有可矜也。其首领前行，相度地势，高卑宽狭，以响尺节其步趋，必详必慎，自非他处所能及。丧仪行列，长或延及数里，盖《会典》所制仪仗之外，俗人又以意增为之。近多以白纸象柳枝持之，号曰"雪柳"，于古未之闻也。其行列甚疏，故觉其愈长，又分左右而行，故虽长而不碍道中之车马也。然此皆汉人之俗，满人丧仪有迥别者。其柩枋首而削旁，有似圭形，似其

---

① 舁人：轿夫、杠夫。舁：共同用手抬。

形制美于汉人之柩。宗室王公柩前悬貂一头以为徽识，犹有朔漠遗风，仪仗亦不似汉人之繁缛。

北俗，出殡必撒纸钱，剪纸象钱，叠而持之，撒于空中，飞舞而下，颇缤纷可观。有专业此者，其人颔旁有一撮毛，因以为号。其人能撒之至高，矜为神技。于是富贵之家，欲夸流俗，必雇此人。由此声价愈高，丧家不得此人，至以为恨事。嘻，北俗之夸诞颟愚，真不可及矣。夫纸钱固已非古，唐之中叶，始闻此说，然犹焚以资冥福。若沿路飞为堕溷之花①，以丧仪博闾阎儿女之一笑，是何为者耶？

近年以来，俗人无知，专以侈其富厚、哄动市人为贵，南北皆然。推求其故，盖以《开元礼》②以后有不预凶事之说，于大丧无明文制定，遂得任意铺张，致失常轨。宣统中那拉后之殡即靡诞无比，多不衷于古制，恶俗相沿，有由来矣。婚仪有定制，自不可逾。民国十一年逊帝婚仪，颇存古制，卤簿麾仗，具体而微，清宵传警，风送旌旗，与马蹄缓缓之声相应，真如阅画图也。

---

① 堕溷之花：典出《梁书·儒林·范缜传》：（萧）子良问曰："君不信因果，世间何得有富贵，何得有贫贱？"（范）缜答曰："人之生譬如一树花，同发一枝，俱开一蒂，随风而堕，自有拂帘幌坠于茵席之上，自有关篱墙落于溷粪之侧。坠茵席者，殿下是也；落粪溷者，下官是也。贵贱虽复殊途，因果竟在何处？"

② 《开元礼》：全称《大唐开元礼》，是唐玄宗时代官修的一部礼仪著作，由徐坚等创始，萧嵩等完成，开元二十年（732）颁行，涉及唐代社会的各个方面。

三四　印泥

近有吴迪生者，自云得制印泥法于故宫造办处黎君，以内府不传之秘，制成印泥，售价甚昂，并写成一书，详其制法。余经友人介绍，费十元得其一两，犹廉价也。其制品深红浓艳，冬夏若一，良为特擅，按其所述，制泥以选料为先，选料以择油为急。油必取陈者，且须天然陈旧，不得以人力为之。自云曾得油一瓶于某邸，色黄，乾隆间物，有造办处号码及重量字样。有此珍油，乃以艾绒及柳絮为质，以上好朱砂为色，而以宝石及金箔辅之。制成之后，更须深埋土中三尺，半年而后取用。又自言拟续制赤金、珊瑚、雄精、青金石、孔雀石、松石、炭晶、水印泥、石膏印泥，自期为印泥中革命。旧京畸人至多，一玩好之微，皆有钻研毕生者，记此以广异闻也。

三五　法源寺

北都寺院多拥良田美产，交通声气，席履丰厚，以此自豪。此皆帝王、权珰、贵戚佞佛之习,有以养成之。资产既多,恒召争竞,清净域中翻成名利窟矣。近年以寺产启争端者,城南之法源寺是也。寺为唐太宗追荐征东将士之所,故号"闵忠"。谢枋得被执至燕,亦寓此寺。诚燕京最古之浮屠,他寺碑碣至古不能过元,而此处独有唐碑。又院宇清晏,花木蔚深,名人留题,书画文玩,甲于都下,文人墨客,素所乐称。今寺中尚以丁香著,花时紫艳霞蒸,香拂襟袂,精蓝选胜,终为称首。然百年以前繁华益非今比也。《燕京杂记》云:"南城悯忠寺,岁之四月八日为放生大会,豪商妇女、显宦妻妾,凝妆艳服,蜂屯蚁聚。轻薄少年,如作狭邪之游。车击毂,人摩肩,寺僧守门,进者索钱二百,否则拒之。于是品绿题红,舄①交履错,遗珠落翠,粉荡脂流,招提兰若,竟似溱洧濮上。寺僧又于妇女所携之小儿女各与一扑满,诱令带回满载,俟明年赴会输之,以是一日间获金至数千。其谓放生大会者,仅买数雀放之,实则一无所观,后有某御史陈奏禁之,遂绝。"

近年佛事之盛,不在法源而在广济,此亦金源故刹,岁久失修。民国初年,当道巨公,募化重整,遂成布金之园。剑履之客,粉黛之容,杂沓俱来,俗尘可掬,数百年陋习犹留此尾声。正恐无几何时,还如法源寺之但供过客凭吊耳。

① 舄:鞋。

三六　广和居[①]

　　吾国有私家史而无社会团体史。故考一人之贤否，综一姓之盛衰，犹或有余，而征询全社会进化发展沿革变迁之迹则恒苦不足。此近代史家所为低徊叹惜者也。然全社会之史虽无有，一团体之史固有之，成文之史虽无有，不成文之史固有之也。集无数团体之史而比附观之，则全社会之史斯在矣。取不成文之史而反复证之，则成文之史亦在矣。是在治史者之随处用心也。

　　北平之为历史上重要都市，不独以其奠都之悠久也，不独以其经画建筑之宏伟也，不独以其名区胜景之繁丽也，其不可几及者，尤在社会组织之持久。区区数间之店肆，常绵历数十百年，其尘土晦黦之外表，不啻语人以无限沧桑陵谷之往事，使有动于治学而勇于治事者，日就其一而叩焉，凡创业之来历，得名之迟早，物价之消长，营业之盛衰，久之又久，汇其所得，则真中国近百年来社会经济史之第一等资

[①] 首刊于《新晨报副刊·日曜画报》，1929年第68、70期，篇名为：《北平历史上之酒楼广和居》，署名：兑之；后收入《故都闻见录》系列，刊于《申报》（上海版）1932年8月13日，第21319号，第17版，署名：铢庵，有部分删节，现已在正文中恢复。

料矣。

北平店肆之以古见称者，多数酒楼。而酒楼之尤艳称于文人学士之口，有文字之迹可寻者，尤莫如城南之广和居。秋晨无事，将朋命酒，爱咨肆主，搜集旧闻，为述一篇以引同好。

广和居位于宣武门外之北半截胡同，创始于距今百年前，清道光十一年、公历一八三一年也。原为隆盛轩酒铺，仅门面平房二间，新业主山东申姓。以倒价银四十六两接收营业。（整理者按：本文收入《故都闻见录》系列时删去前三段，本段改为："广和居位于城南北半截胡同，肆不甚宏敞，特以历史迹见称。"）

道光初载，海宇承平，民物雍泰。其时京朝簪组之彦，咸寓城南。官政既闲，纷华未启。士大夫所以消磨退食光阴者，不外乎数间湫溢朴陋之酒肆。同官知好之娱乐于是，京曹外衙与外官入觐者之酬酢亦于是。食价既廉，又无须付现金，虽至年节索账，亦仅偿其少而不必全付，（此据肆中老佣所说。）故人咸称便。灶温[①]、沙锅居[②]同为北平古肆也。而彼之顾客为王孙恶少，则名不雅驯，不为搢绅[③]先生所道，

[①] 灶温：旧京位于隆福寺街的知名小酒饭铺，约1750年前后开业，字号名为"隆盛号"。因掌柜的姓温，且小铺临街添了灶，俗称"灶温"，所售炸酱面、打卤面、抻条面等很有名，新中国成立后歇业。

[②] 沙锅居：今作"砂锅居"，以经营砂锅类菜品，尤其是砂锅白肉知名，创建于清乾隆六年（1741）。清代官廷府邸用大锅煮猪肉来祭祀，名为煮白肉，太监将白肉售出，由此饭馆经营。后名砂锅居，至今尚在营业。

[③] 搢绅：同"缙绅"，官员或做过官的人。

无能以证史迹。此之顾客为京曹官，京曹官多文学之士，由此遂腾之诗什，骎骎与汴京之樊楼①颉颃史乘矣。

尔时京曹官无不挟有外简之望，店肆之不亟亟于责偿，固有以也。试观其旧账籍，累累者皆未偿之逋负。且经济重心不在居京师者之本身，胥在外省偶尔观光之贵官。得彼辈之一顾，而平昔京官之积债亦可付之不问矣。此今昔经济情形之不相侔者也。夏孙桐②《感旧诗》注有云：

> 道光以来名士文酒之会，接迹于此。何子贞先生居巷南，直以为外庖。诗孙观察③尝与论四世之交，言旧债上溯六七十年，亦不相计论矣。

李慈铭《越缦堂日记》屡言广和居之宴集。且于同治十年记年终还广和居之债共三十二千。至光绪季年，已浸衰矣。张之洞《食陶菜诗》注曾道及广和居之名，其刻本已删去，今影存其手稿以资佐证。广和居之所以重于一时，更以其能代表南人居北势力，大抵北人之势力弥漫于内城，

---

① 樊楼：或作矾楼，北宋时期东京汴梁城内知名酒楼，楼高三层，雕梁画栋，《东京梦华录》等书有记载。
② 夏孙桐（1857—1941），字闰枝，一字悔生，晚号闰庵，江苏江阴人，近现代文学家、词人、学者，辅佐徐世昌辑《晚晴簃诗汇》及《清儒学案》，著有《观所尚斋文存》及《悔龛词》等。
③ 此"诗孙观察"即何维朴（1842—1922），字诗孙，何绍基孙，同治六年（1867）乡试副贡，历官内阁中书、江苏候补知府，清末曾任道员衔上海浚浦局总办，故称"观察"。

起居服御饮馔之风尚，且有与南人始终格格不入者。南人虽北，而必自成一种社会，自保一种风尚，自植一种势力。昔王肃不饮乳酪（见《洛阳伽蓝记》），而毛修之能为南人饮食（见《魏书》本传），知南北饮馔之殊风，自古不免。迄于今日，南食遂喧宾夺主。此虽区区一节，而广和居之关系南北势力消长之机，不可谓不巨矣。肆中最脍炙人口之南肴，曰"潘鱼""吴鱼""江豆腐""韩肘""陶菜"。夏氏感旧诗注并详及之。烹炙多传自南士，或标其姓氏。"潘鱼"者，耀如太史炳年①也。"吴鱼"者，润生中书均金也。"江豆腐"者，韵涛太守澍畇②也。近日韩力畲部郎授以锅烧猪肘，亦足追配，号曰"韩肘"。昔陶凫芗侍郎③有清蒸肚块，号曰"陶菜"，不始于广和居，今独留遗制，他家皆绝响矣。五柳鱼即宋嫂遗法。

广和居之营业状况具于历年册籍。细加检阅，知其股东为山东申姓，人口甚多，须一一均分，下至店佣，亦须按股分息，亦百年中经济制度之可研究者也。录左列一段以概其他：

庖人孙积岫，同治四年，起身股一成四厘五。若赚

---

① 潘炳年（1844—1919），字耀如，晚号退庵，福建长乐县三溪坂上人。16岁中秀才，同治十年（1871）进士。辛亥革命后以遗老自居，著有《使粤日记》等。

② 江澍畇，字韵涛，江西弋阳人，进士出身，清代学者、政治人物。其孙江亢虎（1883—1954）同样是著名学者。

③ 陶梁（1772—1857），字宁求，号凫芗，一作凫香，江苏苏州人。乾嘉之际文学家，以词擅名，官至礼部侍郎，著有《红豆树馆书画记》《国朝畿辅诗传》《词综补遗》等。

钱少，按一百五十千，不为长支，工资六千。五年，分二十三千四百零四文。六年，分三十千零九百零五文。

雇主与佣工之关系如此，殆亦所由能历久不敝也。今铺掌郭春华，出身学徒，亲睹数十年中变化，坚苦之余，益以精厉。虽当旧京墟莽之日，或终能支柱其间，不负创业垂统者之苦心也。

当创肆之初，仅有今之门屋，其后屡加充拓，始具规模，然大抵犹是百年旧风。据郭君所谈，烛奴易为电炬，锡盏代以磁样①，皆彼亲见。试出其故器，陈而观之，真如温梦。蕞尔一肆，而百年间陈迹，历历可寻。摅蓄念而发幽情，舍此更何之矣。

三七　曲曲儿②

蟋蟀一微物，有值数十金者，贮以澄浆之罐，饲以蟹白栗黄之食，宝而养之，待时而斗，丧金费时，胥为一啄之戏，可知旧京十族汰侈，实不止声色珠玉已也。《帝京景物

---

① 样：同"盏"。
② 曲曲儿：今作"蛐蛐儿"。

略》云："七月始斗促织。"斗有场，场有主者，其养之又有师，斗盆筒罐，无家不备，则知前明此风更有甚于今日者。旧京之蓄养赛斗者，除闾巷小儿外，则皆朱门右户矣。又按所谓蓄之师即今北俗所称之"把式"是也，此辈依虫生活，每白露后，长安道上时见担圆笼，上置红毡者，皆饲养之把式也。

《燕京岁时记》云："北人呼蝼蝈曰'聒聒儿'，蟋蟀曰'曲曲儿'。北都五月以后则有聒聒儿沿街叫卖，每枚不过一二文。至十月则煤煴者生，每枚可值数千矣。七月中旬则有曲曲儿，贵者可值数金，有白麻头、黄麻头、蟹胲青、琵琶翅、梅花翅、竹节须之别，以其能战斗也。至十月，一枚不过数百文，取其鸣而已矣。曲曲儿之类又有油葫芦，当秋令时，一文可买十余枚，至十月，则一枚可值数千文。盖其鸣时铿锵断续，颤而长，冬夜听之，可悲可喜，真闲人之韵事也。故秋日之蛐蛐罐，有永乐官窑、赵子玉、淡园主人、静轩主人、红澄浆、白澄浆之别，佳者数十金一对。冬月之聒聒儿葫芦、油葫芦葫芦，佳者亦数十金一对，以紫润坚厚者为上，即所谓葫芦器者是也。按《日下旧闻考》，永定门外五里胡家村产促织，善斗，胜他产。促织者，感秋而生，其音商，其性胜。今都人能种之，留其鸣深冬。其法实土于盆养之，虫生子土中，入冬以其土置暖炕，日水洒绵覆之。伏五六日，上蠕蠕动，又伏七八日，如蛆然。置子蔬叶，仍洒覆之，足翅成，渐以黑，匝月则鸣，细于秋，入春反僵也。促织即蟋蟀别种，其别有三：肥大而色泽如油者曰'油葫芦'，首大者曰'梆子头'，锐喙者曰'老米嘴'云云。"往时纨绔王孙无所事事，则陶情于此，掷巨赀无吝色，今亦少有嗜此者，惟里巷小儿时以为戏而已。

又《燕京杂记》云："京师有草虫，状如蟋蟀，肥大而青，生于夏秋间，声唧唧甚聒耳。京师人多笼以佩之，佳者十余金一头。其笼以小葫芦去其上截为之，四围雕花鸟以通气，精细工绝，价有贵至百金者。八旗满洲妇人多有空其鞋底以纳之，使其声与履声相应，若行《肆夏》趋《采齐》[①]者然。"今此俗几废矣。

三八　糖葫芦

北都承蒙古遗风，颇嗜酥酪之食。《世说》载南人至北，不惯乳酪，则其来亦久矣。今通衢间有奶茶铺，即专售此类食品者，所制奶饼，味酢而臭膻，北人以为珍味，而南人多见之蹙额，盖南北食性之殊，百数千年未能融贯。明

---

① 《周礼·春官·乐师》："行以《肆夏》，趋以《采荠》。""采荠"，一作"采齐"。贾谊《新书·容经》："行以《采齐》，趋以《肆夏》，步中规，折中矩。"正作"采齐"。

因元俗，食品尚多采自塞外。《宸垣识略》云：前明冬至赐百官甜食一盒，凡七种：一松子海哩嘣。郑以伟曰："嘣字诸字书不载，今亦不识海哩嘣为何物，盖缘元人语也。"又《戒庵漫笔》①载：前明四月八日赐百官午门外食不落夹。不落夹者，亦元人语，或云粽子，或云即今饽饽字，似尤近之。饽饽者，乃麦食之通称也。

至如满洲食品，今犹盛行者，则萨齐玛是，其物以冰糖奶油合白面为之，形如糯米，用不灰木②烘炉烤熟，遂成方块，甜腻可食。芙蓉糕与萨齐玛同，但面有红糖，艳如芙蓉耳。是二者，皆无湩酪之味，虽南人亦克欣赏。然吾以为价廉而味隽者，尤莫如冰糖葫芦，法以竹签贯蒲陶、山药、海棠果、山里红、荸荠、胡桃等物，蘸以冰糖，甜脆而凉，冬夜食之，颇能爽口。北方冬季非盛炽炉火不暖，故宜常食凉物，以润心肺。其在关外，则恒啖黄瓜，都中多以生萝卜代之，洁白多汁，冷沁脏腑，虽贫人皆得饫其味。

---

① 《戒庵漫笔》：又名《戒庵老人漫笔》，作者李诩（1505—1593），字厚德，自号戒庵老人，明代江阴（今属江苏）人。曾经七试场屋，均落第，后居家读书自适，其著史料价值较高。

② 不灰木：中药材名，即硅酸盐类矿物角闪石石棉。

三九　警吏

光绪三十年，始设京师警察厅，以直隶省办警察为之基础，赵秉钧、朱启钤实始其事，二人以干敏著于当时也。王公宗室、豪家贵主素骄恣，横行辇毂，不知有所谓违警律，警察执行职权，动被掣肘，甚至横遭殴辱。然以此之故，警察亦多能养成和平顺正之风。《汪穰卿笔记》有下列一事，足见北京警察程度之一斑：

> 己酉梓宫奉移之前日，某贵族之马车将由天桥御道而出，警兵阻不可。贵族大怒，盛肆威吓。警兵鞠躬前曰："天桥者，恁家之天桥也，常人不得由中间御道者，恁家之法制也。警兵何知，惟知遵行定章而已。今恁以恁家之人而欲破坏恁家之法，何不可之有？何怒警兵为乎？"贵族无语而去。

此警兵之语无几，而透澈婉转，惜未知其姓名也。

上海、天津等处租界巡捕，遇违章口角之事，辄拳足交下，曳赴捕房，不容分辨。若行人偶就之问道，则岸然仰视天，若不欲置答。北平警察无是也。偶遇纠纷，必向两造施广长舌，为之排解，排解不获已，始带入区署。对问道者必霁颜一再申说指示，期于尽解。街头巷尾多有警察派出所，木屋二间，中贮户籍，若遇访友而不审其门牌，则直造所中一查便得，甚至邻近居人以私事借用电话，亦得优容，此由曾受特殊之训练，以和平忍辱之态度执行职务，渐得都人信用。又警察多旗籍，旗人素以词令娴婉见长，北人多驯谨守法，故令不严而行，以此愈形警政之肃。

警察怠职，则自民国十二年黎元洪之被迫去位始。先是，军阀某某欲逐黎去，以掀起风波，苦于无名，乃嗾使高级军警长官百余人围居仁堂索欠饷，黎犹不去，乃嗾使警察罢岗，甚至断绝黎邸电灯水管以窘之，乃踉跄出国门。自庚子以后，政府威严扫地，未有若斯之甚者。北都之运，由此遂覆。夫警察罢工，参与政治，此何等危险事，而可以长官密令行之邪？若辈倒行逆施，教猱升木，不顾大体若此，其败亡接踵，身蹈故辙，亦宜矣。

民国六、七年以前，北京警政为全国冠，几于道不拾遗，小小盗窃，从无不破案者。近年渐衰弛，然巨案未破者亦鲜觏。十七年以后厉行房捐，警饷有著，精神渐为一振。往时保安队由瑞典客卿曼德训练者，着白行缠，服色差整，而街头警卒则长袍带剑，不足壮观。近已悉易为黑行缠，武装钩带，佩手枪，执指挥棍，维持都市治安，绰有余裕矣。

四〇　京曹

有清一代，京曹官最为清苦。巧宦于此间肆贪缘伎俩，数年可冀得京察，外简道府；若儒素安贫者，则止藉此闲曹为读书求友计，一代中以学术经济鸣者，其得力多在为京曹官时。今传世之日记最富者，曾文正、李越缦。试观其在京时逐日所为，可知当时风气矣。论者或讥其食禄而不事事为非政体。然国家岁支有限之俸糈，以养成多数专门学者，俾得从容治其所业，为更远大之贡献，其精神实与近代之国立研究院相近，未可厚非也。

往时京官俸入无多，仅恃同乡印结，每年分得百数十金为活，景况艰窘可想。《藤阴杂记》载杭州韩朝衡以翰林改吏部，尝填曲述司官况味，穷形尽相，一时传诵。录其一节如下：

> 公堂事了，拜客去西头路须先到，约债去东头路须亲造，急归家栅闭沟开沿路绕。淡饭儿才一饱，破被儿将一觉，奈有个枕边人却把家常道。道只道，非絮叨："你清俸无多用度饶，房主的租银促早，家人的工钱怪

少;这一只空锅儿等米淘,那一座冷炉儿待炭烧。且莫管小儿索食傍门号,眼看着哑巴牲口无麸草;况明朝几家分子,典当没分毫!"(分子乃京语,谓庆吊也。)

其《司慰》一曲则云:

回看家下,满壁的今和古书签挂,满院的开和落花枝亚,笑相迎子妇牵衣闲戏耍。奴婢儿多宽假,鸡犬儿无惊唬,但博得夜眠时一枕神清暇。虽则久别家,把圣水孤山梦想遐。躟(北音若诓,或书为逛,谓闲游也)厂的香车宝马,赶庙的清歌杂耍。才看了殿春风红芍药,又开到傲秋霜黄菊花。你便道茶园戏馆太喧哗,试与我窑台①揽胜多幽雅。况争夸燕山八景,风日倍清华。

此一段描写京官之闲情逸致,使人意兴复为之一快。大抵道光季年,张石舟②、何愿船③等提倡经济,倭文端、曾文正等宗尚性理;光绪初年以至中叶,翁文恭、潘文勤等扢扬风雅,宝竹坡④、陈弢庵等砥砺名节,京曹人材号为最盛。风会

---

① 窑台:旧京名胜,位于今陶然亭公园内,为重阳节登高赏景之地。
② 张穆(1805—1849),初名瀛暹,字石舟、穆之、石州,号殷斋,山西平定人。近代的地理学家、诗人和书法家,著有《蒙古游牧记》《俄罗斯补辑》《魏延昌地形志》等。
③ 何秋涛(1824—1862),字愿船,福建光泽人,清代地理学家,曾任保定莲池书院山长。张早逝后为其校订刊印《蒙古游牧记》。二人为挚友,惜都英年早逝。
④ 宝廷(1840—1890),爱新觉罗氏,初名宝贤,字少溪,号竹坡,清宗室。为人开明、有才且愤世嫉俗。

所趋，虽手无斧柯，亦俨然负朝野之望。此辈取径进不同，而不事王侯，高尚其事，超然尘垢之表，则约略相似。一从光、宣之交，外省奔竞之习输入京师，伥然以声色货利相尚，而前辈淳雅之风几于扫地矣。《汪穰卿笔记》[①]载闽京官四人为食鱼翅之会，费至数百金。有为诗嘲京官者曰：

  六街如砥电灯红，彻夜轮蹄西复东。
  天乐看完看庆乐，惠丰吃罢吃同丰。
  头衔强半郎员主，谈助无非白发中。
  除却早衙签到字，闲来只是逛胡同。

喧寂雅俗之殊，一至于此。民国以来，京曹多以兼差相夸尚，除其本缺之俸三五百元外，在他部更挂一名，辄又得二三百元，黠者至月累数千元。民国九年以后，度支枯竭，政费不给，则千元之禄亦仅可抵二三百元而已。其奖励奔竞，殆弥甚于前清。然其中不乏读书清修之士，衙期而外，徜徉人海，自乐其乐，独有承平之遗风。今北平有名学者，多自彼时养望而成今日之伟业也。

---

  ① 汪康年（1860—1911），字穰卿，浙江钱塘人，初入张之洞幕府，与蔡元培、张元济等同科中举，是维新变法重要人物，报人，政论家，创办有《时务日报》《京报》《刍言报》等。其笔记多为亲身经历，有史料价值。

四一　九陌

睹丹垣之隐赈,览绿树之扶疏,驰道迢迢,其直如矢,此故都九陌之美也。经涂九轨①,国有常经,古昔建都规模,类以衢路四通为原则。汉之两京,中为驰道,唯公卿章服者得以遵行,两旁则行人一往一来之道。汉人常用驷马车,其宽亦可想矣。唐制:宰相行沙堤。沙堤者,于街之中央,铺沙隆起,以示尊异,则亦非广衢不办。宋以后,古代一切文物制度逐渐崩坏,街政始不复修,遍国中无不苦行路之屈曲拥挤者。汉、唐之盛已不复存人心目,惟有燕京承辽、金之旧,元世祖、明成祖二主又以雄略著称,宏规大起,犹存古制。全城除净业湖及三海为水势所限不能取直外,余皆经纬相错,起讫分明。街巷虽多而径路甚简。即素未来游者,一览地图便可了然。又标准建筑物甚夥,无论置身何地,不难一望而辨方向也。庚子以前,御道高出地平,辇辂经过,辄敷以黄土;平日则唯舆马可行,重载车悉遵两旁土路。庚子后改修马路,逾形广阔矣。然当全盛之时,内城通衢皆是官

---

①　经涂九轨:出自《周礼·考工记》,意思是皇城之中要有纵横各九条道路,每条道路能并行九辆马车。

房，整齐如一。年久而后，官厅堆拨（营兵驻房）及临时售物之棚肆，逐渐侵占，官道始觉稍狭。试至正阳门牌楼及东、西四牌楼一验牌楼石脚，可知当日官道之宽犹在今日一倍以上。更检《东华录》《金吾事例》等书，屡申禁令，卒等具文，有由然矣。尝阅嘉庆中之《唐土名胜图荟》，西直门月城中已有售物之肆。纪文达尝举宣武门月城内之"大六壬市招"对"小二酉书肆"，至今此项命馆卦摊犹在（最近宣武拆去月城始已）。可见乾、嘉以后，市衢已欠整齐矣。

庚子后大兴马路工程，主其事者殊缺远图，商人复恣意渔蚀公帑，致路基不固，又不修暗沟而仅以砖砌明沟于路旁，大为观瞻之碍。又都中重载大车铁轮最易伤路，往往填修不久，辄复坎坷。民国九、十年间，市政公所曾制定标准铁轮，增加宽度；又严禁大车经行马路，始稍获保全。然市政经费支绌，仅修新华门前柏油路一段，余皆仍为石渣路。直至近二三年市政府成立，路政始渐可观。不独通衢，即稍宽之胡同亦纷起而修马路矣。

秦始皇之筑驰道也，树以青松而隐以金椎。盖路之砥平，必赖坚筑。往时惟城外有石道，而城内通衢仅中央御道稍坚，余皆泥土。久晴之日，车轮一过，尘起涨天，塞人耳鼻，尘中又杂马矢，秽恶令人欲呕不得；若遇大雨，则足底尽为泥泞。北人不惯徒跣，虽途泥满其履屐，仍复蹒跚而前，此状尤令人不耐。昔人"无风三尺土，有雨一街泥"之句,真写实也。南人至北,无不厌苦之。凡曾至南方者,皆熟知其城市湫垫污浊,天又恒阴,檐溜淅沥,街泥滑达,亦实为行旅之苦,顾彼有一长,则街中多铺石耳。北方少雨,除夏季外,经月不闻潇潇之声,殆以少雨之故,遂无人注意筑路邪!自修马路以来,此患亦蠲。唯胡同之中遇雨仍不易行。近年南北气候互易,夏雨亦较往年为繁,此事还须整顿。

有清盛时,东西郊皆有石道,西直门外直抵淀园,巨石方整,最为伟观。民国以后,改修马路,即以此石移砌路旁,作人行道。然支路仍沿旧未改,若赴燕京、清华两校,尚可见当时原状。此道最后一次之修理,在道光十一年,时当一八三一年,于今适逾百年。《东华录》载是年上谕,因恩慕寺①前(燕京大学门前)有石数块,已现坼痕,申斥承修人员。足知其时纪纲已渐弛废,履霜坚冰,即此其肇端矣。夫国力之盛衰,即小事可验。故《汉书》言宣帝中兴,百工技巧咸得其用。嘉、道以后,工艺一切皆呈退化之象。即以建筑而言,光绪间之颐和园已逊于静明园,而宣统间之摄政王府(民国二十年为市政府)竟至窳陋不堪寓目,此论北都建筑者所不可不知也。虽然,试涉足于此纵横巨石之间,见石上辙痕岁久积成巨罅,仿佛若睹百年以前文武衣冠

---

① 恩慕寺为乾隆皇帝纪念其母孝圣皇太后所建,毁于1860年英法联军大火,今仅存山门。

昕宵奔走、车马趋趣之状。百年几何，街石犹在，而人事已全非矣。王闿运之诗曰："长堤珂笰往来路，谁信如今走狐兔。"石若能言，其感慨为何如耶！

古者建国，甚重沟渠。汉、魏、唐都城皆有御沟，唐人尤艳称之。明沟本古制也，但古之沟广，水脉贯通，林木荫覆，不仅资宣泄之用，亦以助游观之娱。想其为状，当极靓雅。元、明建北京时，沟渠之制本至精伟。计东有玉河，西有大明濠，皆自北而南，以泄东西城之水。金水河自禁城西北引入，横天安门而过，以会于玉河，以泄大内之水。其他地之以河名者，皆沟渠之类，若臭水河、泡子河是。都城以内，有此点缀，以时启闸，源泉滚滚，萦拂市街，亦犹古意也。康熙中，上谕曾开掘禁中暗沟，乃以精铜制成者，圣祖因言明人之侈。然为久远计，自不得不然。自禁中以至子四城，沟管遍布，惟皆以砖石砌成，非复铜制耳。历年既久，时苦淤塞，故每年常须疏浚。有清一代屡以诏书饬令疏浚京师沟道，然后免于水患。当开掘之时，泥土翻腾，恶臭四达，行人必佩苍术、大黄以辟之，或有中恶而毙者。光绪间，人以"开臭沟"对"张香涛"为谑，即指此事。[①] 往时居京师者以此为苦可知。然此亦惟南城狭巷为然，内城大街亦不尔也。大雨之后，曾不转瞬，积潦已除，从无积水没胫

---

① 开臭沟是在三月份，正是进京赶考的时候，旧京俗谚云："臭沟开，举子来。"

之事，皆由沟渠之制夙备也。当时建国贻谋之远若此，数百年后人人蒙其利而不知其所以然，古帝王之功不可没者，此类是也。

北都街市既皆经纬分明，行人绝无迷路之患。加其路牌指示分明，每牌必书明某街南口抑北口，每户门牌亦逐一注明街名，使人知所循导。所可惜者，民国以来警厅屡改街名，如羊肉胡同改为洋溢，臭皮胡同改为受璧，奶子府改为乃兹府，鸡鸭市改为集雅市。不知街名自含历史性，岂容任意易以毫无意义之名，使后人忘其来历耶。警厅不学无识，宜其若此。今后市政府宜一切改从其朔，纵使患其字不雅驯，亦应酌易音义相近之字，仍考证旧籍，以其原名附载其下，庶乎古迹不泯耳。

四二　光棍

都市社会中例有作奸犯科，憝不畏死之匪徒，自成团体，为社会之蠹，《汉书》所谓"长安恶少年"者也，北都谓之"光棍"。三十年前，其势尤横。王侯与之为伍，刑网所不能施。大抵其人亦分数等，家有资产而游手好闲，喜与人事，时复急人之难，若古游侠之为，此其上焉者，号曰"阳面字号人物";有恃血气之勇,睚眦小怨,则以白刃相加,断胫决腹而不悔者,号曰"乌儿鬼光棍";其专事窝娼聚赌,抗官拒捕者,俗谥之曰"手提脑袋找饭吃",盖等而愈下矣。

别有所谓"两个手指头"者,相传本为娈童之号。贵人多好男色,此辈挟其主之威势以横行于市井。市井中有欲设娼寮、开赌馆者,必先与一光棍联床笫之好,俨如夫妇,谓之"保驾",则其营业可得保障。此种娼寮在西直门外之黄土坑、朝阳门外坛夹道、德胜门外校场边。赌局亦然,多在郊外。

光绪庚、辛之交,有"西城梁德宝""东城小松七"之谚。二人皆贵胄之娈童而兼娴武技,专以逼良拐卖为事,党徒如云,横行里巷,莫之敢诘。其服御至为诡异,以库金(金色之丝织品)为袒衣①,彩绣为襜褕②,绣履罗袜,非男非女。其额际以指掐作小十字文,累累若贯珠,两鬓各贴小药膏而饰以蝴蝶。服之不衷若此,而可招摇于辇毂之下,妖由人兴,识者早知纪纲之扫地矣。民国以后,警政稍严,此辈光棍亦敛迹矣。

---

① 袒衣:贴身穿的内衣。
② 襜褕:原本是汉服中的名词,是一种较长的非正式的单衣,有直裾和曲裾两种款式,这里指非正式的服装。

四三　茶棚

凡进香之地有茶棚善会，乃古代社之遗意也。社本为民间公有之信仰，于是于祭神之际，为饮食宴乐以娱与祭之人。既有饮食宴乐，则不能不有团体之组织。《春秋》："公如齐观社。"《鲁语》说此事云："齐弃太公之法而观民于社。"盖已近于后世赛会之举。《汉书·陈平传》云："里中社，平为宰。"《御览》引《董卓别传》云："时遇二月社，民在社下饮食。"皆可见古人以社为公众娱乐之机会。魏、晋间社之组织有所谓社老、社正、社史、社民，由此渐变为公众集会之团体，近今"社会"一词，初意如是也。

妙峰山在京西北七十里宛平县属之玉河乡，由西直门出城，过颐和园，渐入山谷，凡有四道：曰中道，取大觉寺；曰中北道，取北安窠；曰南道，取三家店；曰北道，取聂各庄。以南道为最幽胜。山行险峻，绝顶高寒，每至香期，沿途置备饮茶、给膳、更衣之所，宵间更燃灯烛，以照夜行。此皆富而好施者所醵资共建，而负贩博利者亦群趋之，所谓茶棚善会者，此也。庙祀碧霞元君，与齐化门外之东岳庙[①]相为表里。按：汉、魏间人以泰山为主人生死之神，《盐铁论》《风俗通义》皆言泰山进香之事，故此风沿袭自古，为吾国宿有之信仰。

据奉宽[②]《妙峰山琐记》，历考其缘起，谓：

> 茶棚在丰台看丹村药王庙者，启帖谓始于前明万历戊寅年。即京师各关厢（庙）之茶棚庵，至近亦必建自明初。其他各会，类如白纸神帐之举，则自万历十三年创立于朝阳门外（地）东岳庙。"杠子"为古都卢寻橦遗意，"高跷""秧歌"即《列子》之宋人双屐，"狮子"见白香山诗，"五虎棍"相传是宋时太庙乐舞，"十不闲"本名"凤阳歌"，谓起自明太祖。

此于古今风俗之变，参得微意矣。盖都市生活未发达以前，民众不能无娱乐之机会，惟有岁时令节，报赛明神，得于其间杂陈百戏，欢欣鼓舞，为尽日之娱，杜诗所谓"闾阎儿女换，歌舞岁时新"，真能状民间风俗也。奉氏又云：

[①] 东岳庙，为道教正一道在华北地区第一大丛林，雕塑、碑刻众多，齐化门即朝阳门。

[②] 奉宽，姓鲍，号小莲池居士，满族人，曾在北京大学教满文，生卒年不详，1929年出版《妙峰山琐记》时约五十岁，1935年左右仍在世。其著是用传统方法考察妙峰山民俗的开山之作。乾隆年间有满族诗人奉宽，非一人。

综各路新旧茶棚善会社火,自光绪庚子前以迄近岁,见诸各处启帖暨灵官殿石刻题名,并汉军寿麟氏所抄记者,得三百十余,其实尚不止此,……承平之世,京郊顺直随处皆有,莫能详也。凡社火以未朝妙峰山者为耻,侪辈轻视之。通例又以曾经奉御者为皇会,许用黄旗、黄幌,且以"万寿无疆"四字标榜其笼望焉(笼望者,揭字于旗或笼以为徽识之谓)。

明刘侗《帝京景物略》记当时庙会情状云:

岁四月十八日,元君诞辰,都士女进香。先期,香首鸣金号众,众率之如师如长,令如诸父兄,月一日至十八日,尘风汗气四十里,一道相属也。舆者,骑者,步者,步以拜者,张旗幢鸣鼓金者。舆者贵家、豪右家,骑者游侠儿、小家妇女,步者婆人子,酬愿、祈愿也。拜者顶元君像,负楮锭,步一拜,三日至。其衣短后丝裩、光乍袜履,五步十步至二十步拜者,一日至。群从游闲,数唱吹弹以乐之。旗幢鼓金者,绣旗丹旒各百十,青黄皂绣盖各百十,人首金字小牌,肩令字小旗,舁木制小宫殿,曰"元君驾",他金银色服用具称是。后建二丈皂旗,点七星;前建三丈绣幢,绣元君号。……桥旁列肆抟面角之曰"麻胡",糖和炒米圆之曰"欢喜团"，秸编盔头幞额曰"草帽"，纸泥面具曰"鬼脸、鬼鼻"，串染鬃髭曰"鬼须"。香客归途衣有一寸尘，头有草帽，面有鬼脸，有鼻有须，袖有麻胡，有欢喜团，入郭门轩轩自喜，道拥观者啧啧喜；入门，翁、妻、姒、子、女旋旋喜绕之。然或醉则喧，争道则殴，迷则失男女，翌日烦有司审听焉。

此段文字艰涩，不离明人窠臼，然凡曾于四月间至北都者，于西直门内外遇此等形状，辄深叹其妙肖也。奉宽所记，补入近时风俗如次：

灵感宫外有卖绒彩蝠、胜花蝶、抹额之类者，为福儿，回香人买戴头髻，谓之"带福还家"。戴、带、蝠、福，音同也。山人伐岭后桃枝市之，曰"桃木棍儿"；下山者，人枝一挺以行，携至家用以闩门，云可辟恶。上山者曰"宝香"，下山者曰"回香"。不分何色人，见面每以"虔诚"二字相问讯；有山舆，乃一圆椅，上施人字帐，唾盂布拂皆具，四人昇之行，名"爬山虎"。乘者无分男女，拥衾帕首，祛服靓妆，锦簇花团，照耀岩谷。亦有村儿闲汉，以荆篮代客负行李，名"山背子"。光怪陆离，发扬蹋踔，看取村歌社舞，依稀复梦升平也。

近数年，当道严旧历之禁，独此事尚不能铲除。良由乡村男女，别无娱乐之可言，人情所趋，难于悬法以待。是在政府因势利导，去其迷信而发扬其社交精神，使民智日开而古风仍不尽泯，斯为可耳。

四四　同仁堂

往日都门药品，见重于远迩，不独人参、鹿茸出自北方，人都者必购以分贻亲友。其他特制之丸散，驰名甚久者，几指不胜屈。略举其尤在人口者，如同仁堂之"七厘散"，治跌打损伤；王回回之"狗皮膏"，治虚寒；马应龙之"定州眼药"，治昏臀；一小堂之"独角莲膏"，治肿毒；鹅观斋之"保赤散"，治小儿惊风，皆有神效。尤奇者，东安门大街之东安堂所售"百效膏"，限于四月初八日尽一日卖之。天甫黎明，已有剥啄肆门求市者。至午后申、酉之间，存货已一空矣。则必预定若干，至五月二十六日补卖一日。此盖肆主工于心计，故神其说以居奇而速售也。此物传云能治百病，既非内服之品，病家往往乐于一试，偶有效验，声誉遂增。又"万应锭"能泄内热，北方气候亢燥，冬季日近炉火，易致内热之疾，偶有小恙，服之最宜，则各店皆售之，非一肆所得专也。其他自称秘方配合出售者，不能一一举。

药肆获利最丰，以同仁堂主乐氏为巨擘。创自康熙年中，其分店遍于四城，远及津、沪。历年久长，子姓蕃衍，封殖之厚，近古无匹。与开瑞蚨祥绸缎店之孟姓相颉颃，而营业之盛又过之。此两家皆《货殖传》中人物，惜无史家传之耳。

南城参茸店为豪贵之营业，例不兼售他药，其闬闳高大，栋宇浓丽，拟于王侯之居者，比比皆是。不似同仁堂之湫隘嚣尘，不改数百年前旧观也。其营业大与时代相背驰，恐不能久存矣。

四五　古物

北平精华全在历代递传之文物，文人讲学，于此食古钩沉；士女娱游，以之骋怀娱目。今年春间，榆关告警，政府执意捆载故宫古物南移宁、沪，为箱箧至数万，为车至数百，工价运费以及意外之损失，盖不可以数计。故都人士，心知此事若行，北平必为长安、洛阳之续，几有攀辕卧辙之请，而政府之意不可回也。自是以后，各大学，各研究院，各图书馆，各学社，纷纷以其图书仪具南运，凡为文化学术而来者，无不汲汲皇皇有亡无日矣之惧，哀哉！溯自燕京建都以来，迄今九百九十六年，而运尽矣。

论者徒知古物之可以捆载南迁，而不知古物之真价值全在其所附丽、所孕育之环境历史关系。例如洪承畴遗像之可贵，为其与洪承畴故宅同时发现。遗像可迁，而故宅不可迁，迁遗像不迁故宅，而遗像之价值亦减。又如菜市口西鹤年堂之匾为严嵩所书，其所以贵，不独以其为严嵩所书，乃以其鹤年堂之物；不独以其为西鹤年堂之物，乃以其在菜市口。严书可迁，然不在菜市口，其价值亦减矣。

不惟此也，故都数百年来名工之所由长养，巨阀之所由蝉嫣①，其中有无限之史迹正待爬梳。最近一二年，如样子雷②文献之发现，如李文忠、洪承畴遗物之发现，皆有赖于文物未全破坏。不然，谁复过而问之者。

平心而论，北平为中国唯一之文化区，无可否认。其所以构成，亦绝非数年、数十年人力所能致，只有竭力维护之、发展之，更无依式在他处重造一新北平之理。今故宫古物已迁者固未必可以复还，然政府宜择其有文化上之价值而无物质上之价值者，如图书、档案及有关历史之遗物，仍予送回，依旧陈列保存。至如书画之珍、金玉之玩，置之市场

---

① 蝉嫣：延绵不断。
② 样子雷：今作"样式雷"。

可以衡价者，则以之开馆南中，甚至遨游海外，但使不入私囊，似皆未为不可。

当十七年北伐告成之际，国都南移，喧寂顿异，论者皆有北平将鞠为茂草之虑。曾几何时，卜居者既络绎而回，而学术团体复如雨后春笋之怒发，园林益辟、台观益美，就表面观之，固不下于北庭鼎盛时。斯知一城之盛衰固不以政治上之冷热为断也。

要而言之，北平之古物可迁，而北平不可重造！国人宜爱护此古城，为吾国文化留一线命脉，勿听其自生自灭也！

四六　房纤

昔日赁居南城，薄有花树，备具庖厨燕宾之所，月不过十余金，李氏《越缦堂日记》中颇言之矣。民国以来，以每间月租二三元为率，久居者较贱，新租者不易得适宜之价也。大抵中人之家，能出价三四十元，亦不过矮檐小院，号称四合，高才隐人，宽难旋马，室内常须裱糊以取洁，庭中又必搭棚以取荫，而新式卫生设备尚不能具焉。居于是者，尚须踌躇于距市之远近。其距市远者，则出入之费又不可不计焉。初自南来，习于尘嚣湫隘，骤闻此价，居然独有天地，往往欣然以为得所；久居之后，必仍有以为不适者。盖北都居室，惟内城满人巨宅最为适体，其室宇能兼奥旷[①]，其院落能容风日；土木之整洁，花树之点缀，抑又其次，故能冬燠夏凉，心旷神怡。凡此巨家，类多凋落，出售招租，人皆患其太大，不易得主。假如联合数家，各分其一院，则价既非昂，居亦最适也。

北平以介绍房屋为业者曰拉房纤，撮合既成，可于中取利。此辈以茶馆为聚会之所，欲觅房者，但一传言，而辈即蜂拥而至。但此辈所能觅者，惟中等以下之宅，必不能得廉而美者耳。

又近来有房产者，多以军人占住为戒，故不敢高张局帖，非知之有素，不易物色也。

四七　打鼓

北式房舍散漫，中等人家亦有一二院落。加以檐墙卑低，攀援易入，每当风凄月黑，易启偷儿之觊觎。北都警察制度严密，夙有声闻。然贫民太多，防范难周，亦居民之苦

[①] 奥旷：奥为幽深，旷为开阔，为中国古典园林的展现手法，"奥旷兼用"为清代园林风格特征。

也，故卜居莫要于择邻。邻曲巷杂院，最易藏奸宄，若前抵大街而中等以上之住户环其三面，斯为最善。

大家深院，婢仆闲杂，典藏者亦易为奸。有所谓打鼓者，持鼓为号，巡回街巷，以交易损铜炉铁为生，往往于其中可得珍奇之物。彼打鼓者无眼力，但利于速售，往往入骨董之肆，可值数百金，而得之打鼓者手中，或不过数百钱也。试诘所从来，则不外故家大宅之婢仆，窃其主人所有，杂秽土中以出，而售之于打鼓者也。

黑市亦然，乃偷儿销赃之地也。昔有以数百钱得珍袭者，亦有掷巨金而得赝鼎者。盖黎明以前，笼灯就而审视，不能确切之故。近今崇文门外尚有黑市，特罕遇佳物矣。

四八　望恩桥

东华门与东安门之间，旧有石桥曰望恩。跨御河之上，穹隆如橐驼之背，明代遗制也。明人戏谓阉官一过此桥即忘恩负义，故有忘恩桥之称。盖宫廷与廛市最接近者莫如此处，天上人间，即以此桥为鸿沟矣。

壬子之变，东安门楼毁，其后仅存丹垣之门三。民国十九年，兴修马路，改穹桥为平桥，今年又拆去东安门之丹垣，于是东华门外驰道如砥，了无挂阂，然而二十年前之旧观，更无余剩。过故都而凭吊此，最足使人感不去怀！

四九　松竹梅

北平人之于手工艺，盖不无特长。不观夫东安市场之玩具乎？制以泥者，以木者，以铅皮者，以纸板者，以麻线者，以毛者，以发者；其贱如泥沙，其细如丝发；或寓以机括，或傅以金漆；不独可以娱儿童之耳目，且可以荡成人之心志，而所费往往不过铜元数枚。且其意匠层出不穷，日新月异，使人虽屡过而几于每过必有所获焉。其睿发巧思有足多者！使在有机械技术者领导之下，必尤有可观。近日市场有号松竹梅者，专售精雅之玩具，每岁圣诞节，辄利市三倍。

五〇　海棠

海棠古盛于蜀，而今盛于燕。燕京罕见腊梅、芙蓉、紫薇、紫荆、辛夷、朱槿，而独富海棠之垂丝者。对植庭院上，出屋檐，方春风日清佳；蜂蝶狎至，香韵秾丽，甚似游女衣鬓之馥。其燥湿都宜，大小可育，过于桃杏；而古格高雅，又胜于石榴之属，人家不可无，园林尤不可无也。往年西直门外极乐寺①最以此花名，李慈铭尝为作赋，今稀复存者。其色有深红、淡白之殊，《尔雅》所谓"杜，赤棠，白者棠"。深红者以花胜，淡白者兼可取其实以为蜜煎，若依西法，可制果酱也。

北都果实植于人家者，杏、榴、桑、枣，几皆不用一钱买。枣尤易生，四五月作细白花，六七月结实可食。蕃硕甘润，具四美德。一树可十数斤，亦贫家御冬之资也。

五一　礼让

帝王之居，其人习于礼顺，满族尤甚。翁姑对客，子妇侍立终日，不得一坐也。应对进退，童而习之，长而安之，不待学而能，久亦成自然矣。有为谐语者曰：旗妇相遇于途，彼此屈膝者再，然后相问讯。初及其父母，次及其兄弟，又次及其伯叔父母，又次其子侄，又次及其甥舅诸亲，

---

① 极乐寺：元或明时所建，位于北京海淀区五塔寺东。明代为赏牡丹胜地，散文家袁宗道曾作有一篇《极乐寺纪游》，而清代又盛传是赏海棠的地方。现存大殿三间。

最后及其猫狗，无一见遗，似至相亲昵者矣。顾问其姓，不之忆也；其居何所，亦不之忆也。礼文繁缛，则沦于虚伪，事有必至者。然其动容周旋，蔼然无忤，颇近于欧西之风，亦其善焉。

推而至于婢仆，无与主人并坐起者，无不请命而径入室者。虽所以剥削主人者无不至，若面主人，则恭谨若出于至诚。

入肆购物，则甫步入门，店伙之坐者皆起，喧者皆肃，行者皆让，以笑靥迎致寒暄，一若有胶漆之交者，实则无一面之缘也。既入其门，受此殷勤款接之礼，亦必不肯空入宝山；即使选择悉不当意，肆中亦殊无愠色。此诚礼让之风仅存于今日者，他日急功近利之风盛，恐将渐就式微矣！

五二　市容

民国二十年间，北平市容胜于昔者二事：

其一为景山至大高殿①之马路。先是，神武门与北上门之间，沿金水河仅有逼仄之道可通，北上门以内，则景山所在，禁绝通行。于是凡由东城至西城者，拥塞于途。仰望景

---

①　大高殿：建于明嘉靖二十一年（1542），为嘉靖皇帝祈雨、祈雪，过上元、中元、下元等众多道场，曾供奉嘉靖玄修玉容。原名大高玄殿，为避康熙名讳改为大高殿。

山，松柏凡凡，亭观绮丽，竟有可望而不可即之慨。故宫既新神武门之丹腰，复辟门前之广场以停车马，更开北上门内东西大道，无复限隔。从景山门隙近瞻山巅，苍翠接目。西过鸳鸯桥，即见大高殿前牌坊高树，严嵩所书"孔绥皇祚""弘佑天民"①之额如新。更西过三座门，则为北海；更西过金鳌玉𬟽桥，左右顾望，榆柳蔽堤，芙蓉覆沼，金碧参错，云霞卷舒；更西则北平图书馆，弥望无非谲丽之景物，不独省交通之绕越而已也。

其二则新华门之改建。袁氏居南海时，就宝月楼为新华门，复于门旁建半西式之平房，左右翼然，以为传达守卫之用，前筑短垣，建铁门，状至俗陋，去年始撤而去之，复还旧观，巍然焕然矣。惟公园以能驱车径入为宜，以楼为门，终不可久，宜在楼旁穿垣，俾通车马，则尤善也。

五三　李福寿

同、光之间，京朝士夫渐尚赵肌欧骨之字体，而嘉、道以前之古意尽失。琉璃厂售笔墨者，笔则紫毫，墨则松烟。

---

① 这两座牌坊于二十世纪五十年代和两座习礼亭一起拆迁，后在中央党校院内把两座牌坊的料合建一座"弘佑天民"牌坊。

紫毫大卷之笔,每管值银至二两以上。学士登瀛,人当费笔墨至百数十金,其毕生事业所系,不得不重视之也。科举废后,字体虽解放,而市井无识,好以庸俗软媚之字为招榜,书法既更不如昔,而制笔之法益逊矣。民国以来,四方善书之士,苟有一长,咸集京师,虽市榜满目俗书,未能递革,而古人绝艺,如章草之类,竟得复兴,则亦昔之所无也。于是制笔之法,亦渐有起而讲求者。戴月轩得翁文恭之法制狼毫,为书家所乐道,其价甚昂。罗君复堪则喜用昔年判稿之稿笔,且又极贱。要之,羊毫则几于无过问者也。近有李福寿者,以漆管制鹿狼毫,尤为刚柔适中,耐久不敝,价倍常制。

五四　东富西贵

当日北京建都之规模,实本乎古之所谓前朝后市,禁城居中,而宫内诸官署府库则分布于禁城之东、西、北三面,部院、衙门则在皇城之南,吏、户、礼与兵、刑、工分列左右。今北平市公安局为礼部故址,局前之街称户部街,犹有遗迹可寻,所谓前朝也。至于百货屯列之处,则在地安门外鼓楼大街一带,为内城交易之所,所谓后市也。其百司、商贾、工艺分处四城。其就地名而可窥见者,如猪市、马市、驴市、灯市、鹁鸽市。弓箭院之在东城，缸瓦市、羊市、皮市、铁匠营之在西城是也。正阳门外以帝京附郭之故，自然人物殷阗①，于是官家修盖廊坊，以招商租设店铺，今之廊坊胡同是也。洎明之季年，附郭民居已渐埒于城内，故有外城之建，无形中扩充京城几至一倍也。满洲入关，将城内划为八旗驻所，汉人悉屏诸外城，故庚子以前惟满人及汉大臣之赐第者得居内城，而京官选人皆居宣武门外，其时自署"宣南"者皆纪实也。庚子以后，街衢交通渐辟，此禁渐弛，汉人亦羡内城第宅之佳丽，鲜复居外城者。宣武门外店肆之佳者如广和居、便宜坊，向之蜚声京邑者，亦几无人过问矣，惟正阳门外市肆繁茂，尚未减耳。

旧制：不许内城开设戏园。《越缦堂日记》云：同治九年八月十日上谕：御史秀文《奏请严禁内城卖戏》一折："京师内城地面向不准设立戏园。近日东四牌楼竟有太华茶轩，隆福寺胡同竟有景泰茶园，登台演戏，并于斋戒忌辰日期公然演唱，实属有干例禁，着步军统领严行禁止。"盖当时深虑闲人混入内城，寓意甚远，然犹不能免"林清之变"也。

《京广杂录》云："前门外戏园多在中城，故巡城口号有'中城珠玉锦绣'之语。又云：'东城市帛菽粟，西城牛马紫炭，南城禽鱼花鸟，北城衣冠盗贼。'"今大家第宅多

---

① 殷阗：繁盛。

在北城，面东城商业转繁，购物为便，故至今独存其仿佛。又俗谚有云："东贵西富"，盖谓仕宦之家多住东城。自东交民巷辟为使馆界以后，外人势力逐渐扩充，侨民多居东单牌楼一带，遇有变乱，甚至遣派使馆卫兵巡察至东四牌楼南史家胡同。于是媚外之流有号史家胡同以南至崇文门为保卫界者，相率喜卜居焉。故东城住户益较整齐清洁，虽中等人家，往往有朱户纱棂者。西富之说虽不尽然，而东贵则诚近似矣。

明代官妓集居于东四牌楼以南，今本司胡同、演乐胡同、勾栏胡同（今为内务部街）一带是其遗迹。庚子以后，娼妓居西城花枝胡同一带，近所谓八大胡同者，当时相公下处为多。嘉庆年中日本所刻《唐土名胜图绘》有《东西青楼之图》，妓女皆服长袍盛妆，弹筝琶侑酒，绣帘红烛，迥非今世八大胡同所见也。

五五　消寒图

每年冬至日，书九画之字九枚而虚其中，每日填一画，九九八十一日而字填毕，则寒亦销尽，恰到将撤火炉时。此亦故都阀阅、闺阃①中消闲雅话也。据王拯《龙壁山房集》云，图为道光初年御制"亭前垂柳珍重待春风"九字，饬懋勤殿双钩成幅，悬诸屏风，题曰"管城春满"。南斋翰林按日填廓于每一画中，悉注阴晴风雨，岁为故事。

北方风雪凌厉，一至寒季，出门辄有割肤堕指之苦，久居南方者闻之，未有不惊心动魄。然其居室构造适宜，窗隙糊以高丽纸，则不透风，燃一煤炉，满室盎然，居室中只需一绵袍，惟出外必加外氅，不似南方板屋多风，又不爇火②，反不能不御狐貉之裘也。

五六　太庙

太庙之制略如大内宫殿，亦有前殿、中殿、后殿。前殿十有一间，重檐脊四下，沉香柱，阶四成，缭以石阑。每岁大祫③，则移神位于前殿，故前殿有龙椅而无神位。中殿为神御殿，黄龙衾褥，与生人之服御无殊。后殿则以奉神庙者也，庚子以后重修，故规模尚完好。民国十三年以后，收入故宫博物院，原有看守太监王德寿管庙四十年，誓死不肯

---

① 阀阅、闺阃：仕宦贵族和居家妇女。
② 爇火：点火。
③ 大祫：天子、诸侯的宗庙祭礼之一。

去，乃听其看守如故。王监不领工资，而仍为岁时上香，亦行谊之可风者也。

太庙中所余香灰，积存石香盒中，每年九月二十四日送往北海御河桥洞倾弃，不知何所取义，殆相沿成例耳。又中殿偏西石基上有花纹，隐约如裸女，亦相传甚久，皆王监所说。

太庙产灰鹤，为他处所不见；又宫鸦甚众，每晨出暮还，结阵如云，昔时民家学塾以为散学之候。盖地静人稀，树木浓密，宜为羽族所栖托，非有他也。

五七　东安市场

东安市场当王府大街之中段，距东交民巷甚近，庚子以后所辟。其法长街列肆，租以营业，百货无不备具，旁及球场、饭店、茶馆、饮食、游戏之所，乃至命相、奇门、堪舆、奏技之流，皆可按图以索。街之中复列浮摊，以售零星食物、花果、书籍、文玩者为最多。以其排比稠密，人烟糅杂，屡屡失慎重修，最后一次迄今亦逾十年矣。其包罗宏富，位置适宜，有似港、沪之大百货商店，而能供日用价廉之物，则又过之，居旧都者莫不称便。浮薄少年涉足其中，可以留连竟日，因为猎艳之游，目挑心招，辄复遇之。

浮摊售骨董旧书，往往能得佳物。余尝失去一小名章，久忘怀矣。友人偶于摊上见之，复购以归余，其来源则不可问矣。

近年售学校课本、讲义及新文学作品者，风起云涌。其所陈列，大致雷同，足见故都学校之多而且滥。以此投学生所嗜，足博厚利也。

城南有劝业场、青云阁，繁富不下于东安市场，而宏大不逮。余若西四、东四二商场，皆窳败不堪，中上级人鲜涉足者。

五八　庙会

旧京庙会之说，乃每月定期借大寺院之广场陈售百货以便城郊居民。乡民于是日挟其所制来此求售，便购所需以归。城中妇女亦可不必远出而得其所需，兼有百技杂艺，足以娱耳目、遣景光。每至会期，少妇艳妆，粉香四溢，蜂迷蝶乱，连袂成云，亦奇观也。尝读宋人笔记，东京大相国寺亦有此景况，其来旧矣。北方乡村皆有赶集之说，其大规模者，则每年止一二度，惟旧京东城有隆福寺，西城有护国寺，每旬皆有焉。隆福以九、十两日，而护国以七、八两日为期。二寺皆元明巨刹，年久颓废，其广场独足容数万人。自北伐告成，严禁阴历，居民狃于旧习，骤不能改。虽迫于功令，改从阳历，而乡民不能周知，来者参差，大为营业之累。于是请于官厅，展为四日，民间乃稍稍称便。

其余每年定期者，则有如东便门外之蟠桃宫，以三月三日；西便门外之白云观，以正月十九日。不独资游览、利交易，庙祝亦乘时收香火资焉。若琉璃厂之火神庙，则每年新正辟为书籍文玩商场，尤为大观。

五九　前三门风水之说

庚子以后，京奉路穿东便门以入城，火车直达正阳门下，使馆界为谋出入便利，又于崇文、正阳二门之间辟一便门，署曰水关，以其正当御河出城处也。未几，京汉路成，亦穿西便门以入，说者谓都城之防已失，而尤以水关之辟为有妨都城风水。民国以后，交通繁冗，议者多欲于正阳、宣武二门之间增辟一门，以杀拥塞之势。故老辄言此门果开，则王气必尽。当局怵于其言，莫敢经行。直至民国十二年，冯派[①]主持京师警察厅事，始毅然为之，号曰和平门。及张作霖称大元帅，改其名曰兴中。张既败亡，门额复故。于是论者为之语曰：水关开而崇文之运尽，是以科举废；和平门开而宣武之运亦尽，是以北洋军阀败。两运皆尽而北京亡矣。语虽无稽，固巧不可阶也。昔人谓北京前三门曰正阳、曰崇文、曰宣武，元亡于至正，明亡于崇祯，清亡于宣统，天下事固有巧合不可思议至如此者。余谓北京自辽会同定鼎以来，九百九十余年，享祚最长，亦宜有代兴者。今年春夏之间，故宫古物捆载南移，市民几于卧辙攀辕而不获请，各文化教育机关亦相率为南渡之计，自此而北平之元气，恐将澌灭无余矣。

六〇　大森里

旧京本无东南商埠之风，有之，自香厂之开辟始。香厂者，本一片荒秽，在正阳门以南、先农坛以北，原有明沟，以通街市积水，夏日暑气熏蒸，行者掩鼻而过。清末即将此沟填平，其西一带由永安桥以北，直至虎坊桥以南，均兴修马路，香厂遂为香厂路，万明寺为万明路，牛血胡同为留学路。复于其隙地筑大森里、平康里以张艳帜。先是，三

---

① 冯派：指冯玉祥。

仙洞、塔儿店、王家大院、双五道庙、莲花河、四神庙等处，本为土妓丛居之所，二里既成，则所谓一等乐户，亦迁入其中，高楼窄院，明灯彩榜，俨然沪、汉之风矣。又有新世界，仿沪式为之。然人力为之，终不能久，新世界不久闭歇。民国十三年以后，大森、平康二里之粉黛，亦渐逐彩云而散。盖北都繁荣市面之法与商埠不同，此亦经营市政者之失算也。

六一　白塔

北海中有岛矗立于太液之上，是即金代之琼华岛，其中奇石，皆由汴京辇致艮岳之遗。观其楼台花树，缥渺如仙，白云沧波，朱甍碧槛，洵足代表吾国最高美之建筑艺术。其必为唐宋以来直接相承之文化系统，亦无疑义。元代改名万寿山，亦曰万岁山。今旧宇渐废，惟白塔耸然如新。白塔者，仿藏式为之，丰肩而削腹，顶戴铜盘，垂缨络，其色正白。据雍正重修碑文，为喇嘛诺木汗驻锡之所，盖与都城风鉴之说或亦有关。且其地在大内之右侧，俯视全城，了然在目，是以定制，于此置信号旗杆，昼则悬旗，夜则悬灯，以辨方位，而便于赴救者。其制见于官书。庚子以后，无形弛废矣。

六二　开臭沟

北京城内沟渠之制，在初筑城时必有极伟大宏整之计画，惜无载籍明文可考。今目所见者，如西城之大明濠，必为当时枝干之一，顺北高南下之地势，疏北城之水以注宣武门外者。此濠于民国十三年后填平，改修马路矣。

北京初修马路时，两旁为砖砌明沟，其式极为简陋，盖主其事者干没巨金，以此塞责。近来翻修之路，则皆已改为暗沟矣。

按：《清会典》："顺治元年定令街道厅管理京城内外沟渠，以时疏浚。若有旗民淤塞沟道者，送刑部治罪。"盖其时已感觉沟制之不良。康熙初年，曾大刨沟一次，内城照官工例，外城则令居民自行刨挖。未几即定每年春间开沟之例，由是以至清季，未尝变也。若遇狭窄巷道，车马拥塞，翻掘污泥，堆积地面，小之则污损衣物，甚则触秽致病，都人恒以为苦。李越缦尝戏以"张香涛"对"开臭沟"，亦即景生情也。行人遇此，则佩大黄、苍术等药以辟之。

六三　胡同

　　北人称巷曰胡同，人多不得其解。《说文·行部》："衕，通街也。"《广韵》《玉篇》并同。《广韵》引《仓颉篇》作衖，云巷道。今南方呼巷曰衖，北方呼巷曰衚衕。衚衕合音为衖，亦即巷之音转。衖见《尔雅》，衕见《说文》，皆古训也。明谢肇淛《五杂俎》引元《经世大典》谓之火衖，衚衕亦火衖之转。元人有以衚衕字入诗者，其来已久。今直书作胡同，亦合古意。

　　北都胡同之名，有极不雅者，如臭皮胡同之类。士大夫居其地，辄耻恶之，故多以音近之字易之，而臭皮遂改为受璧。久之，凡稍涉鄙俚之字亦必易之，于是驴市胡同遂为礼士胡同，鸡鸭市改为集雅士。又其甚者，事涉前朝故实，以其不合现代潮流，亦随意取而易之。如奶子府本为明代宫中养乳媪之处，今书作乃兹府；灵济宫为明代演礼之处，今书作灵境；内官监为明代宫官之一，讹为内宫监，今书作内恭俭。于是年湮代远，愈失其真，注意掌故者，莫不为之慨叹。盖旧日胡同之名，皆不过口耳相传，民国以后始有路牌，当时警厅中人，不涉学问，任意书写，致有此失，迄今沿而未改，亦市政之一缺陋也。

街名有旧无而今有者，如北海前一带，以国立北平图书馆藏有文津阁《四库全书》之故，立新名曰文津街，最为典雅。又有旧名屡改而不一改者，如教育部街之为市党部街是。

六四　城垣

北京城垣之大，视南京有逊色，而坚厚过之。据《马可·波罗游记》称城垣以土为之，墙基宽十尺，渐渐向上峻削，至墙顶仅宽三丈，描写可称逼肖。元代城尚系土筑，至明初始傅以砖，然亦仅外面。至正统间始以瓴甓加城之内面，至今完整如故。惟经庚子之乱，外面尚多弹痕，而城根为细民①所刨掘，有露趾者。然其气象巍然，终不因而稍损也。

大城四隅有角楼，庚子之乱，其西北角楼被炮毁，遂缺其一，其他楼橹除正阳门外，并就倾圮狼藉，亦史迹之可忧者也。

---

① 细民：平民百姓。

北京九门闉闍①之制，细辨无一相同者。即以皇城而论，东华门之门洞包以木垣，而西华门则否。盖微细处亦皆风鉴之说为之也。

皇城为乾隆中所建，以糯米汁和灰砌巨砖而成，外傅丹粉，尤为壮丽坚实。民国十年张志潭为内务总长，假便利交通为名，逐渐拆毁。今惟存南面，其城址则夷为民居，侵占官道，毫无计划，乃市政之最失策者。

六五　官道

据《清会典》，乾隆十九年谕旨："京师为万方辐辏之地，街衢庐舍，理应整齐周密，以肃观瞻。乃近来京城内外多有拆售房舍者，行户等亦藉以居奇射利，此陋习也。着工部、步军统领、顺天府尹、五城御史出示严行禁止。"阅此可见建国之始，通衢庐舍，必皆官力经营，整齐划一，一成之后，不容复改。拆卖房屋，著于禁令，虽似不近人情，然以国家权力定久远规模，于势亦不得不尔。今东、西四牌楼等处市房，似尚约略可见当时整齐划一之制，惟年代既久，小贩浮摊每于府邸墙隙、官道两旁侵占营业，渐易瓦房，无

---

① 闉闍：古代城门外瓮城的重门。

人过问，遂成参差之象。试从正阳门楼南望，凡与牌楼线相直者，皆后来侵占之市房也，惜经营市政者无此魄力复其旧观耳。

六六　古董①

燕京中冷摊小肆常可得贱值之物，惟须有闲工夫耳。前人所记不一，兹汇述之。

隆福寺逢九、十日有庙会，有王翁抱幼孙，年方十岁，往游。见一紫檀界尺②，甚爱之，强翁买归玩弄。偶击几上，豁然一小抽屉脱出，中藏东珠十枚。翁狂喜，骤获珠售价，加以营殖，遂成巨室，人呼为"珠子王家"。

又一士人偶游东华门，见骨董肆中悬小皮簟，时夏月，思衬腕作书颇凉爽，以二百余钱得之。数日皮缝裂，中藏东坡行楷十幅，倪迂山水十幅，皆真迹也。售之，得二十金。③

黑市大抵皆鼠窃辈，诈伪百出，贪钱购觅，往往被绐，亦间有获厚利者。桐城方某乘夜往市，一人以袱裹一裘求

---
①　本篇同时收录于作者所著《北游录·冷摊》。
②　界尺：多指木制或铜制的文具，书画时画直线用，没有刻度。
③　本段录自《清稗类钞·鉴赏类二》，原名为《皮簟中之书画真迹》，"二十金"，《清稗类钞》中作"两千金"。

售。扪之，袱颇光滑，裘亦轻软，以贱值得之。迨晓起视，则锦袱裹貂裘一袭，不觉狂喜；展裘堕地有声，又得珊瑚数珠一串。鬻之，陡获千金。

杭州张某游京师数年无所遇，困极欲归，苦难就道。闻多棋竿庙神甚灵，凡人命注财禄皆可预借，验后酬以棋竿或二或四，久而成林。张因往祷，夜梦神教其往神武门以俟。醒而异之，如言往，竟日杳然，如是月余，浸倦矣。一日，候至日中，饥甚，姑向饼师谋果腹。见壁间荒货店有铁象棋一盒，漆光黝然。张素嗜此，出数百文买之，持盒回寓。进门蹉跌，盒碎，子抛满地。有一二子略致堕损，微露黄质，细视，皆浑金而外涂火漆者，称之得百四十余两，遂拥资归。

六七　万寿点景

清代帝后万寿盛典例有点景，谓于宫廷衢巷建彩坊、剧场以申庆祝也。最后一次为慈禧后七旬万寿，今西直门大街尚略存官房遗址，可想其盛。顷读李绂《穆堂别稿》，有《万寿图记》一篇，述康熙中由畅春园点景直至大内之次序，可谓大观。略述如次：

畅春园宫门起，结大彩坊，门外清梵寺建经坛。其东太平庄有通州回民陈鱼于道左。稍前为淮扬耆民及漕运旗丁进物。又前为木质竹理之剧台一。又前为葡萄长亭，以绿彩为葡萄，横荫数亩，旁翼以百蝶小轩，外周以花篱。前至皇庄关帝庙，二旁为松亭。又前，松墙百余丈，路左鳌山重台，前为牡丹圃，圃下为荷花池。自太平庄以往皆夹道，灯墙彩廊，凡三里，为皇棚。彩帘黄幔，左右为园林小景，是为苏州臣民庆祝。以后各省皆如之。入西直门后，则为王公部院百官所结彩坊、经坛、剧台等，由西四牌楼起陈设乐器，由西安门起陈设卤簿。大抵点缀景物，不外屏联、彩幛、花树、古玩、百戏、灯火、鼓乐，无论辇路取径与否皆如之。

太平时，酣熙奢纵一至于此。洎于今日，已如春梦无痕。惟故宫所藏内务府档案尚略有可考见者。外间私家所记，当以李氏此文为最详。

六八　崇文门

崇文门税务为有清一代秕政，入京者无不苦之。按其原意，本以抽收茶酒烟布等税，每年额征，据户部则例所载仅十万两有奇。乃主其事者辄纵容差役，任意讹索。雍正二年谕旨已云"崇文门收税及分委各口收税之人亦有多方勒索、分外苛求之弊。京师为四方辐辏之地，行李络绎，岂宜苛刻滋扰"等语。嘉、道以后，屡有严行申饬之旨。谕旨中并有"每衣箱一只勒索银二两四两至八两之多"之语。是在上者非不知其弊，特以此税为内务府人所把持，积蠹相需，而不肯去耳。民国以来，犹沿故习，不属于财政部，而直隶于总统府。直至民国十九年北平市政府改组，始彻底去之。往时火车入站尚须受一度之搜索，今免此厄矣。

明代入京之税，重河西务、张家湾而不重崇文门。据《明史·食货志》及明《会典》《实录》言：

> 宣德四年，以钞法不通，由商居货不税，由是于京省商贾凑集地、市镇店肆门摊税课，增旧凡五倍，委御史、户部、锦衣卫、兵马司官各一于城门察收，钞关之设自此始。成化中，又令顺天府委佐贰官于崇文门宣课分司监收商税。御史陈瑶言："崇文门监税官以掊克[①]为能，非国体。"乃命客货外车辆毋得搜阻。嘉靖初，革京城北门之税，万历初，令商货进京者，河西务给红单，并纳正条船三税。其不进京者，河西务止收正税，

---

① 掊克：搜刮民财。

免条船二税。

是明代虽有崇文门税关,尚非所重也。

六九　市招

《寄园寄所寄》[①]云:"市肆初开,必盛张鼓乐,户结彩缯,贺者持果核堆盘,围以屏风祀神。正阳门东西街招牌有高三丈余者,泥金杀粉,或以斑竹镶之,或又镂刻金牛、白羊、黑驴诸形象,以为标识。"《都门纪略》亦云:"如大栅栏、珠宝市、西河沿、琉璃厂之银楼缎号,以及茶叶铺、靴铺、药铺、洋货铺皆雕梁画栋,金碧辉煌,令人目迷五色。"近日门面多已改从洋式,而堆红缕翠仍守旧风,一过闹市,真有五色令人目盲之感也。

肆招例用成语,《野获编》载都城名对,如"珍珠酒"对"琥珀糖","诚意高香"对"细心坚烛","细皮薄脆"对"多肉馄饨","椿树饺儿"对"桃花烧卖","天理肥皂"对"地道药材","麻姑双料酒"对"玫瑰灌香糖","奇

---

① 作者赵吉士(1628—1706),字天羽,号恒夫,安徽休宁人,顺治八年(1651)举人。他住的园林叫寄园,全书十二卷,每卷为一"寄",书名可理解为:"一个号叫寄园的作者在寄园里用著述寄托他所写的东西。"

味薏米酒"对"绝顶松萝茶"。此是明万历间通行之语,今则惟"地道药材"尚沿用之,余均未见矣。相传纪文达亦尝集市上招牌为对,如"神效乌须药,祖传狗皮膏","追风柳木牙杖,清露桂花头油","博古斋装裱唐宋元明人字画,同仁堂贩卖云贵川广地道药材",则今尚大致无异。

写招市之字最有名者,严嵩之"西鹤年堂"及"六必居"矣,余惟琉璃厂等处书籍文玩铺尚间有名手笔。光绪季年风行王垿之字,有"有扁皆书垿,无腔不学谭"之谚。垿为山东翰林,鲁人之营商者相率标榜之,实则陋劣不能成字也。近日王府大街一带渐多用新艺术体之字矣。

七〇 书肆

王渔洋《香祖笔记》云:

"燕中书肆多在大明门之右,及礼部门外、拱宸门西。花朝后三日,则移于灯市;每朔望并下浣五日,则徙于城隍庙中。灯市岁三日,庙市月三日。"今京师书肆皆在正阳门外西河沿,余惟琉璃窑厂间有之,而不多见。灯市初在灵佑宫,稍列书摊,自移于正阳门大街之南，则无书矣。每月塑望及下浣五日，百货集慈仁寺，书摊只五六，往间有秘本，二十年来绝无之。

此一段记燕京书肆历史，可谓赅简。今日存留之旧书肆散市于琉璃厂、隆福寺及东安市场三处。步入其中，则插架者多石印小本、小说杂书，其名贵之书，皆别存一处，非往来已熟，亦不易得佳本也。

七一　纸坊

彰仪门内白纸坊一带，居民以废纸入池，制为各种粗纸，以博微利，地以此得名。街巷中有负筐之贫妇沿门乞字纸，而以火柴一二盒为酬。曼声唱曰："换取灯儿。"即为此也，制成之纸号曰"还魂纸"，其中往往仍存字迹。迷信者以为亵渎字纸，辄创为惜字会馆，聚而焚焉，以免践踏，其实乃至无意识之事，而其历史亦颇悠长。赵怀玉撰《梁家园惜字会馆》云："吾乡惜字之会，康熙间先恭毅公创之，京师无有也。乾隆三十九年同里施君辂等始于梁家园捐金购屋。"《顺天府志》云："近来官京师者捐办不止一处，而梁家园惜字会馆实创始焉。"

七二　仓

往日南漕到京，积米之仓皆在东城一带，取其自通州起运卸装为便也。计朝阳门内有禄米仓、南新仓、旧太仓，东直门内有海运仓、北新仓、富新仓、兴平仓，其在城外者犹不止此数。每年各省四百三十七万余石，百官俸禄、京旗兵饷皆取给于是。据《会典》所载：建仓之制，每仓以五间为一厂，每间七檩六椽；每廒顶各开气楼一座，廒底砖砌，上铺木板，廒门及墙下均开窦穴以泄地气；每仓有官厅、官舍、科房、石坝、土坝。自庚子以后，废河运，仓皆弃置。民国以后，改为陆军被服厂及医院。然旧日之仓书，多以侵渔致富，今犹间有存者。改革以还，旧染污俗多未能一一洗涤，惟书吏与阉官为千百年来政治之蠹者，则铲绝其根株，仅能闭门度其优闲之生活，不敢复出而多事，古人有知，应亦许为快事也。

七三　正阳门楼

　　正阳门谯楼、敌楼之间，原有月墙。而中华门（旧大清门）以内复有千步廊，是为元、明以来旧规。岁月既久，商民麇集于此，资以营业，俨然商场。环月墙东西谓之荷包巷，行人辐凑，毂击肩摩，以事出入者转以为苦。《都门竹枝词》有曰："五色迷离眼欲盲，万方货物列纵横。举头天外分晴晦，路窄人皆接踵行。"可想当年景物之繁丽。庚子之役，焚毁无遗，嗣后修复门楼，其余遂不可恢复矣。民国二年，国务院有规划全城电车之议，由内务、交通两部组织委员会，决议将东西月墙分别拆改，东西各辟二门，凡工程费十八万余元，收用民房又七万余元，四年年终工竣。于是崇楼翼然，周衢洞辟，石阑芳草，别成境界。若能将两车站附近恶劣之广告牌一并拆去，则国门尤壮观。顾自十七年以后，将正阳门敌楼改为电影院，市容狼藉愈不堪矣。

　　正阳门月墙内左右列关帝、大士庙各一，由来甚久。关帝庙似尤古。《寄园寄所寄》云：

　　　　关夫子庙独显京师正阳门者，以门近宸居，在左宗庙、右社稷之间。朝廷岁一命祀，万国朝者退必谒，辐凑至者必祗祷也。祀典，岁五月十三日祭汉前将军关羽，先十日，太常寺题遣本寺堂上官行礼，凡国有大灾祭告之。万历四十三年十月十一日，司礼监太监李恩赍捧九旒冠、玉带、龙袍、金牌，牌书"敕封三界伏魔大帝神威远震天尊关圣帝君"，于正阳门祠建醮三日，颁知天下。

祠有焦竑撰、董其昌书碑。自明以来，京师士女香火不绝。京朝士大夫颇喜往问休咎焉，至《阮亭年谱》《李越缦日记》皆详载之。又俗传明世宗以宫内所祀关像形小不惬，命工制一大者，既成，就卜者问焉。卜者曰："旧像永受香火，新像命运远弗如之。"世宗乃命以旧像付前门守城卒，而祀新像于宫中，意以窘卜者，不谓卒如其言也。其相对之大士庙，相传明庄烈帝闻洪承畴殉难，建祠以配关公，嗣知已降，撤之奉佛，皆不甚可信也。

钝庐笔谈（七篇）[①]

一　卢沟桥之沿革

卢沟者，即桑干河一段之别名。以其水色青黑，故曰"卢沟"。流俗沿讹，误作"芦"字。当金元盛时，均曾议开浚以通漕运，而水势太急，竟不能就。初只用浮舟以代桥，至今浑河上游尚用此法。金章宗以大定二十九年命建石桥，逾三年乃成，敕名广利，是为卢沟有桥之始。复由官建东西廊，令人居之。元代于此置巡检司，又造过街塔，则今不存矣。明代屡次浚河修桥，今桥盖康熙中所修，历次修葺，盖皆不过就原址补治，大体固金代之遗也。元客卿马可·波罗《游记》曾述及此桥，惊为绝世伟构，故西人名

[①] 陆续发表于1936—1937年的《申报每周增刊》，署名：铢庵，共40篇，本书选其中与北京有关的7篇。

为"马可·波罗桥"。其桥栏上刻石狮一百八十余枚[①]，无一同样者，诚为吾国有名建筑。

卢沟桥本无城，明崇祯三年以此为畿辅咽喉，宜设兵防守，又须筑城以卫兵。于是当桥之北，规里许为斗城。局势虽小，而崇墉百雉，俨若雄关。城名拱北，清代改名拱极。凡二门，南曰"永昌"，北曰"顺治"。其后李自成称帝，年号即曰永昌，而后世祖亦用顺治年号，亦奇谶也。北平市成立后，以宛平县不能寄治城内，遂移于此，于是以蕞尔一城变为县治矣。

"卢沟晓月"为燕京八景之一。盖此地为出京第一邮亭，送行者往往于此握手言别。万柳丛中一弯残月，诵柳耆卿之词，不能不使人黯然销魂也。今日车马虽非，而驿程未改，乘平汉路通车南下者，亦正于晓风残月中过此桥。遥望长虹一道，犹不能不令人慨想当年帝都文物声名之盛，不知几许名利中客，践踏桥上红尘也。

此次日军假演习挑衅，此城此桥遂遭厄运，赫赫名都，数百年史迹迭蒙耻辱，可哀也哉！

[①] 早先人民教育出版社版小学三年级语文课本中有《卢沟桥》一文，课文中记载为492个，后来桥经修复，重新统计为498个，最新权威统计数据为501个。

二　北平建都千年纪念

美丽而且庄严的北平，只差两年要过一千岁的大庆了。因为九三八年辽太宗定幽州为南京，是北平正式建都之始。到一九三八正是一千年。可是差几年的工夫，竟把他的国都资格取消，并且变成边疆所在了。从明太祖定都南京不过三十几年，然后仍是由南而北，又维持了六百年，到民国十七年，又由北而南。南京与北京，北京与南京，外患与内忧，内忧与外患，如此循环不已者数百年，到而今仍是这个问题。

北平究竟是适于建都之地么？本来是可以讨论的。从前北平是个全盛之局，一切有兴旺的气象。《马可·波罗游记》记述大都的情形，虽然不免有些夸张，然而万□[①]梯航，规模宏远，那是无疑的。到明代中叶以后，渐渐腐败衰老了。清代虽然振作了一下，也不久便颓废下来。这从水利一项可以看出。

幽州的水利自古即为要政。燕国的生计就靠督亢陂。宋元两朝，何承矩、郭守敬竭毕生之力以治水，然后幽州无

[①]　编者按：原版缺字。

水患。而元朝各处商货所以能荟集于大都者，也就是因为有通惠河之故。明清两朝只知道坐食，而不知道修浚漳沱、桑干，两河挟上游之泥沙，年年壅积。于是平常日子到处苦旱，尘沙飞扬，土地荒芜，甚至酿成疾疫；一到雨季不能宣泄，许多地方便受水灾之害。其结果便是人民生计艰难，不能改善生活。

王闿运的《圆明园词》自注中说："自安史以来，燕地利久废，民教不修，本非宅京之所。以明太宗先建藩国于此，又知江南之不可都，而惮于改作，故遂为帝都也。"这都是在同治年中发表的。及至庚子年，他又在《王志》上说：

> 宛平非可都之地，加以沟洫久废，沙秽荒芜，居民积惰，奸盗丛聚，乘衰弃旧，正可中兴。而李督要结疆臣，极言当还，且虑在西便成偏安，何言之谬也。孤寄狼虎之间，有何宅中之势？便令夷国据有燕城，于我形势亦无所损。今所虑者唯在漕运。国家新迁，正宜从俭，漕粟之给，秦、汉敝政，自古未仰食他方。但就西所有以供行在，停止养兵，自无京饷，二千年积弊一旦去之，富强方自此耳。王者所至成都，凡言形势者，已非远识。周公营雒，无德易亡，及后东迁，竟不召兵。秦得百二，日有敌警，两汉论都，兴亡安在。况燕无阻固，秦有山河，以中为偏，诚为迂论，瓜分之说，尤所

未闻。李亦为俗所移，暗相引而不觉耳。[①]

王氏这种迁都之论，发之最早。其抉发北平不宜建都之故，亦甚透辟，似非近人所及。不过有了敌国外患再迁都，就嫌晚了。宛平诚非建都之地，然而在今日情势之下，却不免又使人潸然欲涕耳。

三　旧都双十节杂忆

因双十节而想起十几年来北都的种种闻见，拉杂述之：

中海的怀仁堂，现在有时为国立北平研究院开会展览之用，原是西苑的一所正殿。民国初年，袁世凯因为国庆招待外宾，没有适当的地方，于是在这广阔的殿庭上盖上一个铁皮天棚，铺上地板，使其与四周的房屋连接。骤然看去，颇成一个与中国建筑色彩协调的大跳舞厅，其实是非常牵强的。在北方的十月，已经草木黄落，白露为霜，甚至于飘飘微雪了，所以装有汽炉。而天棚之中装有两盏极大的玻璃挂灯，四面又挂有一色的红穗宫灯，不下几百盏，再加上慈禧

---

① 参见王闿运《论时事：答陈复心问》，马积高主编，《湖湘文库　湘绮楼诗文集》第2册，岳麓书社，2008年11月，第5页。

太后时代的匾额对联，朱碧辉煌，煞是可看。当时的气象，诚足回忆也。

梅兰芳奉公府之召，在这里唱戏当不止一次。今年听说宋哲元也在这里招待外宾，也约他唱戏。前后二十年间，我想唱戏的人与听戏的人都不能无深深的感慨罢！

怀仁堂的后面是德昌殿，德昌殿后面是延庆楼。人们很少记得民国十三年至十五年国民军将曹锟关在此楼的故事了。曹锟是冯玉祥班师入京囚禁的，却是十五年鹿钟麟自动请他出来的。他的总统是根据吴景濂一班人的宪法产生的。这次的宪法便是十二年双十节在天安门前用电灯牌楼公布的。接二连三的想起这些事，更使人生今昔之感。

北都的双十节以民国二年袁世凯就任临时总统为最热闹，当时文武官吏都穿着新式的礼服，真有文武衣冠异昔时之感。真正的民众对于双十节有真正的观感还在此时。

北都双十节有阅兵之例，但是往往因事不能举行。民国十一年黎元洪复职，却勉强举行过一次。我记得他住在东厂胡同，正是现在东方文化事业委员会的房屋。是日十时许，他带着副官长坐一辆敞篷汽车，副官长手里举着一杆总统的绣旗，他自己穿的是陆军礼服，冠缨是真鹭丝毛制的，迎风飘拂，非常好看。他检阅的时候，骑着骏马，驰骋而过，倒的确不愧一位军人总统。自此以后，北都之盛会便绝迹不见了。

北政府除军礼服、外交礼服之外，还有一种蒙古王公礼服，同外交礼服一样，而花纹则易嘉禾为宝相，冠缨则易白为黄。在民国十六年张作霖来作大元帅以前，顾维钧摄行①总统职权，还举行过一次宴会，是沿袭前清的保和殿筵宴的最后一次。那些蒙古王公还是穿这种礼服来的，这虽不是双十节的事，而也有些关系。

张作霖作大元帅，就从未与中外群僚正式集会。只有一次他忽然高兴，传齐各机关科长以上人员到怀仁堂训话，说的什么不甚听得出，而堂阶之上有些女仆抱着小孩玩耍。在这种庄严的地方，发现这种情形，识者早有以知其不终矣。

往年国庆的点缀，以天安门为最辉煌。牌楼用红黄二色扎成"普天同庆"四字。沿着甬道临时立着无数木杆，杆上挂嘉禾盾形国徽②。这个盾形不是用的外国盾形，而是用的中国古代干戚羽旄的干形。干即盾也，不过干是方的，较之近来喜欢用外国盾形的比较有点民族文化的根据。此虽小事，恐怕知道的人也就少了。国徽之上，交覆三面国旗。其他公务机关都有电灯的点缀，而城内各大街全有临时竖立的各色纸灯，这些都是十七年以前的陈迹。

---

① 摄行：指代理行使职权。
② 嘉禾盾形国徽：指"十二章国徽"，图案基于中国古代礼服的十二章花纹，北洋政府时期和袁世凯当"皇帝"时期都以此作为国徽，设计者为鲁迅、钱稻孙和许寿裳。

四　丰台之故事

二十四年六月，北平便衣队暴动于丰台，急召冯治安师自察哈尔入关，开抵西苑，北平人心始安，是为二十九军入北平之始。二十五年九月，又有二十九军与日本驻军冲突之事，忍辱让步，勉强解决。然而这北平近郊最重要之交通枢纽，遂落日本驻军掌握之中。丰台之关系华北局面是如此。

大家都知道这丰台是北宁、平汉、平绥三路交轨的地方，恐怕少有人知道以前的历史。原来金朝的京城，南面一门叫丰宜门。金城的位置，较之现在北平远在迤南，所以丰宜门正当丰台地带，而丰台即是后人称此门旧址之名。

在已往七百年中，蔓草荒烟早已埋没了这名都城阙，明清两朝便成了种花的所在。城中富贵人家所赏玩的风枝露叶便出产在这个地方，尤其以芍药为最出名。晚清士大夫讲究风雅的，每当花时，招集吟朋，携了酒菜，就在漠漠花田中间，飞花坐月。每一次要出十两银子，并不是为的租地方，因为那地方毫无亭台楼榭之胜，只是为的赔偿花农，叫他们这一天不要剪花上城去卖而已。一天十两，而且一天不止一局，这代价也很可观了。所以王闿运《湘绮楼集》中有一首诗，咏这事其中有两句是：

断香邀价重，回首惜春多。

清初毛奇龄有两位如夫人，一个叫田田，一个叫钱钱，都是丰台种花者的女儿。丰台的韵事是如此。

五　故都文物消息

北平这个地方，至少代表五六百年进化的历史，依然排列着未尝移动，只是人们不去注意观察而已。尤其是故宫这片地方，蕴蓄着无穷的奥秘，始终未曾彻底与世人共见。故宫虽于民国十三年后业经一律开放，但是里面还有点查未到的角落。而且故宫的前部在民国初年已先行开放，其中尚有些地方的管理权是介乎民国政府与清室内务府之间的。至于清室附属的许多机关，散在禁城以外皇城以内的，更在半明半昧之中。因无正式管理之人，以致于惝恍迷离而不可究诘。这其中有如祭器、乐器、铺陈、舆辇、仪仗、经典、册籍之类，可以窥见明以来典章文物者，一概无存矣。就以乐器一项而论，古乐固然重要，而四夷乐中包括蒙古、回部、廓尔喀、缅甸之乐舞，所赖以联结民族感情者惟在于此，今后断然不易恢复。

现在故宫这个范围分为三部分。其名虽同谓之故宫博物院，其实管理权并不属于一处。其大内及景山，由民国十三年移宫而得者，属于国立故宫博物院；其外朝三殿及文华、武英二殿，民国三年已开放者，属于内政部管之古物陈列所；而午门、文武二楼，则又属于从前教育部管之历史博物馆。历史博物馆最简单，故宫博物院范围最大，清理亦最难，古物陈列所则所陈列的都是热河避暑山庄所运来的物品，这是大家所知道的。

不过古物陈列所有些附属的房屋，在从前是作库房用的，里边的东西，有的已经移去，有的却只是封存而并未清查。其已移去的，是实录库的《实录》及内阁大库中的书籍档案，其未经清查者，尚有灯笼库、武备库、木库、颜料库、纸库、缎库、药库等这些并没有什么十分珍奇的物品。当日总因为不是内廷所常用，而此地又与内务府的造办处相近，所以有些供奉必需的材料就积存在这些库房。若按明朝的制度，这些东西都应在皇城西北角的西十库中。前清内府各库也散在皇城各处，此地之库房实不能谓储有大宗物品。

自民国以来，这些库房就没有人进去过，前天承该所招待，进去看一看。从武英殿南面进去，有一道高墙，墙上辟一个圆门，内中便是一排高大的敞房，正对着紫禁城的城根，蔓草侵阶，蛛丝络户，顿然觉得阴森寂寞如在古墟墓之中。库房的窗，但有槛而无纸，所以里面尘土几乎有一尺厚。每间房中都有高至房顶的大木架密密排列。

灯笼库中尽是摆的彩画牛角灯，从花纹上观察可以知道是同治、光绪两朝大婚与万寿所用的。有的是挂在殿廊而加上五彩流苏，有的加上木柄而用以为御驾的导从，有的糊上纸绢而装于栏槛以为点缀。在灰尘的角落里，还看见一大堆彩球，这也不定是同治还是光绪大婚用来结在宫门的，颜色已经变成赭黄，而质地已经朽碎了。

武备库中有长及肩的漆鞘大刀，其长既不能挎在腰间，其重亦不能举以只手。考明朝的记载，殿庭朝会时，有所谓大汉将军者，都是高大异常的壮士，这种大刀，必是他们捉着站班的。其余虎枪及腰刀都有数百件。腰刀之中，方柄的是明朝所制，圆柄的是清朝所制，看其所镶之木腐朽的程度，都可以断定。又有铁锁子甲数百领，分两颇轻，所缘的布已经烂去，有的且锈成一堆，都是一箱一箱的装着，看程度最近也是乾隆以来未曾动过。还有许多火枪，有一件写着是伊大利亚进呈的，就是意大利也。最奇怪的是一双冰鞋，鞋的钢刃与现代式样一般，只是前面翘起而已。以上所说的，锋刃都还十分锋利，可见当时官工制造并不苟简。库的中间有一个麋的标本，是被擒杀后以草填实的，蹄角都尚完全，背上且有鞍鞯一副，想当日必有一种传说与仪式拿他作为镇库之宝，惜现在无人得知了。马鞍鞯鞴①鞭策也有数百具，可是都坏了。

武备库中又有许多画角，楠木制、竹制、角制、漆制，奇形诡状，无疑的是军营所用的乐器。然而何以只有角而无钲鼓②之类呢？

听说别的库里还有许多可用的材料，我们希望该所彻底加以清理，不要含糊。清理之后，应陈列的自然要陈列。如果同样的物品而数量太多，则不妨分赠其他公共博物馆，不必聚于一处。至于未成物件的材料，除留一部分作纪念而外，尽可标价出售。

这里还有可附带一记之事，近日有程枕霞③者，用蜡像制成唐、明、清四妇女衣装模型，在怀仁堂公开展览。据他所述，唐代一像也曾参考唐代的陶俑及日本所存实物仿制而成；至于清代两像，一是嘉庆，一是道光，都是用的当时通行衣裙钗珥，所以尤其可靠而无可非议。程君这种企图，极为勇敢。不过他应该注意唐人的面目风度身材姿态，离现在相差太远，若不注意这一点，则塑出来只是现代人而不是唐人。至衣饰的细问题，还须多用考证功夫，偶然引一两部书是不够的。如果这事成功，却是学术上一大贡献。

---

① 鞯鞴：鞯，马鞍下面并垂到马肚子两侧的垫子，用来挡尘土；鞴，鞍具。
② 钲鼓：即钲和鼓，指古代行军或歌舞时，指挥进退、动静的两种乐器。
③ 程枕霞（1898—1966）：现代蜡像创始者，中国古代服饰研究开拓者。

六　大刀王五

近日戏剧家多喜排演赛金花事。按：赛金花一生事迹颇于国体有损。其脱离洪氏，重张妓业，虐待养女致死，以犯刑章，殊非美事。庚子之役，都下无识之人，以为其曾居德国，盛饰之以媚德将，出于庸劣无耻之心理。故吾谓与其纪念赛金花不如纪念大刀王五。此人之风义实可代表所谓燕赵悲歌慷慨之士。好义勇为，崇尚气节，不苟取与，敬爱读书人，而富爱国精神，兼有旧时代与新时代之美德。且其事迹亦非十分奇诡，恰如此辈身份，大可表彰之以风末俗也。辑录当时各记载如下：

《公余日录》：

> 安侍御（维峻）[①]光绪中叶以上书谏慈禧太后，（按：维峻上疏讥太后虽归政而犹牵制，又诋李鸿章主和误国，词甚激切，非谏太后也。）问戍新疆，得罪后，宾客来慰问者皆谢绝不见。濒行之夕，严装已

[①] 安维峻（1854—1925），字晓峰，号盘阿道人，甘肃秦安县人，清代著名谏官。

戒，有客坚求一面。仆人持帖进，则素不识姓名者。方欲再辞，而客已翩然径入，述途中事甚悉。临行谓安曰："君豪杰士，此行已足千古！敝主人不获走送，使某来一致悃忱，沿途旅店已饬妥为照料，区区饮食费更勿烦君发付也。"安骇问："君主人为谁？"则笑曰："他日自知，今尚不欲以姓名示人。"匆匆辞去。安送客返，视座上遗一纸裹，启视，则银票一千两在焉。亟使仆追之，已不知所向。安由京师至新疆途中万余里，所过之处，前一日旅舍即知之，待遇甚优，给以钱则坚不肯受。问何见爱之深，则曰："慕先生高谊耳！"或谓客即大刀王五所使云。

按：大刀王五者，燕赵间一镖客也，以任侠著名公卿间。庚子之变，旅京士大夫赖以保全者不知凡几。乱平，以事伏法。《驴背集》①：

王五字子宾，慷慨负气，好任侠，朱家、郭解之流也。养死士数十人，往来山东、河南两道，盗贼慑其名皆相戒不敢犯。安维峻以直谏谪新疆，贫甚不能就道，

---

① 《驴背集》：近代胡思敬著。庚子年八国联军进北京，慈禧太后和光绪帝西狩，胡思敬从昌平只身骑驴进京，留下笔记名为《驴背集》，有庚子事变的史料价值。

子宾解千金赠之。黄思永①下狱，倾资极力营救，得无死。拳匪初起，都人避乱南归者多赖其保护，世皆称其好义。子宾既为世所重，有故人献策攻交民巷，附子宾名，留其稿于家，为敌兵所得，遂击杀之。

《春冰室野乘》②：

大刀王五者，光绪时京师大侠也，业为人保镖，河北、山东群盗咸奉为祭酒，王五因为制法律约束之。其所劫必贼吏猾胥，非不义之财无取也。己卯、庚辰间，三辅劫案数十起，吏逐捕不一得，皆心疑王五，以属刑部。于是刑部总司谳事兼提军者为溧水濮青士太守文暹③，奉堂官命檄五城御史以吏卒往捕。王所居在宣武门外，御吏得檄，发卒数百人围其宅。王以廿余人持械俟门内，数百人者皆弗敢入，第叫呼示威势而已。会日暮尚不得要领，吏卒悉散归。既散，始知王五不知何时亦著城卒号衣杂稠人中，而官吏不之知也。翌日，王五忽访刑部自首。询之则曰："曩以兵取我，我故不肯从

---

① 黄思永（1842—1914），字慎之，号亦瓢，本籍徽州，寄籍南京，光绪六年状元。因请求变法入狱，八国联军进京时获释。
② 《春冰室野乘》，是清末李岳瑞所著的笔记，有众多清末掌故、文坛秘闻。
③ 濮文暹（1830—1909），原名濮守照，字青士，江苏溧水人，同治四年进士，博学且对《红楼梦》有研究。

命。今兵既散，故自归也。"诘以数月来劫案，则孰为其徒党所为，孰为他路贼所为，侃侃言，无少遁饰。太守固廉知其材勇义烈，欲全之。乃谬曰："吾固知诸劫案于汝无与，然汝一介匹夫而广交游，酗酒纵博，此决非善类。吾逮汝者，将以小惩而大戒也。"笞之二十，逐之出。岁癸未，太守出为河南南阳知府，将之官，资斧不继，称贷无所，忧闷甚。一日，王五忽来求见，门者却之，固以请，乃命召入。入则顿首曰："小人蒙公再生恩，无可为报。今闻公出守南阳，此去皆暴客所充斥，非小人为卫必不免。且闻公资斧无所出，今携二百金来，请以为赆。"太守力辞之。且曰："吾今已得金矣。"五笑曰："公何欺小人为？公今晨尚往某西商处贷百金，议不谐，安所得金乎？无已，公盍券付小人，俟到任相尝何如？至于执羁鞚从左右，公即不许小人，亦决从行矣。"太守不得已，如其言，署券与之，遂同行。至卫辉，大雨连旬，黄河盛涨不得度，所携金又垂尽，乃谋之五曰："资又竭矣，河不得度，奈何？"五笑曰："是戋戋者，胡足难王五。"言毕，乃匹马佩刀绝尘驰去，从者哗曰："王五往行劫矣。"太守大骇，彷徨终日不能食。薄暮五始归，解腰缠五百金掷几上。太守正色曰："吾虽渴，决不饮盗泉一滴。速将去，勿污我！"五哑然大笑曰："公疑我行劫乎？王五虽微，区区五百金何至称贷无出？此固假之某商者，公不信，试为折简召之。"即书片纸令从者持之去。次日某商果来，以五所署券呈太守，信然，太守始谢而受之。五送太守至南阳，仍返京师理故业。安晓峰侍御之戍军台也，五实护之往，车驮资皆其所赠。五故与谭复生善，戊戌之变，五访谭君所，劝之出奔，愿以身护其行。谭君固不可，乃已。谭君既死，五潜结壮士数百人欲有所建立，所志未遂而拳乱作，五罹其祸。

七　银锭桥

今北平后门外鸦儿胡同一带，地近十刹海，人烟稀旷，仅有残余之世家第宅，点缀其间，过此者鲜复有人记忆前清宣统间此地之热闹矣。盖此处为摄政王府所在，每日趋朝，往来车马甚盛也。汪公精卫以宣统元年假守真照相馆为秘密机关，馆在琉璃厂火神庙夹道，与同志制造炸药，初拟刺庆王，继拟刺洵贝勒[①]，皆未成。最后乃与宣武门外鸿太永铁铺铸大罐，以盛炸药。侦知摄政王车骑每日必经银锭桥，以

---

① 爱新觉罗·载洵（1885—1949），醇亲王奕𫍽第六子，光绪帝之弟，曾与载涛等组织宗社党，辛亥革命后在北京、天津闲居，曾拒绝到"伪满洲国"任职。

二年二月二十一日夜半，埋药桥下。埋之甫毕，为附近居民所窥见，事遂发。警厅从铸罐之厂家侦得线索，汪公卒被缧绁。当时全案送交法部，张君篁溪①官法曹，曾录其谳词。今事隔三十年，取而布列成书。因思银锭桥边，烟波柳色，依然如昔，孤城黯黯，岂复有人念此公案耶？宜于此处勒石以纪此壮举也。

---

① 张伯桢（1877—1946），字子干，号沧海，又号篁溪，广东东莞篁村人。民国著名学者、藏书家，其子为史学家、方志学家张次溪。

北游录话[1]

一

火车缓缓的将傍崇文门城根了！春痕[2]君倚着车窗而笑谓铢庵曰："我多年所梦游的故都，于今已是俨然在目了！看这隐隐高城，斑斑雉堞，似乎其整齐威重的仪表，较之南京为胜。大概王气尚未全衰罢！古今建都之所，有比北平再悠久的么？"

铢庵："可不是么？从北平定为都城以来，到后年整整

---

[1] 全文分十期，连载于《宇宙风》杂志1936年第19—24、26—27、29、31期，署名：铢庵。

[2] 全篇采用铢庵和春痕二人的对话体写成。铢庵为作者笔名，春痕借用刘麟生笔名。刘麟生（1894—1980），字宣阁，笔名春痕、宣阁，斋名宾鸿馆，安徽无为人，学者，骈文研究家。与作者从上海圣约翰大学时起为同学和挚友，一起编辑校刊《约翰声》并唱和，合编有四卷本《古今名诗选》。刘麟生擅长骈文研究，著有《中国文学史》《中国骈文史》《骈文学》，译有《朗伯罗梭氏犯罪学》《经济地理学》等。后去台湾，1980年逝世于美国旧金山。

的是一千年了！如果按百岁积闰①的办法，在民国十七年南迁的时候，已经可以替这老寿星作一千岁的大庆。"

春痕："是么，从什么时候算起，是一千年呢？"

铢庵："按理北平之建都，在安禄山建燕国的时候（七五五），但是后人在习惯上不肯承认那个伪朝，所以姑且从辽太宗会同元年建幽州为南京算起（九三八）。此时契丹新灭石晋，将历代相传法物重器由南移北，建国号改元，实可算唐以后的正统，这是没有法子可以否认的。"

春痕："安禄山据范阳，虽然不曾成事。然而史思明相继而起，他们的部下始终把握着河北数镇之地，其力量足以影响全局，关洛遂渐渐失其重心。所以就事实而论，北平之重要，倒的确始于安禄山。"

铢庵："司马迁说：'作事者必于东南，收功实者常于西北②。'这话也只是片面的。自汉光武以渔阳突骑得天下，魏武帝征乌丸之后方能定中原，没有幽州很难控制全局。想到这里真令人'念天地之茫茫，独怆然而涕下'了。"

两人下了火车，从容走进正阳门，指点着两座敌楼、谯楼。春痕说："前面这座楼，我在大前门纸烟筒上已经早已见过了。这听说是朱启钤作内务总长时候修的，大家都说朱

---

① 积闰指古人计算虚岁的方法。农历每十九年加七个闰月，人每活到增加的十二个闰月便可虚一岁，并不严格。往往五十岁或六十岁起可虚三岁，九十五岁可按百岁计算。此句指按人虚岁的方式计算北平建都的时间。

② 见司马迁《史记·六国年表·序》。

氏办北平市政的成绩为自来所未有，但是这座门楼不见有什么了不得呀！"

铁庵："你要知道北平的进步，不可不追想北平的过去。你知道从前的正阳门是个什么样子么？正阳门是国之南门，在嘉靖以前，外面没有罗城，于是出正阳门便是国郊了。然而城内的地方，大部分为宫苑官衙所占，如何容得了许多居民呢？所以真正的民居，还是在正阳门外。倚郭为市，城内外的交通，一天比一天频繁，道路一天比一天拥塞，于是天子当阳的国门变成一个闹市所在。犹如外省的县衙门前饭庄、茶馆、席篷浮摊侵占官街一般。这是当初的设计者的一个大缺点。庚子以前，正阳门内左右有廊，以接大清门（现在的中华门），叫做千步廊。靠着门洞有无数的珠宝杂货店，叫做荷包巷。门的正中是照例不开的，到了夜里还要虚应故事的下锁。盈千盈万的车马都要挤在狭巷中，争先恐后的过去。其中有一辆拥住了，则不定多少时候方才疏通得清楚。这个名堂叫做岔车。凭你怎样暴躁的性情，到此也就只能委心任运。庚子年董福祥的兵纵火焚掠，门内外精华付之一炬，门楼也毁了。壬寅修复门楼，还是靠着各省的协款，而千步廊终未修复。及至民国四年，始将多年妨碍交通、藏垢纳淤的瓮城拆去，并开四门，分别来往。而将千步廊旧址改植花树，围以石栏，于是国门之前，巍然翼然，方才有些清明气象。所可惜者，当时对于城外的整理还不曾着手。我刚才不说过么？门外本是官街，经多年的侵占，遂至变易原状。试登门楼一望，所谓五牌楼者，本应立在街心，而现在的铺户却已经侵占到牌楼的左右翼了。所以游人到了此处，都觉得太脏太乱，颇不顺眼。直到去年袁良①作市长，他不怕得罪人，倒整理了许多，于今已比从前好一点了。"

春痕："我来游北平，倒不在乎看北平的进步，而在乎追慕往昔。进步愈多，恐怕去古愈远，其历史价值之牺牲恐怕更多了。"

铢庵："这话不然。中国古物之所以不容易保存，就是因为没有整理的缘故。整理得法，是有益于古物保存的。试看朱氏修正阳门楼一带地方，虽然略略改变了原状，但是处处都能因势利导。其所用之原料，所采之风格，都不失其旧，绝无任意掺杂之弊。至于袁氏所修牌楼，以铁筋混凝土照原式作成，也是根据专家设计，并非出之孟浪。而其改宽之街道，也以恢复旧观为主，不能不说都是北平的功臣。也是一班人的公论。"

说话之间，走过"敷文"牌楼②。铢庵说："这便是近四十年来埋藏着许多国际阴谋之东交民巷了。你看这些巍焕

---

① 袁良（1882—1952），浙江杭县人，字文钦，早年留学日本，民国时第四任北平市长（任期1933年6月16日至1935年11月8日），在任时成立"旧都文物整理委员会"（简称"文整会"），力主借鉴现代市政建设并修复北平文物。

② 1915年9月袁世凯为当皇帝，在北京租界使馆区东交民巷西口、西交民巷东口用水泥构件建造了"敷文""振武"两座牌楼，五十年代为扩修道路移至陶然亭公园，七十年代拆除。

深邃的使馆，都是百年前的王公邸第呀！朱户依然，石狮无恙。当其属于王公也，乾、嘉极盛，同、光一衰。当其属于外交团也，民国十七年以前极盛，十七年以后一衰。盛衰如此其易变，此无情之土木何曾有容心乎？何况乾嘉以前，此地已阅五朝之兴废，此来彼往，何可胜计？区区几个使馆，何足挂齿哉？人不在秋高气爽之夜观天，不觉宇宙之大。人不到盛极而衰之北平凭吊一番，更不知古今须臾、旦暮一瞬也。"

春痕："平常人家都说北平样样都好，只是风沙可怕。如今看东交民巷一段路，纤尘不染，岂非人定可以胜天，路修好了便不怕风沙么？"

铢庵："你这话很内行，然而还不是探源之论。北平之风沙与建都立国是极有关系的。能解决这个问题，则北平可为兴王之地，不然则北平之前途危险得很呢！"

春痕："我记得王闿运的《圆明园词》里有几句是：

> 旧池流绿澄燕蓟，洗马高梁游牧地。北藩本镇故元都，西山自拥兴王气。九衢尘起暗连天，辰极星移北斗边。沟洫填淤成斥卤，宫廷映带觅泉原……

"他的意思是说幽燕之地靠着水利方能建都，后来水利不讲了，为尘沙所壅没，便不宜于建都了。你的话恐怕与他暗合罢！"

铢庵："正是。王氏此诗，不是寻常的临风吊古，其中有绝大经济。其所论幽燕不宜建都，不独在当时少有人能见及此，即后来主张迁都的亦没有他说得透彻。王氏实在也可以算一个革命前辈也。"

春痕："你熟于史事，应知汉魏以来常有修督亢陂的故事，而何承矩、郭守敬之治水，尤为古今伟绩。为什么幽州的水利关系如此之大呢？因为浑河、滹沱河都是挟沙而来，上游太拘束，下游太泛滥，中间有许多的淀泊供其纡徐吐纳，所以入海不能畅达，而水之害易兴。北方多风少雨，所以需水之利尤急。如果水利不修，则每年都是有水之处苦涝，无水之处苦干，已有之田则患水多，未辟之田又苦水少。地利尽失，民生愈艰，而国都所在，五方麋集，不得不竭东南之漕粟以养无用之人，恰恰变成了为之者寡、食之者众。民情因之自然浮薄偷惰，政体因之不能整肃清明。故有识者以为不修水利，则不能再建都于此也。中间惟有万历年间，尚宝卿徐贞明著一部《潞水客谈》，主张修畿辅水田以代南漕，大为时人所反对。雍正年间，怡贤亲王用陈仪之策，再修水利屯田，以皇弟之尊，自然没有人敢道一个不字。然而他死了也就完了。后来光绪年间，左宗棠从新疆带兵回来，他说近畿风沙亢旱，比他道光末年所亲见的而又加甚，再不修河，真不得了。他便叫亲兵挖河修堤，等他到两江总督任，又作罢了。近年讲建设，别省多少有点进步。而河北则连平津一条汽车路也修不好。何以呢！上面都是浮沙，车轮一辗，便是一条深坑。除非乡村都修柏油路，不然终于无办法。又如植树也是植不好的，何以呢？也是没有水泉灌溉的缘故。以这种艰于建设的地方，怎么能设险以守其国呢？"

春痕："你的话算是阐发极精了。不过刚才我已说过，人定胜天。幽燕地利之失，是人谋之不臧，而并非王气之已尽。论其形势，实在是宅中控外极好的地方。我虽不曾住过北平，而听人家议论，多半说民国十七年弃燕京而不都，实是一种遗恨。当时主张放弃北平者之理由并不充分，至于因此而引起之纠纷与祸害，也不用说而可以相喻于无言的。自诒伊戚，夫复何言。这话你以为对么？"

铢庵："此是国家大事，我辈不敢妄言。刚才我不也说过么？古今须臾，旦暮一瞬，留待后来评论，也不为迟。不过根据以往的史事，可以得一个结论。凡是有计划有准备的迁都，才是兴国的迁都。而仓促迁移，往往无益有损。迁都而能兴国，也只有汉光武、魏孝文迁洛阳，明太宗迁北平而已。王氏的《圆明园词》自注也说，早迁则可，等到后来则已不及矣。《湘绮楼全书》里，有《王志》一篇，也说这话。庚子清廷在西安，有人主张即在西安定都。这却是不行的。平心说来，北平是好地方。然而迁都也很对。但是迁都也不容易，要在适当的时机方好。"

春痕到了铢庵家中，盥沐之后，抚槛凝神，望着炯炯的日光正照庭院中的花木。两株海棠，高三丈余，犹如锦伞盖一般。紫白丁香点缀其间，微微的送来一阵沁鼻的香气。春痕怡然而笑曰："我们刚才讨论北平的风沙，于今对着这美景良辰、名花嘉树，又觉得这种清绮幽闲的境界，几可疑非尘世所有。纵使偶有风沙亦不足道了。我是久闻北平看花之妙而来的，北平的花何以如此之好呢？"

铢庵："北平土厚水深，人稀地旷，风日匀和，除掉绝对不能禁寒的种类外，都可长得很好，并不假人工培植的。就是极难调护的如建兰之类，也都有办法。若论艺花的技术，那是第一等了。冬日有暖房暖炕，借微火与日光的力量，可以使牡丹与红梅同开于盆盎，韭黄与王瓜①同登于盘俎。这种技术从汉朝的太官署流传下来，大概帝都所在，都有这种工人。辽太宗灭石晋以后，一定将他们带到燕京，所以特别发达。若细细考究起来，也不独艺花，凡是宫廷用的玩好服御，无不以北京所制为最好。例如裱糊席篷、雕漆珐琅都是此类。尤其在蒙古帝国时代，集中国内国外名工于大都（今北平）附近，其规模之大，从《元史》上很可以看出。即如石工之在曲阳、缂丝之在定州都是。人都知道北平建筑艺术之美，然而这种工人是什么地方来的呢？这都是历代征集的名工荟聚而养成的。原来是会各处所长，而今则

---

① 王瓜：在北京，王瓜即指黄瓜。

各处皆失其传，只剩北平独有了。尤其是融合中外的工业艺术，譬如珐琅一项，在别处决不能发达的。此所以北平的高等手工业为数百年累积的成绩，急于应该保护。"

春痕："北平的花木都有历史，某处有某花，某花是什么人手植的，几乎都有来历。我们在书上都读过了，这些到现在应没有什么变迁吧？"

铢庵："也就难说了。譬如元朝讲究东岳庙的杏花，现在早没有了。庚子以前盛传极乐寺的海棠，而今也不多了。反之现在人所提倡的，前人倒不曾注意到，也是有的。西山大觉寺一带的杏花，绵延数十里，远望真如香潮锦浪，近看各有芳姿。大约南方产梅花的地方都赶不上这种盛况。这却是近人发现的，前人记述不大看见。其原因何在呢？辽、金时代，离宫别馆，远至西山，名区胜景都被占去。元、明两朝，都不讲究郊游，于是渐渐湮没。清朝帝王卿相虽然讲究郊游，而不能到远的地方，所以诗文题咏所及，总不过眼前几处。真要政治上轨道，可以开发一个大北平游览区。各种的胜景一概包罗在内，则更妙矣。"

春痕、铢庵同车作环市之游，走到神武门。铢庵指着紫禁城对春痕道："自明太宗定都以来，这座宫城里面的阴阴沉沉、层层密密的宫殿，不知蕴藏过多多少少的宫廷秘事。而今是托底公开了。记得民国十三年秋天，国民军逼宫的时候，我正在这条路上走过。'最是仓促辞庙日，教坊犹奏别离歌，挥泪对宫娥'。似觉帝王末路，今昔一般。而且这种惨剧，以后只有在历史上可以追想，而实质上是不会见到的了。所以反令人不胜其系恋。当十三年以前，我经过此处，尚时常看见戴红缨帽子的人往来出入。十一年冬天，宫中婚礼，中外人士都有参观的机会。当迎亲时节，用的是皇后仪仗，而每种仅存一对，较之承平时大典，已为具体而微了。然而的确是依据古来典礼而制成的。所谓'霓旌凤盖'，件件都有古意。持节使者，手持黄绸笼着的白节旄，骑马押仗，缓步而行。霜天夜静，路旁观者万人如海，可是但听得马蹄人步踏地之声，而不见有平日民间婚丧仪仗零落嚣杂之状，使人感觉到旧日帝王家仪式之美。尤其是次日在乾清宫庆贺，有几百个满蒙世族，仍然穿着蟒袍，随着钟磬笙箫之声而趋跄俯仰。这种活动的博物院，与北京饭店橡木地板上的跳舞，相映之下，可以说是北平的奇迹。而今则故宫的乐工一天一天老死殆尽，仪仗法物也搬了家，地与人与物三者分离，从此古代的声明、文物只能付之想象了。"

春痕："可不是么？我们来游故宫，愿意看的是有历史意义的故宫。而不是光看一座一座的宫殿，和一件一件的字画。惜乎不能偿此愿矣，此话且不谈。我看禁城外面的街道，树木墙垣整理得颇为清洁美丽，这倒也不失为进步，你以为如何？"

铢庵："不错。北平市街原来是有计划的，不像其他城市是零星发展的。所以只须略加纠正与复元，就是莫大的成绩。可惜历来市政当局缺乏这种认识，不能彻底整理而已。按北平市政进展的天然程序，是由谨严而开放。当明朝建都的时候，宫城附近全是宫苑及官衙以及少数的王公第宅，而民居商店全在城外。近几百年逐渐开放，除了西苑（现在所谓三海）而外，宫苑很少存在了，官衙已减少，而市廛日益增加。照现在的情形，三海、故宫、景山都应该作为园林区，而其余作为住宅区，才对。可是这样庞大的公园，绝不应关起门来卖票，而应该顺着当日的驰道，撤除界限，四通八达，如是则有几种好处。第一，东西南北城的交通缩短了多少，减除人力车夫血汗的痛苦。第二，减轻道路的拥挤，尤其是金鳌玉𮨽的石桥，如果不想分疏的办法，这条桥以及其附近的团城不久便会有倾圮之可能。第三，市民可以免费而享受园林之益。第四，游人可以用极经济的光阴得全市的鸟瞰。如果怕牺牲了收入，尽可在一所一所的建筑里另行收费。又中央公园已经成为高等游人所独享的公园，不妨将票价再行提高，庶几各得其益。从此参天古木之下，红紫盈畦，清涟照影，行人信步往来，自然都得佳趣，岂不妙哉？"

"还有东城的御河，本来是清澄的河流，上面荫着丝丝垂柳，与皇城的丹垣相映，极为美观。这也是当日整个计划之一。近来河流淤塞，树木凋零，民国十一二年，某某作市政督办，又将皇城①拆去，随意卖去地基，盖上些不成款式的破房子，实在是极可痛心之事。皇城谁说不应该拆，然而拆皇城所以利交通，为什么反而盖些房屋七零八落的徒然阻塞交通呢？假如疏通河道，增植树林，以乡村之美加在城市中，何等之好呢？"

春痕："北平是最好的住家地方，除去园林建筑之美，还有什么理由？"

铢庵："第一，当然是气候。只有北人不服南方水土的，却没有听见南人不服北平水土的。没有到过北平的人总以为北平冬季很冷，其实不然。纵使很冷，也是干燥的冷，而不带湿气，所以并不难过。而且房屋的构造，御寒设备最为周密，所以住北平的人，并不须穿皮袍。至于夏天，无论热到什么程度，一到晚间总有点凉意，没有热得睡不着觉的。惟有春季很短，而且多风，不如秋季温和、晴明、高爽兼而有之。自阴历七月底至九月半都是这种境界。这种舒适的天然环境，实是最值得留恋的。

"其次便是人文的集合。北平是诸色人等的俱乐部，要找任何一类的朋友都可以找得着的。尤其是学术文艺方面，经多少年的孕育而成，到处充满古雅闲适的色泽与其臭味，令人置身如在乾嘉以上，这又是他处所不能领略的。

---

① 北京皇城全长约13公里，民国以来逐步打洞开豁口，1924年11月由市政公所毅然决定将东、北、西三面完全拆除，至今现存约1900米。

"又其次是生活的简单。北平有的是房屋与地皮,所以住最不成问题。面食与蔬菜随处可买,几个铜子的烧饼、小米稀饭、一小碟酱萝卜,既适口又卫生。食也解决了。蓝布大褂上街,是决不至于遭白眼的。衣是更简单。生活从容,神恬气静,也不消匆忙的满街跑。纵使懒得步行,只须花几个大子便可坐几里的洋车(人力车价之贱,为各处之冠)。衣食住行四样,没有一样可以难得北平人的。然而争名者于朝,争利者于市,自从十七年以后,怀抱这两种希望的人,不免要与这座古城告别了。从而古城的运命,也就殆哉岌岌不可终日了。"

春痕:"以北平与上海相比,上海的确不是好的住家所在。但是从安全上着想……"

铢庵:"住北平的人,有终身之忧,而或者无一朝之患。住上海则虽无终身之忧,而确不免有一朝之患。请味此言,便知优劣。"

二

春痕来了几天,要出去看几个朋友。找铢庵商量。他说:"别的都好办,惟有其中一位住在兵马司胡同,没有门牌号数。查电话簿子,他又没有电话。这怎样办呢?"

铢庵告诉春痕:"北平胡同同名的很多,即如兵马司胡同就有好几个,第一先要知道哪一个兵马司胡同。至于不知道门牌,还不甚要紧。"

春痕:"这个我却未曾知道。"

铢庵:"你且说这位朋友是作什么事的,是老住北平,还是近年来的,我可以替你参详一个大概。"

春痕:"他是在平绥路局服务的,在北平有十年以上了。"

铢庵:"这一定是西四牌楼的兵马司胡同,因为平绥路局正在附近,这是从职业上可以推知的。十年前中等的外来住户多在西城,近年方才纷纷的住东城。他既是十年前来的,尤以住在西城为近似。你去那里找一个巡警派出所一问,便打听出来了。"

春痕如言炮制,果然找到了。回来告诉铢庵说:"我在兵马司附近,看见一个木制的小屋子,外面挂了一个木牌子,是某某区第几派出所,并且写明所管辖的地段是某某胡同。进小屋子一看,还分成里外两间。外间一张方桌,两条凳子,桌子上铺着漆布,一架时钟,一副茶具,一副文具,墙上一架电话,一块黑板,挂着许多簿子。值班的巡警问了我的来意,并问明所要找的人姓名、籍贯、职业,翻开簿子,即刻查了出来。连我那朋友家里用的几个女仆,女仆姓什么，都被我一眼看见了。北平户籍警察的成绩真可以，在别处怕不容易办到。"

铢庵："北平之办警察是壬寅①以后之事，较之上海租界迥乎在后，而其艰难有百倍于上海者。当日帝都中的居民，不是贵族豪民，就是浮居过客。同他们讲利害，讲法律，讲势力，讲道理，无一可通之路。而且警察作用是他们向来所未尝习见习闻，警察禁令又无一不与他们的生活习惯相冲突。然而一步一步任劳任怨的做去，居然做到北平警察可为全国模范的地位。从这里可以看出两点：一是凡事须得其人，有了负责的人，自然事可以办好。一是中国事还须中国人办，还须用中国法子办。北平警察之成功，就是因为能运用旧法子，适应旧环境。春痕，你曾经看过北平街上打架的事么？在上海街上有人打架，巡捕走过来是不由分说，一顿拳打脚踢。北平街上有人打架，巡警走过来，两面做和事老，总是大事化小，小事化无，和平了结。必不得已也得带区，不能私自作福作威。这是什么道理呢？北平警察多半是满洲旗人，旗人的天才是工于词令，善于应付。利用这一点，所以能不用威力而措置裕如。人民与警察间之扞格自然减少，而禁令自然容易推行。此外还有一个原因，北方人性质优点在于服从。无论哪一种政权当令，是绝对服从的。无论政府有无威力，那直接管辖的机关总是受人尊敬的。从北

---

① 壬寅：指1902年。

平洋车夫口中常听得一种话：在前清时代怕的是皇上家，壬子①以后说是改了民国，戊辰②以后又说是改了三民主义。他们很感觉政权的屡屡改变。然而在哪种政权之下，就服从哪种政权，那是不发生疑问的。固然地面上不是没有憨不畏法的人，但是大多数的循良安分，不能不使人惊异。所以北平的户籍调查办得好，侦缉机关办得好，加以各种职业的市民，例如当铺、旅馆、木厂、车行之类，又都能与警察合作。绑票的案子是绝对不能容许的。盗案也只有近年杂乱军队驻扎北平附近方才多些。至于窃案虽不能免，而破获的总居多数。如果不是因为政治复杂之故，北平秩序之安定是足可羡慕的了。"

春痕："比较起来，上海是中国欧化最早的都市。天津尤其是内地最先办警察的地方。而其结果，则两处市民所得的宽容最多，而所享的保障亦最少；所纳的警捐最重，而所得的麻烦亦最多。住在上海、天津的人，总觉得乱烘烘的不安。恐怕也实在是五方杂处，良莠不齐，所以难得管理呀！"

铢庵："西洋大都会里，五方杂处、良莠不齐的程度，甚于津、沪十倍。何以他们的警察不至于没办法呢？此无他。租界之演成现在局面，不是一朝一夕所成功，而是一点

---

① 壬子：1902年。
② 戊辰：1928年。

一滴的累积。当日并没有一个通盘计划,也没有一个能干而负责的人拿起来认真办。所以中国式的衙役、西洋式的混混,等等恶劣势力据为城社而莫由肃清。近年以来,表面上的物质建设飞一般的进步,足使老朽舌拆而不能下。倘若追究其内容,则东方文化之污点与西方文化之污点,一齐蟠据于中作祟而已。中国一切之无进步无办法,不能不说是租界之为害,而租界中人醉生梦死于此种不合理的势力保护之下,也必有一天悔不可追的。"

春痕:"只有根据中国的立场,小心采纳西洋方法的优点,将这种优点融会贯通于固有习惯固有秩序之内,才可以获得改革的结果。不独警察一事,北平之所以勉强能居领导地位者,恐怕便是由于没有毁坏旧习惯、旧秩序之故。你不记得南京新造的时代么?本来嫌北平官僚气重,然而不久便将北平的警察、公务员甚而至于茶房慢慢的都调去了,可见北平始终是有他的特长而不容轻弃的。"

铢庵:"还有一层,北平之五方杂处良莠不齐,也并不亚于他处。甚且较他处更厉害呀!现在北平的居民,可以区为下列几种。一是旧皇族、旗丁、内监以及其他依宫廷而生活的。这种人有的还是巨富,大多数却已经沦落到无以为生的地位了。二是旧日公务机关的吏员、差役之类,其中一部分还是江浙移来的人,久居而同化。其蓄有厚赀者也还不少,多经营典当等业。三是民国以来依附军阀而起的各色人物，辽、津、保三处的人最多，在别处发了财，便在北平买房产纳福，大街小巷之中，常常看到半中半西红红绿绿的住宅，不问可知其属于此辈。四是自前清以至民国十七年以前做京官的士大夫。他们虽然多半籍隶外省，而以世代簪缨之故，在京住久了，不免自置房产。民国以来亦不断地在各机关当点差事。当民国十年以前，北京鼎盛时代，一个人兼上几处差事，竟有拿到千元以上之薪俸的。既食厚禄，又享清福，承平未远，雅道犹存。于是上衙门之暇，买买古书，玩玩古董，听听名脚①，逛逛西山，优哉游哉，聊以卒岁。一到国都南迁以后，这才如梦初醒，悔不可追。于是长腿的赶忙哄到南京，依然是参事、秘书、顾问、咨议，家眷住在北平，一年回来几次。老实些的，改行谋个教馆，也还可以对付。至于那些不济的，就只好老死牖下，守扬雄之寂寞了。在新旧交替的当儿，这种人却依然不容轻视。现在北平住户之中有作中坚势力之资格的，恐怕还是这种。五是依附教育文化机关而生存的人们。北平为文化中心是十七年以后常听见的一句口头禅，名流学者之多，出版物之热闹，旧书之可买，一切设备之齐全，天然景物之可爱，人们之方以类聚物以群分，的确是求学最好的地方。当最盛的时候，国立研究院有两个。（北平研究院②及中央研究院之一部。）

---

① 名脚：今作"名角"。
② 1929年国民政府在北平成立的学术研究机构，由李石曾创立，为中国科学院前身，曾选出过90名俊杰为"会员"，相当于院士。

国立大学有三个，而专科尚不在内。私立大学有四五个，而独立学院尚不在内。全国最大的图书馆、最大的医院各有一个。而其他专门的文化机关不能悉数。有人屈指算计，每年中央汇来的北平教育文化费是四百余万，加上清华、燕京、协和等等特殊财源以及其他零碎的学校机关，每年怕不要一千万。大、中、小学学生以十万人计，每人以一年消费一百元计，两下合起来，北平市面因教育事业而流通的金额，总在二千万元以上。这不能不说是北平的生命线。假如政府南迁，教育文化机关又要南迁，北平便不想活矣。十七年以后，北平已失其政治上之重要，然而居民还能维持到一百五十万的数目，这就是因为这五种人还不肯走的缘故。有了这五种人，而其余的农、工、商、贾方有所附丽，自然应有尽有，日益繁荣了。"

春痕："由此说来，北平人类的复杂，诚然过于上海远矣。"

铢庵："我刚才所说，不过一端而已。你若拿上海来比较，上海街市上只看得见两种装束。一是西服，一是尖顶瓜皮小帽与硬领长衫。如果穿第三种，必为市人所目笑。而北平则不然，从紫袍黄褂的蒙古、西藏僧徒，蓝袍青褂的垂辫老者，光头大肚的商人，蓝布罩袍的名士，中山服的政军服务人员，加上上海的种种，无不兼容并蓄。他们的思想，从忠君爱国一直到共产；他们的生活，从游牧民族一直到工厂的工人；他们的来历，从冰天雪地一直到炎天热海；他们的信仰，从拜一直到无神；他们的时代，从乾隆一直到一九三六。形形色色，比肩并存于一城之内，这是何等奇观！"

春痕："北平居民如此之复杂，恐怕是因为地方伟大的缘故吧！"

铢庵："此语诚然，你便在北平住上一年，也未必能将种种不同的地方一一领略一遍。你愿意得一个北平伟大的概念么？我可以这样告诉你！

"北平若以宗教势力分区，则东城灯市口一带是基督教的区域。几个教会学校以及倚教会教育为生的多聚居于此。西城西什库一带是天主教的区域。这本是宫中之地，赐与教堂的。庚子年曾受攻围，牺牲过很多的性命。乱后重整，倍极蔺皇。医院、学校、博物馆、印刷所之类占满了几条街，附近的居民，几乎都与教堂有关系。走到此地一游，假非听人说话是北平口音，简直使人疑心到了上海的徐家汇。东直门一带是希腊东正教的区域。这里有一座古旧的俄国教堂，也是拨王府官地奉敕建的。衰柳清溪，人烟寥落，惟有金葫芦塔顶，长自掩映于斜阳中。还有一个具体而微的俄文学校，用的是极旧式的课本，由一个长发齐肩的俄国教士，领着几个村童有气无力的呻唔。这几个学童，有的姓杜，有的姓罗，面目依稀有点像俄国人。这就是康熙年间雅克萨城俘虏之后裔。彰义门、牛街一带是回教的区域。这里也有几百年的历史，环而居者都是天方遗民，欲研究《可兰》经典者，非来此不可。北新桥一带是喇嘛教的区域。百十成群衣服褴褛的红教徒，还保守着一座神秘的雍和宫，而维持一种微薄的宗教生活。西便门白云观一带是道教的区域。丘处机的神迹至今犹存，而想读《道藏》全集的也非到此不可。追想蒙古帝国的时代，也里可温[①]、和尚、道士先生们同受大帝国的保护。这种种族与宗教上一视同仁的风度，遗留至今，所以北平仍然有这些不同的宗教信仰者。

"北平若以营业分区，则前门外是珠宝市场的区域。西河沿是旧式客店的区域。打磨厂是刀剑铜器的区域。花市是纸花的区域。头发胡同是旧书摊的区域。西皮市是皮条店的区域。西交民巷是银行的区域。崇文门大街是洋行的区域。八大胡同是南北班妓女的区域。船板胡同是洋妓的区域。最近几年西长安街又是饭馆的区域。王府大街是时髦商店的区域。而历史最久驰名最远的又莫过于琉璃厂书店区域。乾隆年中有一位李文藻，作过一篇《琉璃厂书肆记》，看那时情形，与现在还无甚出入。"

春痕："说到此处，我正想到琉璃厂去看看，以扩见闻。你的谈锋姑且稍住，我们就此动身吧！"

[①] 也里可温：元朝时对传入中国的景教（基督教聂斯脱里派）教士、教徒的称呼。

三　琉璃厂的面面观

铢庵陪着他从厂西门入口，一面絮絮地告诉他道："琉璃厂的铺家有两三种不同的性质。一种是旧日卖搢绅，卖闱墨，替新科翰林卖字、替会试举子制办书籍、文具的。这种铺家一自科举废而帝国亡，于是改为贩卖教育用品，于是变成一种不新不旧、不伦不类的奇异现象。你却不要看轻他们，北方几省的学校书籍大概都是他们经手的，这笔生意也着实可观，赛如上海棋盘街那些书局一样。另外有一种是真正买卖旧书碑帖的。这班人还承袭着乾嘉以来讲风雅、讲朴学的风气。他们的主顾是京朝学士大夫。耳濡目染之结果，什么宋、元版本的格式，某种书有几个本子，某个孤本藏在什么人家，某某碑帖是宋拓是明拓，是原刻是翻刻，见于什么书的著录，某字阙某字不阙，他们可以如数家珍。寻常外省没有见过世面的学士大夫，他们还看不起呢。尤其是潘祖荫、翁同龢、李文田、吴大澂、王懿荣这班人的提倡，他们当的是翰林清闲差使，家里又有的是钱，成日便在厂肆里消磨岁月。展转吸引，便也成了一种风气。大家没事，竟把书店当作公共图书馆。好在这些书肆门面虽然不宽，里面曲折纵横，几层书架，三五间明窗净几的小屋子是必有的。棐几①湘帘②，炉香茗碗，倦的时候还可以朝炕床上一睡，吸烟谈心，恣无拘束。书店伙计和颜悦色，奉承恐后，决没有慢客的举动。你买他的书也罢，不买也罢，给现钱也罢，记账也罢。虽是买卖中人，而其品格风度确是高人一筹。无形之中便养成许多爱读书的人，无形之中也就养成了北平的学术空气。所谓民到于今受其赐者，琉璃厂之书肆是矣。"

春痕："如此我们随便拣一家进去坐坐，顺手买几部旧书吧！"

铢庵："你要买书，却先要问是什么性质。要是随便买一点作纪念呢，那是无可无不可。要是有目的的买书呢，不是仓卒间买得到的。"

说着已走进了一家铺子。铢庵低低告诉春痕道："你看这架上摆的书，也不过是些石印小说、铅印尺牍、医书之类，岂不令你失望么？你必须踱进里屋坐坐，方才可以看到点有价值的书。若是你要访求专门而偏僻的书，那非假以岁月不可。这种书店，只有同他熟了之后，你要什么样的书，他便可以替你找到，替你送书，层出不穷，而且价钱也往往有很公道的。近年以来，什么奇奇怪怪的书都有人收了。始

---

① 棐几：用香榧木做的几案，香榧木较为细密，讲究的佛像、棋盘用香榧木。"棐"通"榧"。

② 湘帘：湘妃竹做的帘子。湘妃竹即斑竹、泪竹，传说娥皇、女英得知舜帝崩殂后泪洒九嶷山的竹子，形成湘妃竹。

而有人收方志，继而收家谱，继而收搢绅，继而收闱墨。可以说在北平没有无人要的书，也没有找不到的书。买书之所以必在北平，此之故也。若是寻常的书，听说近年南方几省兵灾之后，世家大族荡析离居，旧书出来的渐多，价值渐较北平为贱，倒不必一定要在北平买。"

春痕随意买了几部书，又与铢庵踱进一家古董店看看，出来便问铢庵道："这些古董店有东西可买么？"

铢庵："常住北平的人，是很少踏足于这班古董店的。除非是与他们熟了之后，有什么要买的东西，托他们慢慢的物色，物色到了之后，慢慢地同他们讲价钱。断没有上门来买货的。如果想买点零碎古董玩玩，那就不如闲时到后门（地安门外）一带，有意无意之中，或者有些满意的收获。这北平买古董是最危险的一件事。纪昀《阅微草堂笔记》里面说过，他曾用廉价买到几条明墨，得意得了不得。及至磨向砚台，方知是黑漆糊纸做的。他又连带的告诉我们纸糊烧鸭、纸糊皮靴的故事。再参考《品花宝鉴》上所说魏聘才在戏园里买琥珀鼻烟壶的记载，不能不惊心动魄于从前北平人之善于作伪。现在虽然时移事异，然而古董的价值是没有标准的，不是极精明的内行，而又有优闲的岁月，忍耐的性情，实在不容易玩。近年北平市当局厉行所谓不二价，一切的买卖，不准要虚价。惟有古玩商屡次反对，即是此故。"

春痕："古董我本来是不敢请教的，既到琉璃厂来，还得买点笔墨文具之类。"

铢庵："笔墨本非北平的特产,从前因为翰林写白折,进士写大卷,笔墨都大有讲究,只有琉璃厂几家当行出色,擅专卖之利。其笔以尖齐圆劲为主,墨用松烟、油烟相和,轻重分剂,都煞费苦心。科举废后,这种笔墨既不能雅,又不能俗,也就无人过问了。近年一切都以苟简为第一要义,所以公务机关及学校对于笔墨的消费虽比往日增加,却是笔只能用粗制的小楷羊毫,墨只能用一得阁的墨汁,写出来的字,只能痴肥得像墨猪一样。一班文化程度显然低落了。只有一件事却是近年来盛行的,就是狼毫笔之中兴。北平书画家都讲究用狼毫及紫狼毫、鹿狼毫之类,这种笔久已失传,有一两家笔店颇能参用日本笔的制法——其实即是古代笔的制法,做出来刚柔适中,挥洒如意。自民国以来,字体却是被解放。所谓"欧肌赵骨"的馆阁字不时髦了。既有人爱古雅的字,自不能无古雅的笔。于是旧纸、旧墨、古法印泥、古法颜料之类也连带着应运而兴,其实字画未必能古,而工具却比从前反而精美了。春痕,你如要买点文具之类,我劝你买几支仿古的笔试试。骡马市大街的李福寿制的尤为精妙,可以电话叫他送来看的。"

两人说着,觉着琉璃厂已无可再流连,因又谈到琉璃厂的历史。铢庵告诉春痕道："琉璃厂得名,是因为前清工部琉璃窑所在。当时大概还很荒凉。书肆之盛,也不过乾隆以后。照李文藻所记,也不专是书肆,还有补牙卖药的店铺,至今海王村公园还有些遗迹。所以每年正月,城内外的人都要来逛厂店。因此便有卖珠宝的,卖字画的,卖古玩杂货的,卖小儿玩具的,来趁热闹。十年前每逢新年到这个地方来消遣的,各色人等都有。文人墨客很可以在小摊上买些旧书破古董,而所花的代价极轻微。你要知道这就是古代市集的遗痕。直至于今,不独琉璃厂,还有东城的隆福寺、西城的护国寺,都是这种性质。隆福寺也有旧书可买,不过都已经同琉璃厂一样,变为固定的店家了。在清初则不在这些地方,而在慈仁寺。王渔洋曾在慈仁寺摊上买过客氏的名片,他每天不在家,朋友来看他,只要找到慈仁寺便遇着了。京朝士大夫的风度是如此的。"

四 北平的季候美

初夏的风光来了,今年特别热得早,而且热得厉害。六月中旬,有几天已经热到一百多度,而阴历还只是四月的下旬。春痕颇悔此来之不幸。他说:"照这样热的程度,竟不亚于南方,这简直不是来领略北平之美了。"

铢庵:"说起北平的气候,虽然不能算全国第一,然而在人人可享受的范围而内，恐怕没有别的地方赶得上。固然陵谷有变迁，人事有代谢。我已经说过，北平的环境已经不如从前，间接的种种原因可以促成气候之增热。但是固有的美质还自不能磨灭。你不要灰心，让我将北平气候之美和你细说一下。

"北平炉火季之长，为南方所不能想象。从前民间的惯例是每年十月初升火，二月初撤火。近年享乐的程度增加，而气候也实在冷得长久，几乎阴历九月半就要升火，直至次年二月底方能撤火。五个月的炉火，是不能再省的。在严冬之中，虽赤贫之人，不能不烧火，不能不用纸糊窗户。旧式的炉火，是白泥炉烧煤球，没有烟囱的设备，所以一到夜间，窗户关严了，不知不觉就会熏着煤气。遇着这样情形，就须将中煤毒的人抬出室外，灌酸白菜水，方可获救。酸白菜者，北方冬天的白菜最肥美，拿来切碎。以盐腌于缸内，上面压之以石，吃起来爽脆无比，其汁味带酸咸，功能解煤毒。北平人家无一家不烧煤球，也就无一家不腌白菜，这是天然的救济法。然而每年牺牲于煤毒者，还时有所闻焉。假如不烧煤火呢，则室内必致于冻冰，虽重裘不能御寒。近来洋炉盛行，本地自制的价亦甚廉，于是小康之家无不用洋炉，而皮衣之功用亦废。因为有洋炉的屋子总可以保持十七度的温度，平常只须穿一件棉袍，出门加上一件大氅（外套），便很可以过得去了。我们常往来于南北之人，每觉南方人好穿皮袍，甚而至于穿狐皮袍。而在北方，则狐皮袍绝对的用不着。愈在北方则防寒之设备愈周密，而抗寒的能力亦愈高。若说北平之冷怎样的可怕，那实在是靠不住的。不但此也，北平之冷，冷得很长而很匀净。在此期间，空气是那样的干而爽洁，雪堆在地上，一两个月还同粉一样的白。风刮在脸上，就如喝醉了之后用冷手巾罨①在脸上一般，使人肃然警醒。决不像南方那样低气压的冷，使人四肢冻缩得难过。

"在这四五个月严冷天气之中，最使人欣赏的，是冰冻的柿子，红得像小孩的双颊一般，本来是稀融的肉浆，冻得反成碎冰了，入口之后，既甜且凉。北平又有廉价的鸭梨，富有清汁。又有水萝卜，其大过于两个拳头。每当夜静，街头便有叫卖的，用几个铜元买一个，他给你剖好，一片一片，赛如剖橙子。外面是翠绿的皮，里面是雪白的肉，拣那当中的尝一片，其清澈骨。这些东西都是给那享受煤火太过的人清火解毒的，一冬要不多吃些，来春便不免害春温病。

"如果夜长无事，沽一壶白酒，买一大包花生，对着熊熊的火炉，缓缓独酌，以解岑寂，这种意味，确是闹市中人所不能了解。偶然担子走过，还可以买几串冰糖葫芦下酒，风味尤为清俊。冰糖葫芦者，是用竹签将各种的果子如胡核、蒲桃、荸荠、香蕉肉之类，串成一串，蘸了糖浆，

---

① 罨：本意为捕鸟的网，引申为覆盖、敷盖。

让它凝结，便仿佛水晶中裹着果子一般。吃到口里，先是凉冰，然后是果子的味。到了夜深，还可叫买硬面饽饽。这硬面饽饽专为卖给人家半夜充饥的。冬夜一两点钟，人家都睡静了，曲巷之中，仍然听见喊着这四个字，其时月黑霜凄，风雪载道，而叫的声音更为凄厉，这是北平风俗所最使人难忘的。

"我不爱肉食，然而北平冬天之烤羊肉是不能不为足下告的。听说南方有许多馆子，也能学北方法子作涮羊肉，不过北平人有一种烤羊肉，必须脱去长衣，站在当院，围着柴火，用极长的筷子，夹着生肉片，蘸着酱油、葱、姜吃，方才格外有味。犹令人想见朔方游猎之遗风。炉火是热的，羊肉是烤的，还有陪衬的白干酒与芝麻烧饼，都是极燥烈的。所以平常非多吃生梨、萝卜之类，不能去火毒。

"至于游戏方面，北平所独有而他处所不能望其项背的，便是冰嬉了。在前清时代，宫苑的冬季交通，靠着冰床。湖面上结了厚冰，简直像大玻璃镜一般，滑不留足，此时用木床，加上铁条，用人拉着飞跑，瞬息之间，便可由此岸达彼岸。这个法子，加以简单化，便是在鞋上绑两根铁条，在冰上就势滑走。身躯轻便的人，还可耍出种种姿势，蜻蜓点水，燕子穿花，各尽其妙。这也是胡人遗留下来的风俗。及至近年，重新又从西洋贩买回来。北平恃着天然冰场那样的广大而美丽，结冰的时期又那样的长久，所以滑冰之风一年一年的鼎盛。欧化的士女，靓妆俊侣，映着晶莹的电灯，掉臂游行于光明地上。朔风皓雪，摧残了许多穷苦的生命，此辈人是不会看见的，看见也不会动心。运动软，享乐软，他们是天之骄子了。其中还有几个六七十岁的老者，惯于用中国的旧式冰鞋作滑冰戏，他们的技术也很高超，自从新式的滑冰盛行以来，他们居然也为社会所称道。可是在他们眼光看来，是另换一个世界了。

"我爱北平的冰，尤爱北平的雪。北平下雪最早的在重阳时节，最晚的可在春分。一年之中，见雪的时候几乎多于见雨，长而且直的街道，郁茂而古朴的树木，丹黄交映的城阙、楼台，都可以增加雪景的美趣。雪下得多的时候，车马在雪上经过，宛如辗着砂糖一般，纵使辙迹纵横，并不损伤其莹洁。人家院里，扫成一堆，堆在树根上，可以一直留到次年春季，然后融化入土，决不像南方雪后拖泥带水的。

"冬天说过了，我请将夏天再描写一下。北平之夏，诚然不能竟说不热，因为大陆气候，太阳直晒到沙土上，其干亢也不亚于南方湿热之难过。但是有一样，其真正盛暑的时候也不过阴历五月底至七月半五十天光景。在此期中也还只有昼日的温度较高，到了夜间则决不至有睡不着觉的程度。即如现在还没有到盛暑时期，你已经觉着不亚于南方，这是因为你预先存了个成见，以为北平是无暑的地方，所以拿这偶然的现象误作经常的现象了。

"在同一高温度之下，北平较之他处总稍为舒服一点。为什么呢？这就是因为人居之稀疏，院落之宽广，与夫窗棂之疏旷，容易通风，墙壁屋顶之坚厚，容易隔热，至于街道的行列树虽然近来不很讲究，而人家院落中总有一两棵老树，绿树阴浓，也足以为消暑之一助。每到此时便想起住洋楼的况味了。天津、上海等处，木板隔成的小楼，四周上下，无处不是传热的，加以坐井观天的院落，声息相闻的邻居，蜷曲一隅，也要度过三个多月的盛暑。其苦乐相去何如？春痕，你要稍微忍耐一两天，细细体察比较，应该没有这种苛刻的见解了。

"北平夏日的点缀，在小康以上的人家，有句老话，叫做'天棚鱼缸石榴树'。天棚高耸于屋檐之上，整整齐齐遮蔽得不透一丝阳光，而又不碍清风之徐来。在当院里排列着几个大金鱼缸，借着悠然自得的鳞族，益显其幽静清凉之意境。至于石榴花呢，虽是夏天应景之物，实未免太火气一点，不过取其花时甚久，一直到秋天，花开过了，还可以玩其嘉实。否则以夹竹桃为代，夹竹桃花极艳冶，也是从春开到秋，开了又谢，谢了又开，愈是热天愈开得热闹。有一种白的，较为名贵。这些都已成了俗套，然而不如此不像北平的住宅了。其在贫家，则板门两扉，苇篱一角，上头垂荫的是桑枣榆槐，下面栽的不外玉米、葫芦、马齿苋之类。点景而外，还可以利用厚生。一家五口，老的可以借浇花编篱，活活筋骨。小的便在这半城半郊的环境遂其养育。长夏无事，夕阳西下，明月东升，搬个小板凳儿，沏上壶不浓不淡的茶，聚几个不衫不履的人，说些无拘无束的话。如果人人能够这样，倒是一片'开轩面场圃，把酒话桑麻'的太平景象了。人人能以此自足自适，倒也减少了许多捣乱的人，敌国亦无从生其觊觎了。可惜北方的人，太恃血气之勇，闯下一片大祸，惹上庚子联军，一顿冤冤相报，流毒无穷，以至于安定温和的秩序全被破坏。今日之下，物换星移，同是一样儿童，而今日的儿童要上什么小学，穿什么童子军制服了。同是一样房屋，而今日的房屋不免贴上公安局房捐的收条了。同是一样树木，而今日的树木老的渐渐枯朽，新者更难长大了……"

春痕："在我看起来，像你所描写的，在怅恨惋惜之余，依然值得留恋赞美。庚子之祸，虽然是北平惹起来的，而北平所受的创痕，却是最浅。所有全国大都市之中，北平所听见的汽车与无线电声最少，所闻到的巴黎香粉味最少，白天所看见的横行文字的招牌最少，夜中所看见的霓虹灯广告也最少。一切人工所制造自增其负累、自灭其天真之产物，在沧海横流之下，还算没有排山倒海的输入。当然全国尽受其害，北平岂能独善其身。终有一日人人坐汽车，以至于汽车只能搁在街心而不能动；人人开无线电，以至于声入云霄而不能听见人说话；人人读洋书佩自来水笔，以至于遍地皆游民。到那时候，竭全世界四分之三的人力，来拼命制造以提高我之教育文化，岂不富强之至哉？不过这种景象，一时尚难达到，我辈不必过虑。目前过渡时代，北平诚然是值得留恋赞美的。"

五

铢庵："这些话说得太远了，不过北平人比之他处，少受物质的诱惑而易于自足，这是诚然。你曾经研究北平人之食品么？北平吃东西的观念，与他处不同，他处的人，开口闭口是吃饭，而北平人见面必问：'你吃了么？'而绝不说：'你吃了饭么？'这是什么道理呢？北平人之主要食品，不一定指饭而言，就是说饭，亦不一定是指米饭而言。他们普通日食，极贫的是杂和面所作的窝窝头，这杂和面富有极强厚的滋养料，又有天然的甜味，我们虽然不能常吃，偶尔吃一两顿，是很可口而且易饱的。这种食品，自然无需用菜蔬来帮助，至多再喝点小米粥或豆汁，嚼几根咸菜丝。既清洁，又适口，而所费极有限。境况稍好的人，便不吃窝窝头而吃杂酱面与烙饼，其中有豆酱、肉酱、香油、葱、盐。而以细切之生菜为辅。调味的工夫便复杂多了。像这样的夏天，或者还要来一碗荷叶绿豆大米稀饭。至于有闲阶级，想再换点口味，便偶然吃一顿饺子之类以资调剂。刚才所说的这些，除了窝窝头之外，大概自王公以至于厮养都不外乎此。不过有钱的人吃肉较多一点而已。所以他们的食物需要是那样的简单而又合理，不费无益的人工。而又得着多量的天然养料。这倒是很近于外国风俗。因为北平承袭契丹、女真、蒙古、满洲的文化不少，胡风是大概如此的。不像我们南方，专门吃米饭，而且专门吃煮的菜，费人力，少变化，缺滋养，其最大之缺点，便是贫富太相悬远。吃米饭而无精美的菜蔬，颇难下咽，不似吃面饭可不用菜蔬也。

"春痕，你如不信这话，我可以举一个强的例证。旧日的王公，无论如何的阔，尽管在衣服、装饰、游戏上讲求，却从没有讲求饮食的。北平的有名菜馆，占第一势力的是山东馆，其余是南方馆，而本京的馆子除肉与面以外，从没听见什么珍贵的菜。山东馆子何以能居第一位呢？这就是因为北平人与南方口味格格不入，只有山东菜还略略相近的缘故。据我看北平人不甚讲究饮食，却正是因为饮食合理，容易满足。这不是可耻的事，而是可羡的事，正与现在西洋人一样。

"西洋人的日食已经品物咸备了，纵要加以变化，也是非必要的，所以说英文里没有烹调菜单等字，诚哉其可不要也。

"还有一日两餐的时刻。在旧式人家，午餐总在八九点，晚餐在三四点，这也是古代残余的风俗。因为古代禁夜行,日入以后,便无所事事,而不得不早息。

"至于一切公务,都是在清晨办理的。虽贵为天子,不得不日出视朝。在正式两餐以外,只是零碎在街头巷尾买点零食充饥而已。零食之中,最美的是芝麻酱烧饼。这种烧饼形圆而其中有舌,外面敷一点芝麻,里面略略有香油与盐之味,刚一出炉,热香喷鼻,有四五个便抵得一顿饭了。卖饼的摊上或车上,都有回教的徽识,这是伊斯兰文化入华最显著的征象。汉灵帝所爱吃的胡饼大概就是这个东西了。其次便是烤或煮白薯,在冬天尤其甘美,既适口而又充肠。这些都是没有阶级性的食品。在贵人吃起来也不会嫌其不卫生,而贫人吃起来也不会过费他们血汗所挣来的钱。

"北平人又会利用天然的产物来充食物,人家庭院中的桑椹、海棠果与枣,都是不用一钱买而俯拾即是的。甚至于紫藤花、榆钱、荷花,都可以用来做糖饼。藤花饼与榆钱糕,是春夏之间街头唤卖最清雅的小食。

"在冰淇凌未输入中国以前,北平早已享受过了。自从西周时候,已经有国营的冰厂。《豳风》上所描写的是:

二之日凿冰冲冲,三之日纳于凌阴。

"自此以来,藏冰颁冰为国家大政之一。北平是保存古代典章文物最完备的地方,所以一直有大量的冰的供给。

在隆冬河冰凝结的时候,整块地砍伐下来,运藏于冰厂。次年四月以后,全城的居民便可用之不尽。冰价之廉为全国之冠,每天送冰十斤,一个月不过费一元。所以其实北平的夏天是毫不足忧虑的。每到四月以后,有卖冰而兼卖各种凉食的,或铺家,或负贩,都用冰盏为号。冰盏者,两个铜碟叠在手中,互相播击,暗含节奏。这种声音,据我所见到的史文记录,从明朝直到如今未曾改变过。"

春痕:"一种声音绵延不断六百年之久,那真是使人发思古之幽情了。午门的钟鼓声,换过两三个朝代,也曾停歇,连钟鼓楼上报时的钟鼓,象征两千年来之公共生活者,也从此不再奏其深严悠永之音节了。谁知还是这冰盏之声,在委巷之中,始终不绝于耳。由此看来,政治力量起伏无常,而社会制度自在地生存、自在地发展,不是骤然间所能变革的。今日人民生活习惯虽然如刚才所说,已经很受外来的影响,而其粘固不移者还是很多。即此一端,可见了解中国人民生活不能不根据历史了。"

铢庵:"讲到北市的市声,不妨附带地再说几项,博你一笑。冰盏之外,最古的恐怕是磨刀剪的所用'惊闺叶'了。那是几片铁叶,绾在手中摇的,因为主顾是深闺的妇女,声音小了恐怕她们听不见,所以叫做'惊闺叶',其初本以磨镜为主,铜镜淘汰以后,便专磨刀剪了。其次就是卖破铜烂铁的敲小鼓,卖线的敲小锣之类。若所卖之物可以敲击作响的，例如瓦罐之类，即敲所卖之物以为标识。而其他没有专门标识的，则乞灵于喉舌。他们叫唤的时候，还有一种习惯，以手虚掩一只耳朵，据他们说，不如此则不能听见远处叫买的声音。

"许多食物可以冰镇（俗写误作'振'字），瓜果之外，最受人欢迎的是酸梅汤，酸梅汤是用果子加上糖浆制成的，加水煮开而又冰透，其味不亚冰淇凌。冰淇凌在中国虽然是新东西，然而在北平也不算很新奇。北平很多蒙古、满洲的习俗，他们是爱吃牛羊乳的，用牛羊乳做成的酪，加上糖果再用冰镇，便成所谓'冰酪'。这才真与英文的Ice cream相当，不过其制法太粗，不免膻气，普通人是吃不惯的。

"北平还有可爱的冷布与高丽纸，为度夏的好工具。冷布糊在窗上，可以辟蝇、蚊、一切的飞虫，而又可以通风，糊成纱罩，可以保持食物的清洁。其价又异常的低廉，无论什么人家，无论什么小贩，都制备得起。至于高丽纸，可以制成纸帘，糊在窗上，热的时候卷上，倘若嫌风沙太大，便可放下。北平房屋的窗户，除一部分之玻璃外，总要用纸。既不直接受风寒侵袭，又可使太阳光的紫外线通过，依科学眼光看，是很合理的。

"北平的蚊子不甚可怕，几乎夏天可以不要帐子，事实上北方人很少有帐子的。但是初夏的白蛉，其细几非肉眼所能见，咬人很厉害，有些人特别怕这种虫，但是惯了就好了。

"以上都是些北平夏日的风俗,随便扯来,已是一大顿,你如果多住几天,一定感觉其特别风味。

"不过北平的四季分配很不停匀,我已说过,冬季实在占了五个多月,夏季占两个月,其余四个多月,为春秋所分占。然而春季实在往往又很短,脱下棉袍,换上夹袍,不到几天,就要换单衣。其中真正温和的天气太少,而且多风,花正开得八九分,一阵狂风便狼藉满地,不似南方有轻寒轻暖的酿花天气也。最可爱的还是秋天。北平的秋日,是那样的温靓,空气是那样的轻清,夏天的烦郁为之扫荡一空,而冬天的严酷又还未到。人的四肢都感觉松快而平适。尤其是山间林际闲庭旷宇之中,其可爱反胜于常人所喜之春光也。"

六 北平的园林

细雨纷霏,连日不断,有时略一放晴,虽然砖地上的雨痕即时减退,然而阴云顷刻又布满起来,点点滴滴之声又起矣。两人向不会下棋打牌等事,闷坐室中,除却吹烟品茗而外,只是望着帘外的丝雨清谈送日而已。

春痕:"北方少雨,南方苦雨,二者比较如何?"

铁庵:"南方之雨,诚然困人。然不久居北平,亦不深知其害也。北平的衣服永远没有长霉的时候,地下没有地板,也从不害潮气,甚而至于还要睡砖炕,若在南方是决不行的。北方土著很少有雨衣、皮鞋的,大宅第中,内院到外院往往须经过许多雨地而不全有游廊。一年之中,除了夏季常有骤雨而外,很少有整天落雨的时候,所以住惯了北平,便受不惯南方的雨湿。不过我以为雨也有雨的好处。雨有一种静气,即如今天的景致,雨落在树叶上,无异将树的全身加一番膏沐,尘容扫尽,苍翠一新,已经使人感觉清幽之境界。若是这雨一直下一整天,则一天之中大之不闻门户剥啄之声,小之不闻鸟雀飞鸣之声,只有萧萧戚戚的雨声,若断若续,在无意中显着节奏,请问人生有几日能若此之寂寞哉?倘使凉宵无寐,枕畔怀人,则听雨的滋味尤为深永。古人的诗词中听雨之作最多,说得太多了,便不免有些滥调。然而在今日攘往熙来、醉生梦死的社会中,古人的滥调又不觉转而可贵了。假如今夜与君对床抵足,絮话平生,我想较之在干燥无味的天气中,应酬得醉饱而归,蒙被而卧,其趣味好得多吧!看雨听雨而外,还有嗅雨,也很难得的。香山有个雨香馆[①],我曾在那里恰巧遇过雨,其时正值春夏之交,一阵雨来,四山草木之气为之蒸发,的确有一种清香。"

春痕:"北平少雨,所以你极力发挥雨的好处。但是今

[①] 雨香馆有官门、翠微山房、洒兰书屋、林天石海、揽秀亭等,因下雨时草木清香而得名。1860年被英法联军焚毁。民国时被改建为私人别墅,现仅存遗址。

年北平的雨似乎不少，平常想不如此吧！"

铢庵："北平向以阴历六月七月为雨季，六月间的骤雨较多，立秋以后，一雨生凉，从此便不再下。冬季雪而不雨，春季则风而不雨。你是偶然赶上雨季了，雨季中雨水最多的，在我身所经历，似以民国十四年为最。差不多下了一个月，永定河水泛滥成灾，城内外交通几乎断绝，民房倒坍的触目皆是。在我生以前，见于前人记载的，嘉庆五年与光绪十六年都很厉害。嘉庆中皇帝正在圆明园，趋朝的官吏都浮马而往。光绪中的大雨，现在还有人记得。听说下了二十多天，街上卖东西的人都绝迹了。北平沟渠的制度，在奠都的时候是已经规画好的。大约由北而南，东西分道出城。西城一支尤为重要，所谓大明濠是也。东城的玉河也是为宣泄用的。各街巷都有暗沟，从前每年四月开沟修理一次，开沟的时候臭得不可向迩，行人要带苍术、大黄以辟秽气。这只为流通污秽而已，重要泄水之用还在河渠。而现在玉河河身已经只存一线，大明濠又已经填为马路，昔人建置之匠心不可见矣。

"北平的水，除了自来水是引的孙河之水由东面来，其余水源都来自西北，德胜门是其枢纽。由此汇为净业湖、什刹海，再引而为三海，以及穿行禁城之金水，环绕皇城之玉河，都是这个来源。当元朝全盛之时，通惠河从通州一直贯通到净业湖，在德胜门上可以看见江南漕运的帆船，想象那时情景，正如唐天宝时的广运潭①一样。明朝漕运到通州为止，京通间的水道由此遂废，到如今只剩一片湖沼，为西北城之点缀而已。"

由景山出地安门，一片黄瓦丹垣，绿树阴中，驰道如砥。地安门外，东西皇城已经拆除了，惟有西面北海的后墙依然还在。循着这墙，一直往西，在路的右边，一道长堤，两行垂柳，堤下便是方野似的稻田，夹着绿水红荷，俨然江乡风物。遥望湖水北岸，朱门大宅，连绵不尽，这便是所谓什刹海了。春痕、铢庵一日同车偶经此处，春痕指而言曰："他们说《红楼梦》的主人是纳兰容若，纳兰的父亲是明珠，明珠的府第在什刹海，虽然是子虚乌有之谈，凭空想象起来，也很有意思。"

铢庵："什刹海一带邸宅如云，现存而人人皆知的，有醇王府、恭王府、庆王府（定郡王府），占地都极广大，其来历都极绵长。大抵当日都是没收的官房拨赐的，而这些官房又必先有其历史。所以花木深蔚，动辄在百年以上。近年恭王之孙溥儒以能作北宗画得名，他住在王府花园里，每年常常开裙屐②之会，极尽园林胜事。大抵气象之宏伟，点缀之工巧，坐落之繁多，位置之曲折，还觉《红楼梦》不能描写尽致也。

"在中国历史上，园林建筑固然有很悠久的历史。帝王

---

① 广运潭位于浐水与灞水之间的洼地上，是可供数百艘漕运船停泊的港口，于大唐天宝二年（743）开凿而成。

② 裙屐：原为六朝子弟的装束，此处指贵族子弟。

之离宫不必说，像前汉的袁广汉、后汉的梁冀，已开私家园林之端，俗的有石崇之金谷，雅的有王维之辋川。不过他们还是倚赖天然岩壑，不能全恃人工，不能以园林与住宅完全并合。至于真正运用诗人情趣入于富贵生涯者，恐怕自宋徽宗始。他的作风是注重花与石之点缀，是重用雅淡参差之建筑格式，以救济偏于富丽呆板之弊，他虽然以此亡国，而其艺术上之伟大贡献是不可磨灭的。

"北京的园林建筑，一部分继承唐之遗风，那就是辽的建筑。辽最讲究离宫，京西宫院有四十处，有所谓清水院、香水院[①]等名。现在的大觉寺一带，便是清水院。一部分继承宋之遗风，那就是金的建筑。金海陵、大定、明昌三朝，一切文物完备，都是从汴京移徙而去的。南宋人奉使入金的记载，每每称叹金之宫殿制度，远在临安规模之上。殊不知金人正是从宋人的祖宗学来的，子孙不争气，祖业为他人所攘夺，自己看见，反而认不得了，此又岂独南宋为然乎？这些辽、金遗迹，到如今很难一一指实，然而大体总还存在。其中最显然的，就是北海中之琼岛及团城一带。琼岛是当的广寒殿。有人说是辽萧后旧妆楼，有人说是金章宗与李宸妃的故事就演在此地。章宗与李妃夜坐玩月，出一对子与李妃

---

① 北京有西山八大水院：凤凰岭圣水院（黄普院）、妙高峰香水院（法云寺七王坟）、阳台山金水院（金山寺）、阳台山南麓清水院（大觉寺）、香山潭水院（双清别墅）、玉泉山泉水院（芙蓉殿）、石景山双水院（双泉寺）、樱桃沟灵水院（栖隐寺）。另有其他说法。

道：'二人土上坐。'李妃应声对曰：'一月日边明。'于今琼岛的风景依然，却不知道那一块土是二人坐的！团城上的一株古栝（白皮松），枝干如凤龙，肌肤如霜雪，而青翠的细叶，依然蒙茸着，好像女人的青鬓未尝凋谢，据各书的记载说是金朝所留的古树。这是何等的奇迹呀！由此类推，凡是三海一带的宫苑，其间重要的布置，古老的树木，都可以假定当金、元之日与今日情形不甚悬殊的。因为历朝建置不能无因而来，必是据前朝一个什么地方改造，所以名称虽异，土木已殊，而不害其为旧迹也。

"明朝人不甚讲究离宫别馆，不像辽、金、元的皇帝喜欢行幸，他们只在大内里外收拾些小巧的花园而已。如大内的御花园及西苑瀛台，又今南池子一带之南内都是。明朝臣子蒙赐游西苑（即今所谓三海），便以为天上之游，非常荣幸。看他们笔记下来的情形，与今日亦无大异。揣度起来，富丽有余而自然不足，无怪乎武宗之喜欢宣府大同矣。

"清朝人却不然，毕竟是塞外的民族，有雄旷之风，其历代所经营之离宫，由圆明园以至静宜园，将辽、金别院以及明代勋戚世家之别业全然包括在内。其天然风景及树石布置便承袭前人，而土木布置则自出心裁。康熙、乾隆迭次南巡，将江南名园的胜景也都熔铸其中，如江宁之瞻园，吴县之狮子林，钱唐[①]之小有天，海宁之安澜园，佳处都各有一

---

① 钱唐：今作"钱塘"。

点。甚至于欧洲的楼房水法,也都经耶苏会传教师①之介绍而采入了(还有些遗迹移在中海居仁堂)。今日之下,我们循行西郊,只见蔓草荒烟中之圆明园遗址,近年修复之颐和园,浅俗狭隘,不及当日十分之一,而中外游人,尚啧啧称羡不容于口。悬想当日处处都是驻跸之所,皇室贵臣,终岁流连,百官随扈奏事,奔走络绎。西直门外的石板道也被马踏平了,海淀的麦田也被市街侵占满了。到咸丰最盛之日,皇帝一年中有三分之一是住在园中的。一国的军国大政,简直是在这水光山色、树影莺声之中轻轻裁决,这却是古今少有的。"

七

铢庵:"继续讲到什刹海的故事,嘉庆中蒙古诗人法时帆住宅即在此地。他作的是翰林官,终日优游无事,专同一班汉人名士享些山水园林诗酒之乐。大约那个时候,北平风雅之盛,为有清一代之最。满洲人的领袖是成亲王永瑆,汉人的领袖是翁覃溪,而蒙古人的领袖便是法时帆。他们的风度思想,都可反映承平时代的闲暇纵逸,同时也就暗示由治而乱的机缄。颇有似于明朝万历年中江南之士风。不过清代

---

① 耶苏会传教师:今作"耶稣会传教士"。

学术实事求是的风气,一直浸渍到风雅上去。由金石碑帖字画的考据,扩充到古迹的考据。法时帆一班人便从这什刹海一带考证出李西涯的故居来。李西涯是湖南人,而生长在北平,他的诗集中常提起什刹海一带的风景,朱竹垞作《日下旧闻》的时候,还不曾记载。法时帆一班人一一考证而为之绘图题咏。并且访出西涯的茔墓在西直门外极乐寺附近的畏吾村,也是多年湮没失传的。"

春痕:"我读明、清两朝人诗文集,往往提到北京掌故。可惜东鳞西爪不完全。究竟要知道北京掌故,应读什么书?"

铢庵:"北京历史风土书,比其他各都会为尤丰富。明朝人著作流传至今的,有刘侗的《帝京景物略》,明末有孙承泽的《春明梦余录》,清初有朱彝尊的《日下旧闻》,乾隆中有敕编的《日下旧闻考》,嘉庆中有戴璐的《藤阴杂记》,光绪中有《顺天府志》,清末有震钧的《天咫偶闻》,这都是几部比较大的书,考证详明而包罗广博。如果要查考北平的史迹,这些书是少不了的。至如其余零星小书,大约还有十余种,其中最有趣味的是嘉庆年中日本人所刻的《唐土名胜图荟》。此书中有各种实地的描绘,如灯市口的灯,如茶楼戏园,如勾栏胡同的妓馆,其妆饰衣服房屋器具,以及街道上的形形色色,都使人如身历其境。可惜我们自己倒没有这种图绘之书。即以地图而论,就没有具备各种时代的。最近故宫博物院文献馆在内务府旧档中发现乾隆年中的北京全图，其大可以铺满一座殿屋，其细可至每一街巷的房屋都一一绘出。可谓北京最古最大之图。非进御之物不能有此，非存于内府无人过问，也不能留到现在。至于明朝北京宫殿图，国立北平图书馆中曾藏一幅。但是很简略而不合画法。中国营造学社曾依据《辍耕录》等书而作一《元宫苑图考》，但是想象之作，也不敢决其必是。所以在今日而欲一目了然看见元、明时代之北京，也很不易的。

"至于北平的现状呢，地图固然有了，然而还没有一部适当地描写现状之书。已往的书多半纪述到庚子以前为止。庚子是北平历史上划分新旧之一年，许多旧迹在那一年烧毁的烧毁了，归并的归并了，改变的改变了。而旧日的市街交通如南北池子、南北长街之类，也由隔绝而成为通畅，旧日的酒楼妓馆，也由西城而移于南城，旧日士大夫住宅，也由城外而移于城内，乃至学校之增设，警察之创办，公益捐之征收，工商团体之组织，新式娱乐、新式服装、新式交通器具之输入，无一不于此时开始。自庚子以至戊辰，这将近三十年中，北京是个新旧交争的时代。旧的一切还不肯完全降服，而对于新的也不能不酌量的接收。譬如拿些新衣服勉强装在旧骨骼之上，新衣服本不是上等的，而旧骨骼也不免失去原有的形状。在表面上一看，城阙宫廷无处不是破破烂烂的，街上的行人服装，从朝珠补褂以至于西服，无不具备,住宅铺家的建筑,往往在门首盖一座砖砌的洋式门楼,门上墙上涂些蓝粉,便觉得时髦之至,可以免于腐败之讥,所以庚子以后之北京,实已非庚子以前之北京可比。到了戊辰,北京改为北平,又是一次大变动。这一次的变动,在政治上意义自然更为重大,整个的多年蕴藏之重器国宝,逐渐移转,而丧失其固有意义,其多年沿袭依赖的社会秩序、人民生计,也受绝大之波动。自明太宗建都以来,孕育滋生不离窟穴盈千累万之居民,恐从此更不能维持其血脉。北平之历史意义,从此殆摧毁无余矣。然而所留下而不能迁移之躯壳,犹仿佛足以傲睨其他城市,此后之北平,或者因为文化艺术的价值,反能使他成一个安静可住的区域,也未可知的。

"所以我们需要一部记述现状的《北平志》一类的书,而尤其需要注重庚子、戊辰两次大变动。中国的人情,往往详远而忽近,愈是现代史料,愈无人保存。庚子到现在不到四十年,以区区幼年之记忆,还可略得一二。然而文字上之证据,就不容易找了。再过若干年,老成凋谢,便连口头的传说,脑底的记忆也都不容易得了。漫说庚子,就是戊辰到今日不到十年之中,北平所经过的市容之改观,重器之迁移,古迹之修理,市政禁令之迭兴迭废,以及新输入之风俗等等,假使不赶快记载,以后也就要为难了。

"凡是来游北平的人,希望得一部书,第一给予实在的叙述，使人知道北平有些什么地方，每一个地方是什么情形，怎样可以去游。第二给予历史的叙述，使人知道某一个时代北平是什么样子，某一个地方、某一件事在以往是怎样的经过。这类的书，实在还没有。你如要对于北平稍为深刻一点认识，除非读很多的书，再加以实地观察更无他法。"

春痕："我以为北平市政府应该作这件事。"

铢庵："诚然。近年北平市政府也曾经出版过《北平导游概况》及《故都文物略》之类，不过偏于表面的叙述过多，游人拿了这本书，还是不足于用的。我曾见许多西洋游人，走到天坛、太庙之类，这样那样都得问导游的人。而导游的人，于古代礼制沿革，毫无所知，于是拿齐东野语胡说白道一顿。其为辱国，莫此为甚。倘然有一部详备的书，以各种文字出版，岂非一大功德。

"北平的风俗有许多始终不改变的，有许多随时嬗变的，有许多是在某一时期突然改变的。大约在戊辰那一年，改变得最多。庚子所改变的，是西洋化之输入，而根本未十分动摇。辛亥所改变的是革命色彩之加入，然后不久还是屈服。自辛亥至于戊辰十七年中，虽然奉的是民国正朔，而帝制色彩的确保存不少，官僚化的程度似乎不逊于前清。虽然号称加入革命色彩，其实不过添了一班起于草泽的军阀与夫归自西洋的官僚而已。人家客厅里还常看见挂御笔字画，胡同里不少'皇恩春浩荡，文治日光华'的对联，坐马车的还有些有'顶马[①]',后门及东交民巷还有红缨帽[②]。甲子以后,已经去了若干,戊辰以后,便几乎绝迹了。其最可怜的,是满洲妇人之髻永不复再见,而隆福、护国两庙会的日期也改用阳历。这两件事却是一定伤了多少人的心。

"北伐的革命军初到北平,对于北平旧政府下的人们有视作俘虏之概。一切都认为要不得。不独满洲妇人之髻与阴历之庙会,连马褂也是打倒的。漫天匝地都要变成蓝白色的标语。甚至于黄色的殿瓦,也有人提议加上一层蓝漆。可是民国二十年以后,标语一律撤销。蓝色的漆与粉也自然销退。而马褂反变为公务员必须备的礼服。乃至大人老爷的称谓,请安的礼节,前清服制之丧事仪仗,前清官衔封典之讣闻等等,也无一不若有若无地出现了。

"固然这种旧风俗之复活是惰性的表现,无足为奇。凡是不能与时代并存的,终久必至于消灭。这其中实在无须加以人力,同时我们也不能不承认历年久远的风俗习惯是不容易骤改的。所以至今北平还保存着若干古代风俗。"

[①] 顶马:官员出行或婚丧嫁娶时,最前面有人骑着马引路,叫顶马。
[②] 红缨帽:清代礼帽,帽子顶有红缨子。冬春季戴的叫暖帽,用呢子、绒制作;夏天戴的叫凉帽,用纱或竹制作。

八

春痕："我们出城到西山一带领略领略野景罢！这又要烦你的指点说明了。"

铢庵："说来奇怪得很，我在北平住这么多年，要讲纯粹风景的游览，却自愧实无多大的经验。这恐怕不是你所想象的。"

春痕："为什么呢？听你的议论似乎足迹甚广而且甚熟，何以说无经验呢？难道你不愿和我同游么？"

铢庵："对不起，颇有这么一点情形。你若要找游侣，我是最不适宜的人物。纵使你不嫌我，我也不愿担任。让我把其中理由分析给你听。

"第一须知道北平始终是一个都城，是一个宜于大隐的人海，是一个有组织、有秩序、富于各种兴味的住家所在，却不是为纯粹风景游览而设的。他的风景，大半是人工迁就自然而造成。如果抽掉人工的部分，则只看见一堆一堆无情而平冗的小山与旷衍干枯的平原而已。极少看见有水，便是有意致的树木，也都是依据人为的计划而长成的。所以游北平决不像游江南各处，举头触目，总有青山绿水，使人心旷神怡。若拿游江南的眼光来游北平，便不免觉得大有逊色。所以北平只宜于长期的安居，在优游自得之中领略他的象外之美。一讲到游，好像总免不了带点匆促的意味，那就文不甚对题了。"

春痕："照你说来，你看北平仿佛闺中静好，不在乎发肤、眉目、脂泽、衣裳之饰，而江南各处却是美人，可与目成的。是不是呢？"

铢庵一笑，又道："刚才是讲不必游览、不宜游览。再进一层，我以为就是游览，亦不宜于太浮泛的看法。我看要游一个地方，还宜先对这个地方有一种亲切的关系。或是对于这个地方的历史感甚深之意味；或是个人对于这个地方有必须游览的情分；或是在这个地方能够领略到普通人所不易领略的境界，而将我与这个地方融而为一。游览而能到这种地步，则方能得到欣赏而不至于不值。否则游览之结果是尔为尔，我为我。徒然感到浪费与疲乏，势必至于追怨某处某处之名不副实，纵有真正可游的地方，也难免很冤枉地成为怨府。拿作诗来说，纵有极好的作诗题目，若是我与题目成为无情的两橛，或是我不曾抓住题目的神采，则此诗纵能绘影绘声，亦何贵乎作此诗。我发这个议论，绝对不是讥弹别人。因为别人值得不值得，只有他自己知道，我何能越俎代谋。不过据我自己经验看，确是如此。在我是觉得游览的机遇极不容易，所以我个人断非游览的良伴。"

春痕:"怎样才是游览的机遇呢?"

铢庵:"譬如说季节与气候。春天的大风,夏天的炎日,这是不适宜于出游的。又如生理与心理的变化,不能发生快感的时候也不适宜于出游。此外人事的牵掣,更是难以枚举。大约普通人有职业的拘束,非放假的日子不能出游。有许多人无意识地受了传统习惯的拘束,总愿意在重三重九等类佳节出游。殊不知这种日期,既不一定遇着理想的天气,而'我能往,寇亦能往',倾城士女拥挤在一个地方,那无宁说是练习社交,而实在没有接近自然的机会。集团生活不是说不应该,不过也不应该忘了领略自然的意义。

"这样说来,先要确定游览的意义,又须适逢好的机遇,这方才值得一游。所以人之一生,亦难得有几次真值得纪念之游览也。"

春痕:"你这话虽然透辟,然而还有可以推论的地方。我以为也不必如此呆看。人生于世,世界就是一个大游览区,做人就是一回大的游览。种种悲欢苦乐,都在这大游览过程中,如抽茧剥蕉一重一重地出现。这些我们都在欣赏之中,然则大游览中之小游览所得,亦不过时间中之一刹那,空间中之一微尘而已。何必再如此斤斤加以分别相?倒不如像我这样无所为而来,无所为而去,就在这匆忙之中,见其所见,闻其所闻,不求甚解,不亦善乎?"

铢庵:"我承认你这是达观的话,比我高一筹。不过我是普通说法，你是上乘说法，普通说法恐怕也不能废。而且就我个人来说，我无济胜之具，性情又好逸恶劳，以能力而论，实在不配讲游。姑且以此自文其过，希望你不要揭穿我的衷曲。现在先谈一谈城内的游览罢！

"说也奇怪，北平虽然是帝王之都，充满富丽整肃的气象，而野趣却也不少。这是什么原因呢？当元朝造大都的时候，宫苑的结构原是很散漫的。明初将大内置于城之正中，形式变成很整齐，而其余的部分便变成很寥落。偌大一个京城，其实是预备后日的扩充，而始终未曾布满。大约明清两朝情形差不多，南面完全是衙署及其附属的人家住宅，东西两面有些营业铺户及住宅，而北面则多王公府第，人烟最为稀少。清朝人口虽增加，而增加的趋向是向中央及南城以外，城以内并不受很大的影响。我们不已经谈过什刹海净业湖么？城的西北角以至于北海的北端，有板桥流水，有上下天光的湖沼，有凫雁鹭鹚，有桔槔水田，有长堤垂柳。虽然当春夏天气，有一部分作了平民娱乐场，搭了芦席棚，摆了三五里卖食物的浮摊，与一处一处耍戏法、玩拳术、卖膏药、听话匣唱片种种玩意，自朝至暮，总有那班西北城住家的曼殊遗裔，浓脂艳粉，携儿抱女，川流不息，在那里欣赏她们所能欣赏的唯一群众娱乐。但是一到夕阳将下、高柳鸣蝉的时候，可以在湖边的会贤堂找一个雅座，粉窗八面，清茗一壶，凭眺之余，也可以得些湖光树色。尤其像我们久别江乡的人，到此暂忘朔土风沙，而复睹江南野水，自然有无限的愉快。若偶然遇着雨霁霞明，则城外的西山确似美人云发之新加洗沐，衬着粉颈而益显其浓翠。有了这种机会，更不必坐汽车赶到西山饭店①。这其中一劳一逸，一俗一雅，殊难以道里计。我看许多人都忽略了这一点。并且不必在什刹海，北平的任何人家，只要在屋顶的平台或庭院中的土山上小立，只要是雨过天晴的日子，都可以看得见西山的。西山近看何曾有什么东西？倒不如如此遥赏，有趣得多。说到这里，我的议论又多了。凡看山，有宜坐轿看的，有宜骑驴看的，有宜策杖看的，有宜乘舟看的，像这样收入户庭几席之间，尤其是再便宜没有了。

"由西北城推而至于东北城，也是一样。东直门内一带现在俄国教堂所据的那些地方，也都是昔年的废宇颓基。虽不似什刹海之江乡景物，而荒寂之致却又非所能及。震钧的《天咫偶闻》描写得很好：

> 羊馆胡同有前代废铜厂基，锻灰积过七八丈，褒延甚远，岁久坚凝如石，风雨剥蚀，颇具巉崿②之致。坡陀逶迤，且起且伏，令观者骇愕，嵚崎③之致，疑从

---

① 西山饭店位于八大处，由张学良伴侣赵一荻女士（赵四小姐）的父亲赵庆华（赵燧山）创办。
② 巉崿：山崖、峰峦。
③ 嵚崎：山岭险峻。

天外飞来。每春岫浮烟，秋林落叶，登兹逞眺，所见自远。而城堞参差，正堪平视，屋宇远近，都在指顾。西则宫阙重重，山岚巇巇，万岁景山，皆在禁中。我辈送目，惟此而已。城隅隙地，半多野水，履亲王邸山池，即因水为之，今楼榭不存，而水局如故。数株杨柳，低欲拂波。其北有俄罗斯馆，水所周也。

"铜厂锻灰可以堆成假山，很奇怪。可见北平的景物是无奇不有。近取诸身，远取诸物，俯拾即是。不过普通人不肯留意。即使留意，而不是大家趋之若鹜的地方，也未见得有人赏鉴。所以我的意思，北平宜于心情闲冷的人，在平淡无奇之中，常常的领略，而不是倥偬间所能认识的。

"又推而至于东城的泡子河①，西城的太平湖，在往日也是饶有野趣的地方。泡子河现在以观象台著名，上面所陈列的天文仪器是元代郭守敬的遗制，制作极精，乾隆年中已经毁铸了许多，这是乾隆帝特旨保存的。庚子年德国军队取去，不到二十年，欧战停后方送回。我们现在到了此处，不能忘记元代学术文化程度之高，与夫庚子联军之耻辱。凭高悼古，必有无限深情。孤城野水，更添茫茫之感。太平湖的水已经涸干了，我们只知道这是醇王府所在（俗称'七爷

---

① 泡子河为元代通惠河故道，位于北京站附近，已无存。后改为泡子河东巷、泡子河西巷两条胡同，现仅存泡子河东巷。

府'），光绪帝于此诞生，至今还留着他洗三的一口井。现在是民国学院的校舍，每年春暮，繁茂如云锦的海棠依然装点此地的'太平'岁月，这又是何等可感慨的地方呀！

"崇文门外许多地方，于今北宁火车①入城的时候远远看去，不过是些破庙废圃，而在古代却正是流连风景之地。元朝廉希宪的万柳堂②，赵松雪曾听侍女的《雨打新荷曲》，其风流余韵到清初的冯溥又为之再度铺张。当时的柳的荷，（戴璐《藤阴杂记》说，那时已'柳枯水涸，桥断亭倾'）园林胜事一往而不复见了。然而还剩几座古刹，依稀供人留恋。例如夕照寺就很具胜概。当斜阳照着鳞鳞的阡陌与寺里的苔垣薛壁，野旷人稀，风长气静，格外显出此地悠久苍凉的历史。寺的东边有一点小园亭，我最爱登亭延眺，觉其意境又非会贤堂、观象台等可比。夕照寺还有一堵画壁，虽只是乾隆中的画，然而像这样的画壁在他处也很少看见。

"宣武门外的胜地比较的多。在清代三百年中，因为士大夫多住宣南之故，所以容易见于名人吟咏。其中最早见的是黑窑厂，王渔洋有《黑窑厂登高》四律，龚芝麓、汪苕文、陈其年、朱竹垞③都有诗。其实不过是一个土堆，当时不过近局招邀，取其有在城市之旁而有郊野之趣。此地附近

---

① 北宁火车：指来往于北宁铁路上的火车。北宁铁路为北平至辽宁的铁路，原称京奉铁路，后改名为平奉铁路、北宁铁路。

② 廉希宪的万柳堂一说在海淀区玉渊潭东的钓鱼台，一说在丰台区右安门外的草桥，清刘大魁有《游万柳堂记》一文。

③ 以上四人分别为：龚鼎孳、汪琬、陈维崧、朱彝尊。

有龙树院，以龙爪槐得名，也常见于诸家诗集。最后有潘祖荫、张之洞在同治十年大宴公车名士一事，至今脍炙人口。自此以后便绝响矣。龙树院之旁便是人人皆知之陶然亭，此亭乃康熙年中工部郎中江藻所建，他正是窑厂的监督，所以能留下这个名迹。北平的深秋，是很凛肃的，此亭据野水之中，芦荻萧萧，暮云四合，此景最是难忘。曹仁虎有句云：'穿荻小车疑坐艇，出林高阁当看山。'简直的确是陶然亭的景致，不能移赠他处。从前亭中可以宴客，现前勉强还有个茶座而已。现前既无宣南士大夫，又无登高雅会，谁还一顾这种冷落荒僻的地方，恐怕不久也要步万柳堂之后尘了。"

九　文化城的文化

铁庵与春痕驱车遍访北平各学术机关，从沙滩经过北京大学的新建筑，春痕很诧异地道："这一年来听说各大学都有南迁之议，怎么还盖新房屋呢？"

铁庵笑道："南迁是谣传罢！北京已经改为北平，而北京大学之名至今未改，不独未改，还要永久地保存下去。区区一名称尚且要拥护，何况这个关系近数十年国家政教兴衰的地方，哪能随便就放弃呢？北京大学是前清的京师大学，其产生还在戊戌以前,是中国国立最高教育机关之最悠久者。庚子以后,一天一天地进步,以至于五四,发动了一个最大的运动,居然克奏非常的凯绩。那时学校的内容,还不能不承认并未十分充实,却是经这六七年来的整理,内容也迥非从前可比了。你看此去景山东街有一所潭潭府第,朱门洞开,石狮屹立,里面的设备虽已改了洋式,而用的仍是当日的木架,坚牢异常。这是别的地方所能比的么?这就是乾隆宠臣傅恒的故第,奉旨拨充京师大学堂之用。还有前面北河沿的无数半旧洋楼,那是庚子以后所办的译学馆旧址。处处可以使人回忆历史上的变迁。北京大学与北京城的关系,恐怕是不能脱离的。"

春痕:"北平还有些什么重要的大学?"

铢庵:"北平大学是继承从前的几个专门学校而联合组成的,师范大学是继承男女两师范专校而合组的,这都是历史很悠久的。还有几个性质较为特殊的,中法大学是用法国退还庚款办的,辅仁大学是美国的天主教会办的,东北大学是借地办的,这都在城内。城外还有燕京与清华,其余独立学院,不能细数。"

春痕:"这许多高等教育机关聚在一处,不嫌叠床架屋么?"

铢庵:"善哉问也!看是很不合理的,然而也有所不得已。说来又话长了。北京是全国的心房,靠着他方能使全国各种事业不断地活泼。从前每两三年有一次会试,平常又有各种零星之投考、选缺、引见、解饷等事,各省形形色色的人,如潮水一般,周而复始,来而复往。于是连类而及的工商业,也就无形发达得不少。各省的上好货色都到了北京,而北京的上好货色又分散到各省,其实往往就是一件东西,不过展转流通一下而已(例如书籍、美术品、装饰品等)。

"货既如此,人亦宜然。在外省有志上进的人,没有不想到北京结声气、谋出路的。在北京住了些时之后,见识学问必然长进,交游声气必然扩大,再向外省发展,又可培养出第二批人来,将来又来受北京的教育。所以北京永远是吸收着新鲜的优秀人才,同时又以之输送至于各处。比作人身的心房,是再没有错的。

"尤其在乾、嘉以后,承平已久,大家都有余暇及于文化事业,而禁网也渐渐疏阔,大家可以自由发挥个人的好尚,所以北京更有五花八门之观。北京是学术思想上的时装中心区。有几个人提倡一件事情,哄动起来,便成一时风气。譬如嘉庆中翁覃溪一班人讲碑板,法时帆一班人讲掌故;道光中祁春浦一班人讲《说文》,何愿船、张石舟一班人讲西北史地,魏默深、汤海秋、龚定庵[①]一班人讲经济,曾涤生、倭艮峰[②]一班人讲理学;同治、光绪之间,京中士大

---

① 以上三人为:魏源、汤鹏、龚自珍。
② 以上两人为:曾国藩、倭仁。

夫讲气节，讲风雅；光绪中叶讲时务，讲变法；辛丑、壬寅以后讲新政。百年中风尚变迁，大略如此。尤其是讲变法以来，除了纯粹学术以外，又加上政治上的放言高论，更觉有声有色。讲新政以来，除了言论以外，又加上政治活动，更是自有北京以来的一种变局。这种风气，到民国以后，一直继承着。大而组政党，出刊物，发表政见，预备登台大干。小而上条陈，谋差使，莫不以北京为中心，极尽活动之能事。他们活动的对象，内而当局，外而军人，甚至于外国使节记者，都可以牵涉在内。其规模阔大，气象万千，又迥非从前的北京所能想象了。这种风气，在奕劻与袁世凯当权的时候开其端，民国以后变本加厉。他们的私生活，一方面继承从前满洲贵族纨袴的衣钵，一方面新学来海上的繁华，一言以蔽之，骄奢淫逸而已。记得当年报纸有一首七律，描写京员的生活。其中的两联是：

天乐看完看庆乐（戏园名），会丰吃罢吃同丰（饭馆名）。

头衔尽是'郎''员''主'，谈助无非'白''发''中'。

'郎''员''主'是京曹清秩，从前能有这样的豪举么？这都是行新政以后，添设许多新机关，增加津贴的结果。现在的京官不穷了，娱乐的法门也都精了。前门外八大胡同的清吟小班，廊房头条的金店，西河沿的旅馆，都是从这时代起突飞猛进的。然而也还有一部分人，以其余暇从事于旧时代之风雅，所以琉璃厂的生意也还不恶。

"民国元年经过第三师兵变以后，十年间积贮而成之繁华，稍稍为之销歇。然而其时大家对于袁世凯的信仰很不错，不久就恢复了。接二连三的政治变局，都以北京为中心。尤其在民国六年以后，国会议员、武人政客正是张牙舞爪时代。什么一夜的赌博，输赢几十万。这种空前的盛况，到曹锟拿五千元买总统却已成强弩之末了。十三年冯玉祥的一炮，遂使骄奢淫逸的北京蘧然梦醒。

"当民国九、十年间，徐世昌任总统时代，北京已经很难支持。南北议和谈判决裂，财政陷于无办法。而庞大之各机关，还是养着无数冗员。听说最后之财政部，一部薪俸每月就要二十七万元，而政府只能在过年节之前，靠着盐余发放一个月之两成或一成半来点缀这些饥官。所以只有比较活动的人，多兼几个差使，可以支持。大多数的人，是无法度日的。又只有几个阔机关如外交部、交通部及其附属机关，依然倚仗着特别来源，不欠分文。而最苦的参谋部、蒙藏院简直几乎终年见不着孔方的面目。

"公务员的苦况如此，教育界自然连类而及。一年总要欠好几个月，为争教育经费之独立，不知流了许多血，打了多少架。军警饷虽然比其他重要,然而也时常闹饥荒。他们曾经借这个题目逼黎元洪去位,步军统领王怀庆、警察总监薛之珩曾经穿着制服排队到总统府索过饷。后来到十五年,才举办房捐,全城警察一万多人才有确实的饷源。二十三年余晋龢任公安局长,方才普遍加一块钱,于今每名警察总算有十块钱的警饷,此是后话。

"北京的土著,以旗民为大宗。这班人在前清已经沦于末路了。民国以后,并其微渺之旗饷裁去,其年富力强的还可以勉强另谋职业。不然,只有坐以待毙了。公侯、将军在街上拉车的,简直不算奇事。至于家境稍为富有的,几年坐吃山空,也就愈趋愈下。有房产的虽然可以指着房租度日,而市面凋落,有房也不易找着租主。

"总而言之,在民国十三年左右,穷的是愈穷,而从前曾经阔过的也无一而不穷也。

"冯玉祥的一炮,还没有十分唤醒人们的春梦。到十七年接收北京政府,改北京为北平,这才知道'江左王气终于三百年'。北平的商家,那时还有梦想还都的,后来知道万无此理,于是只好盼望着某一种军阀来作保镖。最先入北平的是桂军。桂军之军誉是独一无二的,北平人对于他们很存无穷的希望,可惜不久局面变了。此后便是晋军东北军,迭为北平之主。据说北平的商家对晋军的军纪是欢迎的,只嫌他们把钱都带回家去了,不肯在北平花一个大,北平竟得不到他们一点好处。东北军之初来,是很有些令人担心,不过他们觉得东北军肯乱花钱,也不无可取。商家对于肯花钱的主顾,总是欢迎的。驹光易驶,转瞬六七个年头。而这些熟魏生张迎新送故,又一概都成陈迹。谁也不能做北平的保镖了!北平的过去谁也知道不易复见了!坐着听天由命罢了!

"在这六七年当中,北平失去政治上的地位,是不消说的。但是有一样,方才所谓心房的作用,还未损失。不但未曾损失,而且比以前更觉重要。这话又得说回来。

"还是因为旧日传统的地位,与士大夫自由讲学之风气始终孕育在北平。所以北平一时不能就死。不但不能就死,而且靠他将生命灌输于别处。近年中国之文化复兴,谁也不能否认渊源于民国初年,一部分学者之聚于北京大学。从此才有一部分力量乘着五四的机会活跃起来。从此才改变一班人的心理,打破一班沉闷的空气。从此才促成近年一切的改革。追溯根源,实在人民的觉悟,而并不是武力的成功。尤其不是那一个人独有的勋绩。由此说来,北平实在是大有造于中国,而无过之可言。记得往年北伐初就之时,有人说北平是腐化势力所在,不宜奠都。竟没有人肯公公道道地说,假如没有北平,则腐化势力依然存在。北伐哪有这般容易呀?

"虽然北平遭了这不白之冤,很少人替他主张公道。然而事实终是事实。这是六七年来因为政治上失去重要,反而可以大大地施展文化上的威权了。分几方面来说,第一是人才之集中。无论是国立还是私立大学，教员之选择，严格多了。不是学问有成就的，未必能够滥竽。而且不是继续的有贡献，也很难维持自己的地位。因为一班的认识程度提高，竞争激烈，自然使人常有后生可畏之感。这是六七年来年年显著进步的。第二是风气之宽大。固然门户党援之见是不能免的。但是学术终究是天下公物，不能像高官厚禄那样攘为己有。主张尽管不同，过去的活动尽管有与现行政制相反，但是讲到学术，还不至于不准人家开口的地步。近年来政治似乎偏向统制一方面，因此愈能反映出北平学术界比较地有自由之美。第三是工具之便利。北平的建筑，古物，史料，书籍，实在是研究学术最便利的地方。不独在文史方面，就是在自然科学方面，也因为多年累积的设备，非他处所可及。而六七年来各种新建筑之勃兴，文献之集中整理，尤非往年所能想象。

"将中国各处比较一下，这三点都不能不推北平罢。投考北平各大学的人，年年都有增加，今年时局如此之不安定，还是有增无减。学术刊物大多数也都在北平出版，重要言论足以影响政治者，纵使发表的地方不在北平，而执笔的人往往仍是住在北平。种种方面都可以证明北平在文化上的地位确是较之以前倍加重要。

"去年有一位外国的物理学家来游北平，北平的科学界人公函请他演讲。他回信说是此来之目的只在游览，只可作一普通演讲,而不预备作专门演讲。语气之间,颇有夷然不屑之意。及至他到来之后,偶然有一次,谈到某一项专门试验。人家告诉他,协和医学校即有此种设备。他听了方才耸然动容。人家又告诉他,不只协和,清华也有,你何妨去看看?他看了之后,方始自动地要求在北平各学校作普遍的参观,并与各教授作学术谈话。他临走的时候,告诉人道:'我一直以为北平不过是一个富有历史意味的古城而已,于今方知道还是一个近代学术的中心。'

"这些都是今年以前的实话。然而今年以后呢,景象微有不同罢!自从二十三年故宫的重器南迁,已经开始悲凉的运命。大家都有些不安了,许多学术工作不免于动摇了,现在有形的迁徙,虽然已经决定停止。而无形之不安与动摇,恐怕只有愈趋愈甚的。六七年来的进步,只剩得许多伟丽的建筑,如北平图书馆之类,依然晶莹耀日。而内容不见得仍是从前一样了。试问将来又有谁来代替北平担负这文化前驱之重任呢?"

十 北平的运命

春痕:"此次北游,心目中所怀唯一感想,就是北平虽然沦落,虽然照你说来已不会再回复以往的光荣,但是就表面上看来，也还似乎没有到这步田地。譬如人口一百五十万，也并未曾减少。文化机关也并未曾关门。即如各大学，照你所说，投考的学生依然不在少数。就以建筑而论，依然有许多金碧辉煌，似乎在从前也未必胜过这样。还有北平的马路，从前听说很不好，现在也觉得并不算十分坏。然则北平不像是没有希望啊！"

铢庵："善哉！你的感想倒是非常内行的观察，一点也不错。然而你终究是初次来游的人，近几年北平运命之转变恐怕未必清楚。何以叫做运命之转变呢？在十七年初改北京为北平的时代，大家认北平为倒霉的地方，几乎更无一顾的价值。十九年内战的时代，则北平又大有复活之势，直至怀仁堂掘了避飞机的地窖（此窖至今尚在）而后此梦方醒。然而自此以后，几位负盛名的学者陆续回到北平，极力散播学术的空气，一直到榆关事变的时代，这种以北平为文化中心的空气是很浓厚的。可是二十二年春夏间的北平，惨澹极了。数百年累积的不可以数计的故宫宝藏，就以一道密令，趁着黑夜用几列车运走了。这些宝藏似乎已经不是政府的力量所能保护，那北京的危险还用说么？宝藏是轻而易举的，尚且不能保护，何况于土地人民呢？岂不是北平就要沦于异域么？在这个时期，确不免有许多人是这种看法。后来黄郛北上，讲什么安定人心，袁良做市长，颇能实心任事，不辞劳怨。于是大家看见市政上有些进步，又觉得在北平住家究竟不错，政府也觉得这寂寥的旧都究竟是人心所系，又设了一个旧都文物整理会，由财政、铁道等部协款兴修天坛，兴修正阳门牌楼及东西四牌楼、金鳌玉𬟽牌楼等等。在北平城中心登高一望，倒是金碧辉煌，衢路修直，一种新气象反比帝制时代还要整齐些。国难虽深，而谋所以维持此旧都者转不可缓。所以这是北平运命的四变。

"最近一年来，北平的运命又到了竭力挣扎的时期了。去年夏天的气象可谓悲凉已极。一样一样地往后撤退，几乎连各大学都有不能继续之势。如果不是智识阶级的慷慨陈词，守死弗去，则后来华北成为何等局面，谁也不能预料。今日之下，虽是忍辱求生，然而城郭人民，依然如故。足证国必自侮而后人侮之，只要自己不双手奉送，则别人硬抢过去亦究竟有些烦难。北平北平！已经到最后之难关了。我想全国有心之人决没有肯听此古城沦为异域的。从此执戈奋起以卫国土，或者古来幽燕壮士之灵在那里默佑我们。以此为中国复兴之朕兆，亦未可知啊！

"袁良去职，时事更不如前，市政改良，恐怕不容易再想象，然而文物整理会新近还开过一次会，通过了第二期整理计划，这是一件差强人意的事。

"袁良在任的成绩，以故都人士的公意来说，是朱启钤办市政以后的第二人。朱氏办市政，在民国三、四年，他的功绩，是禁地之开放，古物之集中，与警察之训练。在他的手里，没有盖过不中不西的建筑物，没有毁坏过古迹，这是走遍全国所最难找到的。他最善于利用固有的美点。试看中央公园的布置，没有一点牵强的地方。坛庙尊严依然不失，而游人便利却又不受影响，确是一番苦心。他提倡中国建筑艺术二十年，果然组织了一个中国营造学社，至今受英、美两庚款的协助，出版书报，并代各处设计，在学术与设计两方面都有不少的贡献。至于袁良之任市长，也得其赞助不少。所以各重要建筑，都已根据文献，参用新科学方法，修复保存。尤其是天坛祈年殿工程之雄伟复杂，除非将实物保存，则以后决难再见这种建筑。自前清光绪中叶重建以后，已将近五十年，及今不修理，以后真不知何日方能顾及。所以袁良作这件事，我们不能不赞他勇于负责。最近山东的孔庙，浙江的六和塔，也都采用中国营造学社的方法重修。从此以后，著名的古建筑都不至于栋折梁崩（新法以铁筋水泥代木料，再加彩画。表面与旧建筑毫无不同，而比木料坚固经久），并且以后新兴的大建筑，也不至于再用从前不中不西的幼稚款式，贻笑世界。这的确是近年文化上的显著进步，而其起点则在于北平也。"

最近北平的教育[1]

自从教育部发表华北各大学视察报告以后，加以北平天津举行了一次中学会考，岑寂的故都添了不少的谈柄。

由第一种的结果，可以看出许多大学的特点是不可磨灭，而他们平行的冲突错乱也显然地呈露。

由第二种的结果，可以看出许多的不良的中学足以误人子弟，而会考的利弊也就不待辩论而自定。

这两件事有绝大的关联。听说本年暑假各大学投考的人数不见比往年踊跃，而声誉比较优良的大学有不能招足额数的，至于次等的大学，竟至于招生三次。这足见教部视察的报告，无形中昭示投考的标准，所以不良的学校无人去考。也足见此次会考不及格之多，减少了许多升学之候补者。

然而因投考人少，以至于滥收新生，这是不能免的。私立大学本来经济基础就不巩固，其势不得不因人少而影响到收入。并且听说燕京、辅仁两大学今年都感特别的恐慌，尤

---

[1] 原刊于《华年》1934年第3卷第39期，署名：铢庵。

其是辅大,如果不能支持而至于停办,或者虽不停办而由减缩以致退化,那是很可惜的。

现在人才集中在国立大学,尤其是北大、清华两校,因为历年之努力,突飞猛进,几于将其他各校都摈弃于后。但是两校因为标准严格的保持——虽然据说今年收的新生已经从宽——许多希望升学的只好望洋而叹。在现行制度之下,高中完全是代替大学预科的,国立大学既如此,私立大学又如彼,然则高中学生升学的问题,究竟应该怎样解决呢?

教育部为统筹全局计,似乎不能不赶快补救。补救之法,似乎应该令国立大学于可能范围内多予入学的机会,(例如将文理科的入学试验分定标准便可减少许多投考的困难。)同时责令私立大学集中精力专办几个学系,而将敷衍门面的招牌取消。

至于根本办法,尤须将以高中为大学预科的观念改变,以国家的力量办几个标准的高级职业学校。同时改良中学课程,务以毕业生得适于谋生为主旨。

现在的中学,不独不适于谋生,且并不适于升学。不独不适于升入大学的理工科,也并不适于普通科。据说今年北大的新生中英文程度都不很好(据胡适对学生谈话)。这样看来,办中学的须得有澈底的觉悟,必须多予学生以选择的机会,使预备升学的学生不致埋没了他们的天才,而不能升学的学生也不致毕业后找不到饭碗。然而现在办中学的人们，有谁肯这样的苦心孤诣为学生设想呢？这又不得不呼吁于教育部之前，而希望对于中学有一番改革了。

北平会考的结果，对于不良的中学并没听见勒令停办。恐怕教育部的严令，也终于是一纸空文。我们对于未入社会的人们，正在愁他们的饭碗，然则已经入了社会的人们的饭碗，又何必定要打破？这种中学所以会有许多学生，也不一定是硬拉来的，还不是因为内地学生无处升学的缘故？所以希望教育部对于成绩优良的中学，再加督促扶植扩充，那么不良的学校也自然要淘汰的。

现在社会的普通现象，就是供求不相应。审计部正在举行会计专门人员考试，所需要者只是高中资格，可是高中没有几个设有会计一类课程的。大学入学试验国文的题目多半是点读一段古书，其实在高中的课程里，又何曾有点读古书的机会？

所以总括起来，今后教育部的政策似乎应该将普通大学看作缓一步，而以改良中学及筹设专门学校为迫不容缓的企图。

北平[1]

> 铢庵先生久居北平,于故都风土,最称谙悉。本月十六日出版之《宇宙风》半月刊,有先生所撰《北游录话》可与本文相参阅——原刊编者

一

我是沉迷而笃恋故都的一人,屡次因为事故来到南方,总住不久又飘然而去。前年六月底来到上海,盘桓了二十余日,又到杭州去了两日,七月十八日又回来到这萧条的故都。

到北平后,我因为北平研究院[2]有接洽的事,所以顺便

---

[1] 原载上海《时代报》1936年6月18—21日,第3版"翰林"之"灯右谈"专栏,署名:铢庵。

[2] 国立北平研究院:民国时相当于中央研究院的学术机构,为中国科学院前身。1929年9月于北平由李煜瀛(李石曾)倡议成立并担任院长,下分若干研究所,也有院士制度,叫"会员",共有90位。

约了途中相逢的旧友王君夫妇游中南海。中南海是我数年来徘徊的地方，近年来虽然开放，但是因为去的时候太多了所以倒不愿意去了。如今却借着陪游之机会来凭吊旧游之地。我们是从新华门进园。从前的新华门有一道围墙，这就是总统府传达处所在。这幢房屋，是半西式的。在那黄瓦丹椽之下，实在有些不称。新近总算由市政府将他拆去了。于是进园的车马必须由新华门楼下过，其实这也不是澈底的方法。因为车马从楼下经过，久而久之，对于楼的建筑有点影响。最好还是在楼的两旁宫垣凿成两个门洞，以便车马，一出一入，转折自如。并且入园的车马根本可以不必收费，因为公园本来应该公开的，三海横搁在城的中心，很阻碍东西南北的交通。由东至西，由南至北，汽车还好，人力车必须绕一个大圈子。

二

如今一切帝制时代的禁令，都已取消。而车马不能直入三海，实在是件不合理的事。依我的计划，中央公园是旧社稷坛，古来的社舍有赛神演戏的意义，可以专作有戏院舞场酒馆的公园。而定名曰社园。三海应该多开大门，除汽车、火车外，人力车、马车尽可自由穿行，泯去界限，定名为公园区。区以内不得有私人建筑，但是原来的台榭可以租为住宅，也可以开各种营业。其指定之处所，则仍可收入览券。除此之外，卖票的收入一律停止。但是可以增加车捐，增加房租，使市民得到平均享受的机会。公家所得，不惟不少，反有增加。如此一来，则市中心变成一片美丽矞皇的大园林。是整个的，是通盘的，是合理的，有识者必能鉴为知言。

三

北平市政上的最大缺点，就是路旁的行列树。北平本来是富于古树的。古时的宫廷坛庙都有树的，而且树的种类是很对的。在高的地方种松柏，靠井河的地方种杨柳。尤其以太庙社稷坛的树木最为繁盛。每当晨曦散彩，夕照摇金的时候，一片浓绿之色，与那丹檐黄瓦相映，真可令人发生无限美感。但是几条大路，两旁缺少树木。向来市政当局每当植树节的时候，买许多小秧分种在路的两旁，然而总不想一种好的培养保护方法，当局只管买秧种，也不督促浇水，也不保护，所以不到几天就一棵一棵地枯死了。到了夏天，赤日当空，路旁绝无树木之阴，只剩了些枯木根子给穷人当柴烧。我曾经问过市政府负责的人，为什么年年种树不让他种活呢？他说北平大街上的铺户，都有一种成见，以为树木长成便遮住他们的招牌，对营业有害，便暗中破坏。我说，既然如此，种树就该有分别，凡是市招繁密的地方，就不该种。种了的地方，就应责成附近的住户或铺户注意地培养。

四

北平最适宜的行列树有几种，第一是洋槐。洋槐在四五月间开花，有一种清香。第二种马缨花，就是古人所谓之合欢花。在六七月间开一种红白的花，既美丽而又经久。第三是杨柳，凡是近于井边河道，都可以种。这三种都很容易长成，不要三年的工夫，就可成为美荫。虽是大风，也不容易拔掉。却万不可以种松柏等树。记得国民军在北平的时候，由西直门到颐和园路旁都种了柏树，可是不到一年，都没有了。要增加北平市容之美丽，非将行列树加以整理不可。树木多了，再加以人力的洒道工作，可以使尘土不扬，于是北平唯一的缺憾——尘土——也可以弥补了。

从北京之沿革观察中国建筑之进化[①]

古代都城之通制

中国古代之有都城，实远自历史所不能记忆始。彼部落封建时代之所谓都城，决不能比后来统一帝国之都城，不待言矣。但中国一切文物皆建于绵延不断之传说之上，故未观北京以前，先就古书中之都城建置作一鸟瞰亦至有益。

古书中叙述某帝都于某处，此非吾人所暇问。果欲一一知其详，则有如顾炎武《历代宅京记》诸书在，今但取《诗经》中周太王营造新都之一篇录如下：

《诗·大雅》：

绵绵瓜瓞。民之初生，自土沮漆。古公亶父，陶复陶穴，未有家室。

---

① 原刊于《中和月刊》1941年第8期，署名：楚金。

古公亶父,来朝走马。率西水浒,至于岐下。爰及姜女,聿来胥宇。

周原膴膴,堇荼如饴。爰始爰谋,爰契我龟,曰止曰时,筑室于兹。

乃慰乃止,乃左乃右,乃疆乃理,乃宣乃亩。自西徂东,周爰执事。

乃召司空,乃召司徒,俾其室家。其绳则直,缩版以载,作庙翼翼。

捄之陾陾,度之薨薨,筑之登登,削屡冯冯。百堵皆兴,鼛鼓弗胜。

乃立皋门,皋门有伉。乃立应门,应门将将。乃立冢土,戎丑攸行。

此太王者,即孔子所生之周代始祖之一也。彼时尚为一诸侯,转徙而后定居,卒为文化最高之朝都城所在。其如何相度地点,如何奠安民居,然后如何建造城垣,如何依照历代相传之通制以立皋门、应门及大社(即冢土),此篇所叙述可谓活泼有致。《诗经》中此种记载尚多,但无如此篇之详者。此真最佳最可信之史料也。"皋门者何?天子之外宫门也。应门者何?天子之内宫门也[1]。"(《群经宫室图》)

---

[1] 《周礼·天官·阍人》:"阍人掌守王宫之中门之禁。"郑玄注:"王有五门,外曰皋门,二曰雉门,三曰库门,四曰应门,五曰路门。"古代天子的宫廷外有五座门,而诸侯仅有三座门,没有库门和雉门。

前者如今北京之天安门，后者如乾清门矣。皋门以内、应门以外是为外朝，即此可知北京制度之来极古也。

彼时城垣之制若何？宫殿之制若何？《诗》《书》及《春秋》并未切实整个的说明。然《周礼·考工记》则言之凿凿，《周礼》固非绝对可信为周公所作，但以所言与其他可信之经典相较，大致不殊。无论如何终为汉以前古书，亦颇足以代表上古制度矣。其言曰：

> 匠人营国，方九里，旁三门。国中九经九纬，经涂九轨。左祖右社，面朝后市……

此寥寥数语，已足显示整齐廓大之规模矣。试观北京之街衢洞达，宽广平正，宫门之左为太庙，右为社稷坛（今之中央公园），等等情状，正即依仿而造者也。

至明堂之制，相传为天子所居之宫。其建筑含有神秘性，但此处所称之形式度数及建造方法颇为不易索解，自汉以来久为学者聚讼之资。吾人所敢确信者，则明堂必为环列式之屋宇。其建筑殊费工力，及战国时已渐不能保存，故孟子曾遭齐宣王问以应否毁明堂也。

但明堂虽已成过去之物，而汉以来儒家思想终不忘情于此，汉明帝以后屡次依诸学者理想之形式重为兴筑。吾人亟宜注意者，明堂之思想已融合于中国之文化中，后来宫殿式之建筑，多少皆带有明堂之意义也。

至于普通宫殿建筑之风范，究为如何乎？请再引《诗经》一段以证之：

《诗·小雅·斯干》：

> 如跂斯翼，如矢斯棘，如鸟斯革，如翚斯飞，君子攸跻。殖殖其庭，有觉其楹……

读此段之诗既毕，试闭目以思今日北京之宫殿，平直之屋脊，骞飞之阿角，宽广之庭院，伟大之楹柱，有一不描写如绘者乎？此诗乃周宣王时所作，（周宣王元年为纪元前八百二十七年，终于纪元前七百八十八年。）乃竟可移咏今景。然则易言之，今日所见北京之建筑，正即二千八百年前之建筑也。

长安

秦始皇即位（纪元前二百四十六年）统一六国，采取各地方之精华，以建其伟大之新帝都（《史记·秦始皇本纪》）。其主要之阿房宫（建阿房宫，纪元前二百十二年），据汉人所追述有云："上可以坐万人，下可以建五丈旗。"再加以镕铸天下兵器而成之金人十二，列于门前，回想神游，龙洪之观，较北京殆尤有过之。

秦汉帝国之伟大建筑，绝非前此诸侯共戴之王国所能几及，固不待言。中国此时固已另入一时期，然古代相传之制度，终有相当之保存也。试读班固《西都赋》中有二句云："披三条之广路，立十二之通门。"张衡《西京赋》亦云："旁开三门，参涂夷庭，方轨十二，街衢相经。廛里端直，甍宇齐平。"此与上文所述上古王城之建置何以异耶。

然而持汉代之宫殿建筑与今之北京相较，有可以辨其异同而悟其进化者矣。

第一观彩色装饰之制。班固赋中有云："雕玉瑱以居楹，裁金璧以饰珰。"又云："金釭衔璧，是为列钱……"此可见彼时榱头柱间以及墙壁之上皆用金玉宝石镶嵌为饰。其富丽之状，尤过于近代，以吾人习惯言之，几不信其为事实矣。然以他种史实证之，知其不谬也。关于此问题，尚有数语不得不申述者，盖古代屋材装饰之法，其何部宜雕刻，何部宜彩画，何部宜镶嵌，固有适当配合，且雕刻固为美观计，而镶金与髹漆则亦兼具保护美材之物理也。后世渐趋简易，多取散木凡材，加朱施漆，于是概以彩画代之，盖彩画可兼有雕刻镶嵌之形象也。近世北京建筑中关于彩画作之名词，尚有所谓"点金""碾玉""火珠""和玺"之装饰，正即古代遗象，此殆由实物而变为象征也。近世建筑上所用颜料之制造，较古时物质究为进步抑为退化，于是遂成艺术过程中一大问题。而雕镂彩画之递嬗，吾人应作具体之研究。

第二观藻井之制，张衡《西京赋》有云："蒂倒茄于藻井，披红葩之狎猎。"此谓于室内天花板上雕刻水莲花纹也。近代沿用此风，于殿之中央顶上，多作八方形之藻井，其花纹虽不必同，其来历必出于此矣。不独中央，全部皆为方形之格，而刻画以最精细之花纹，亦即由此推广而出也。

第三观石阶及漆地之制也。班固赋云："玄墀釦砌，玉阶彤庭。"《汉书·外戚传》亦云。可以想见宫殿基址装饰之美，近代北京宫殿应用石工颇广，而栏槛之雕琢尤为特出，固汉之遗风也。惟以漆饰地近代已不用，盖橡砖之制造进步也。

第四观飞檐之制也。班氏赋云："上反宇以盖戴，激日景而纳光。"张氏赋亦云："反宇业业，飞檐辙辙。"（李注：凡屋宇皆垂下向，而好大屋飞边头瓦皆更微使反上其形。）此可证汉之宫殿极注意于骞飞之屋角，再以证之《斯干》之诗（见上）。则益恍然于今北京宫殿之以厚重夭矫之屋顶取姿，渊源至古也。

第五观太液池之制，自汉以来无一处都城不有半人工之湖沼为宫殿之点缀。《汉书》云："建章宫，其西则有唐中数十里，其北沼太液池，渐台高二十余丈，名曰太液，池中有蓬莱、方丈、瀛洲、台梁，象海中仙山。"①当王莽为革命军所围攻时，即逃入渐台而卒被杀者也。班氏赋亦云："前唐中而后太液，览沧海之汤汤。扬波涛于碣石，激神岳之㟒㟒。滥瀛洲与方壶，蓬莱起乎中央。"其描写可谓逼真。此太液者，非即今之三海乎？渐台非即今之瀛台琼岛乎？岂但此也。班氏又云："抗仙掌以承露，擢双立之金茎。轶埃堨之混浊，鲜颢气之清英。"今则琼岛之上，正有一承露盘，杰然高峙，遗形尚在，盖汉武帝饱受道家之影响，采其理想以入建筑。（《汉书·郊祀志》）于是中国建筑风范大呈新奇之观，从此以后，遂为中国建筑之基本特点也。以上等等，不过略举其显著者言之，不暇一一致详也。

吾人今宜暂舍长安，而一观东汉以来之洛阳都城。洛阳之所异于长安者，厥为一部分之复古建筑。此项建筑主要者，为明堂、辟雍、灵台。除明堂已见前外，辟雍为古太学，环以璧池，正即今北京国子监中之式样，灵台则今之观象台所由根据也。东汉光武帝倾向儒术，首先从事此种复古运动，以补成其祖宗所未及注意之事业，后代帝王遂莫之或违焉。

顾洛阳为汉以后宋以前文化政治集中地，累朝精力积累以成，非仅如上述一事也。汉以后贡献最多者，当推拓跋氏，盖魏孝文帝以鲜卑种人而酷慕华风。由北方之云中（今山西

---

① 此系《文选》李善注引《汉书》之语，今见《汉书·郊祀志下》，文字略有差异。

大同）迁都洛阳，于是洛阳之规制更增扩大。斯时有一当时人士之记载最详悉可信者，曰羊衒之[①]所著《洛阳伽蓝记》。试就此书而研究之，则知魏之洛阳，除崇闳[②]之宫殿平直之街道外，其新出之特点，厥惟数量极多之佛寺与私家之园林。北朝人崇信佛教极深，富家显宦身后多舍宅为寺，故寺院极多。其中尤有宋云所携归之印度建筑风范，是曰永宁寺塔。据是书所述，其大略无殊于今北京之白塔，而富丽尚有过之。故都城之富有佛教建筑，其风盛于北朝也。其时富人又多讲园林之构造，有一著名之工师曰茹皓者（见《魏书·茹皓传》），专以此技擅长。自此以后，迄于唐、宋，洛阳城内外到处皆有园林之胜，宋人且专著一书，号曰《洛阳名园记》[③]，以纪述之。故都城之富有园林，其风又盛于北朝也。今游于北京者，孰不感其佛寺与园林之多而且胜，须知此正洛阳之景况也。

北京——辽金

吾人今将再转入一重要问题矣。须知唐代以长安为都

[①] 羊衒之：今作"杨衒之"。
[②] 崇闳：高大宏伟。
[③] 《洛阳名园记》为李清照之父李格非所著。《宋史·李格非传》云："尝著《洛阳名园记》，谓洛阳之盛衰，天下治乱之候也。"

城，同时以洛阳为东京，仍保相当之庄严。迨至黄巢乱后，弃长安而正式迁都洛阳，其后又迁至开封，中国已陷于紊乱状态。未几，契丹皇帝率兵入开封，虽未永久占领其土地，而席卷其文物宝器、名工巧匠，以至北方。其时之北京，正升为南京，改筑都城，辽主不时巡幸，直至其亡。今香山慈幼院中有一古陵，即辽宣宗之陵，彼时虽已戎马仓皇，而北京犹为政治中心也。

夫北京者，在古代不居重要，而在唐代，则为幽州节度使治所。唐之藩将安禄山，以此地起兵，即建都于此，国号大燕。虽其运命甚暂，然已渐显其重要矣。自此以后，北京与正定、大名三处，号为河北三镇，为安氏余党所占据，常为唐室之患，隐然成一独立区域。五代中之石氏，举燕云十六州，以赠契丹，契丹遂得于此建立都城，控制南国，其时中国本部，方日患兵戈之扰。而以北京为中心之契丹帝国，反呈繁荣安定之象焉。吾人即谓唐之光荣，已为契丹所承袭，无不可也。

辽之都城，在今何处耶？据出土之辽碑，称琉璃厂海王村为东门外。则可知辽城必在今城之西南（《日下旧闻考》三十七）。至其规模，则据《辽史·地理志》，称城周三十六里，皇城周七里一百三步，所惜宫殿制度，已不甚详悉，盖多数已为辽、金战事所毁也。

至女真继承契丹地位，复以北京为中都，然是时契丹遗构，不足以极庄严之概，故海陵王发宏愿以重建新都。据《金图经》云："金主亮欲都燕，遣画工写京师宫室制度，阔狭修短，尽以授之左相张浩辈，按图修之。"(《日下旧闻考》二十九引）又据南宋人使金之记载云："炀王亮始营此都，规模多出于孔彦舟。役民八十万，兵夫四十万，作治数年，死者不可胜计……其屏扆窗牖①，皆破汴都，辇致于此。汴中宫匠，有名燕用者，制作精巧，凡所造下刻其名，及用之于燕，而名已先兆。"（范成大《揽辔录》）相传并云金之琼华岛（即今北海之岛）山石，即由汴京辇来之艮岳石（据高士奇《金鳌退食笔记》）。艮岳者，宋徽宗自南方运来奇石所筑成。中国民间最著名之小说《水浒传》中之强盗，即反抗此种工役而起事者也。另一记载，则云："北宫营缮之制，初虽取则东都，终殚土木之费。瓦悉覆以琉璃，役兵民一百二十万，数年方就。"（周煇《北辕录》②）又《金史·海陵纪》："营南京宫殿。运一木之费至二千万，牵一车之力至五百人。宫殿之饰，遍傅黄金，而后间以五采，金屑飞空如落雪。一殿之费以亿万计，成而复毁，务极华丽。"据此足见北京自金海陵王以后始呈巨丽，而南方人来者，皆为之惊叹不置也。

---

① "其屏扆"以下，不见于今本揽辔录，《日下旧闻考》卷二九引此，云是揽辔录之文。然燕用之事见于周密《癸辛杂识》，似非范书之文。

② 周煇（1127—？），字昭礼，泰州人，著有《北辕录》《清波杂志》等。《北辕录》记载了宋金时期金国的风土与生活。

又据《日下旧闻考》卷三十七引《析津志》："金朝筑燕城，用涿州土，人置一筐，左右手排立定，自涿至燕传递。空筐出，实筐入，人止土一畚，不日成之。"其建筑之奢靡有如是。《大金国志》："都城四围凡七十五里。"则其城之宏大又如是也。

金之京城，在今城之南，相传今之铁路会集区域丰台，即金城南门丰宜门之遗址。然宫城虽偏南，而其离宫，则包括今之北海。《金史·地理志》云"京城北离宫有大宁宫"是也。或谓之寿宁，或谓之寿安，或谓之万宁也。元代诗人言金章宗与李妃坐妆台咏诗，即此宫中之琼华岛矣。（《日下旧闻考》二十九）至于今西山之寺院园林，亦多为金代之离宫也。金大定、明昌两朝，政治修明，国力丰裕，用其全力以营北京，愈益非前代可及。今世所艳称之马可·波罗桥，驾于永定河上者，即明昌三年所成也。（《金史·世宗纪》）

夫辽金都城之在近古文化上之地位为何如乎？自长安、洛阳毁灭而后，中国之传统的文物，大部分已入于北方，而南方之帝都仅承政治上之统系而已，不复能代表中国最高之文化也。读者疑吾言乎？试取北宋最有名之建筑专书《营造法式》而观之，可知也。

《营造法式》乃北宋将作监李诫奉敕修撰，其出版之年为纪元一一〇三年，此书为当时公家所用之建筑规模，融会古今，有条不紊，为中国建筑学唯一之秘籍。其所代表之时代，正宋辽分立之际，其时辽已建燕为南京也。今观其书所载种种法式，精美则诚精美矣，细密则诚细密矣。然而宏伟之规模，富丽之色彩，以视契丹虽不可知，然以较历史传说之金元建筑不若也。以较吾人所目击之明清建筑又不若也。（参看《中国营造学社汇刊》第一号：《李明仲之纪念》）

至于南宋更不如矣。《宋史·地理志》谓：高宗……以（杭州）州治为行宫，宫室制度皆从简省，不尚华饰，其宫殿随事易名，不能备制。《舆服志》谓："中兴服御惟务简省，宫殿尤朴。陛阶一级，小如常人所居。"决不足与金元相较，明矣。

元以后，仅有三十余年都于南方，即明初之南京也。南京之规模，今尚存梗概，远逊北京，不久亦即迁回矣。凡此皆以证辽、金以后之北京，实逐步取得文化中心之资格，其线索实自长安、洛阳而来，北京之所以可贵在此也。

元大都

元世祖至元四年于中都之北三里筑城，九年改名大都。元之城址，经古今诸家所考证，盖在金城之西北，而今城之稍北。其宫城则偏南，当今紫禁城偏西也。

夫元代之北京为今日规模所自昉，而在古代都城中亦为吾人所知之最悉者，试举其布置之精心，而略论之：

一曰都城之位置也，古之建都必以水环之。《洛诰》曰："我乃卜涧水东、瀍水西，惟洛食。我又卜瀍水东，亦惟洛食。"《水经注》曰："南系于洛水，北因于郏山，以为天下之凑。"秦始皇尤注意于此，《三辅黄图》曰："筑咸阳宫，因北陵营殿，端门四达，以则紫宫，象帝居。引渭水贯都，以象天汉。横桥南渡，以法牵牛。"唐之长安亦然，《唐六典》谓隋文帝诏高颎置京城，南直终南山子午谷，北据渭水，东临浐川，西次沣水。元之建北京，盖取法乎此也。《辍耕录》曰"峙万岁山，浚太液池，派玉泉，通金水，萦畿带甸，负山引河"是也。此即今从玉泉引出之水，由德胜门入城，绕西而南，经过正殿之前，所由来也。（《涌幢小品》）

今北京水道多半元之遗迹，彼时亦非徒为美观，其运输之便，亦可惊也。此事为元代著名水利工程家郭守敬所办。据《元史·河渠志》述其概略云：引昌平县之水，至西门入都城，南汇为积水潭，东南出文明门（今崇文门），东至通州高丽庄入白河。总长一百六十四里，……告成于至元三十年，赐名通惠河。盖元朝用海盗朱清、张瑄办理海运，江南财富可由上海放洋从天津入口，经过通州，循此通惠河以直达积水潭下，其帆樯之盛，可以想见。（《日下旧闻考》卷五十三引《元名臣事略》及《咏归录》）此与唐玄宗时引浐水抵苑东望春楼下为广运潭之事（《通鉴》卷二百十五《天宝二年》事），正相类也。惜明太祖命徐达改筑北京城后，"运河与海子截而为二，城内积土日高，虽有舟楫，桥梁不能度矣。"（《咏归录》）

其在金代，大定十年，亦有决芦沟以通京师至大同漕运之议，惟卒以水势峻急，不能实行耳。（见《金史·河渠志》）元代亦踵行①之，"冲没民舍，船不能行，卒为废河。"（见《顺天府志》三十六引《元史·河渠志》）

一曰建筑之工师也。夫为元朝规画北京之建筑者何人乎？据元人欧阳玄《文集》所载碑文，则知为一阿拉伯人也。节述其文如下：

> 也黑迭儿者，大食国人，世祖时命掌茶迭儿局②，即华言庐帐局也。至元三年，受诏修北京宫殿城垣，与汉人张柔、段天佑同任工部事。

元代任用外籍官吏甚多，此事原不足为奇。其他雕塑工官，亦有外人，而史册所载者，如阿尼哥、刘元是也。《元

---

① 踵行：仿照落实。
② 茶迭儿局总管府，属于工部的元代官署名，管理各种工匠造作等事。

史·阿尼哥传》：

> 尼波罗国人，善画塑，及铸金为像。……凡两京寺观之像，多出其手……至元十年授人匠总管。

虞集《道园学古录·刘正奉塑记》："（刘元）本为黄冠（道士），学于阿尼哥。"（按刘元亦名刘銮，西华门内街名有刘銮塑，乾隆《御制东岳庙碑文》亦记刘元事。）

又有石工杨琼，以石工官采石局总管，世业石工，善于雕刻。世祖许为绝艺，于至元九年建朝阁大殿，曾与其役，生平所营建如两都及察罕脑儿宫殿①凉亭、石门、石浴堂等，不可枚举。（以上见光绪《曲阳县志·工艺传》第七）元宫苑之石作，久为《辍耕录》《故宫遗录》②诸书所赞叹。盖元人建筑参用罗马式，故于石作格外注意。北京附近又为产石之区，故明清两代沿元故习，一方利用旧料，一方师法古式。直至今日，故宫之石工，犹为全国之冠。观《元史·百官志》于采石局置有专官，与大小木泥瓦等局同列于官制，信非偶然也。试细观《辍耕录》《故宫遗录》诸书，而追想其规模，有可注意者数端。

---

① 位于今河北张北县囫囵淖北，故址今名小红城子。察罕脑儿为蒙古语，意为白湖。

② 《故宫遗录》：作者萧洵，生卒年不详，洪武初年工部主事，奉命拆毁北京元朝故宫时私人记录下了故宫的制度样貌，为《故宫遗录》或《元故宫遗录》。

其一则石工也。石工在北朝时，因受胡风，固已发达，然其后渐又失传。今据《辍耕录》所载，则阑陛桥梁，皆用白玉石。而甃地则用文石，甚至壁间亦用白玉为饰，在金代虽亦以白玉石为桥，然其应用之广，断推元代也。

其一则屋尖之佛教色彩也。汉宫殿屋尖，多冠以金属之凤形，班固赋所谓"上觚棱而栖金爵"也。唐代亦然，武后时之明堂，以铁凤为尖。据《辍耕录》则屋脊有置金宝瓶者，此佛教之色彩被于宫殿建筑者也。

又《元史·世祖纪》："至元二十一年，立法轮竿于大内万寿山，高百尺。"

其一则每宫四隅皆建角楼也。《辍耕录》《故宫遗录》所载大明殿、延春阁、咸福宫，每一红垣之内，皆有角楼四个。《元史》所载太庙——御苑（后为太子宫）又有角楼四个，皆以红垣周绕之，盖一大城之内，俨然包括五个小城垣矣。且宫城四隅既有三趒角楼，与承天门、东华门、西华门、厚载门两观四阙之飞甍[①]，同其壮杰；而琼华岛上之广寒殿矗立山顶，四面又有方壶、瀛洲、玉虹、金露四亭，或为圆顶，或为八角，觚稜奇突之碧琉璃屋顶，隐现于层城之中，试闭目一作鸟瞰，其奇丽为如何耶！

其一则新式之屋顶也。《辍耕录》所述盝顶[②]殿甚多。据

[①] 飞甍，即飞檐，房上两端翘起的房脊。
[②] 盝顶：指皇宫内宫殿两旁的耳房。

其解释，盝顶者如笥之平，其形盖如今之所作蒙古顶，又有三椽盝顶房者，盖如今日北方习用灰棚平台、塞外板屋之构造也。

其一则外国式之宫殿也。《辍耕录》有畏吾儿殿。畏吾儿殿，即仿回回式之建筑也。

其一则喷水之机械也。《辍耕录》云："引金水河至万寿山后，转机运斡①，汲水至山顶。出石龙口，注方池，伏流至仁智殿后，有石刻蟠龙，昂首喷水仰出，然后东西流入于太液池。"又《故宫遗录》："山左数十步，万柳中有浴室。前有小殿，由殿后左右而入，为室凡九，皆极明透，交为窟穴，至迷所出路。中穴有盘龙，左底昂首而吐吞一丸于上，注以温泉，九室交涌，香雾从龙口中出。"

又温石浴室，盖即土耳其式之浴室也。《辍耕录》："瀛洲亭在温石浴室后。"虽未详言其状，必非中国固有之式。今武英殿旁之浴德殿遗址，犹略存其遗意也。所谓温石者，炙石使温，沃以水，发为蒸气，令人出汗也。

其一则玻璃装屋也。《故宫遗录》云："新殿后有水晶二圆殿，起于水中，通用玻璃饰，日光回彩，宛若水宫。"

其一则用棕毛以盖屋顶也。《故宫遗录》："又东有棕毛殿，皆用棕毛以代陶瓦，亦谓之凉殿。"热带民族多以棕榈葺居，此或自南洋印度所传来者。

---

① 运斡：运转，运输。

其一则密室与暗门也。《故宫遗录》："壁间来往多便门，出入有莫能穷。"此等密室暗门，西欧古宫殿建筑中多有之，甚且隐机括于壁间，劈幸出入之间道也。

其一则浓丽之装饰也。《元史·达尔玛①传》记一有趣之故事："达尔玛除大都留守，帝命修七星堂。先是，修缮必有赤绿金银装饰，达尔玛独务朴素，令画工图山林景物。车驾自上京还，入观之，乃大喜，以手抚壁叹曰：'有心哉，留守也！'"试取李诫之所绘花纹图样观之，彼多素朴，而不用金银。此又足证金元以来，注重浓丽之色彩，与宋代之建筑法不同一源。此时皇帝因厌见赤绿金银之装饰，故反以朴素为可喜也。

以上所云，特欲从当时人之记载中抉出其特点，以供读者持以与今日北京相比较，料读者自能辨其何者为今日北京所有，何者为所无。两言蔽之：今日北京实承袭元代之大都无可疑，而马可·波罗所述大都宏壮之情景绝非虚诞也。

夫元代建筑之包罗万象有如此矣。至其取法之宗旨与范围，以忽必烈汗在其大蒙古帝国中失败于西方，而欲挽救于东方。蒙古先世之大汗，以喀喇和琳②为根据地，高掌远跖，不暇专心以对付中国本部。至忽必烈而觉有改变政策之必要，始缩小范围，以建都北京为第一步实行其政治军事统治

---

① 《元史》卷一四四本传作"答里麻"。
② 喀喇和琳：今作"哈拉和林"，蒙古帝国时期的首都，位于今蒙古国后杭爱省。

权，知中国人之传统思想，不可忽视也。故其建都计划，悉依历史上之习惯，而加以扩充。其方整之城垣也，其十二之通门也，皆本乎传说者也。但其后宫则颇用其国俗，兼及所征服诸地之风俗，故元宫建筑，实呈奇玮之观焉。夫蒙古帝国，本为荟萃各民族而成之帝国，素以兼容并包为宗旨，其一朝政治文化，悉建筑于多民族结合之上，无怪其建筑亦呈此特点也。及乎明代，以反乎蒙古帝国为尚，始稍陋矣。

明

及至元顺帝出走，明兵入燕京，明太祖立将其城垣摧灭，宫殿折毁，改其地曰北平（纪元一三六八年），此盖为欲消灭燕京之"王气"也。前所引之萧洵《故宫遗录》，即于此役撰成者也。其时分封北平之燕王，仅留其一部为王府。（《图书集成》引《实录》）然而阅时未久，燕王即帝位，即仍将旧规恢复，于是今之北京兴焉。（《明史·成祖纪》永乐元年以北平为北京，当纪元一四〇三年也。）

当日永乐帝之恢复北京，盖深有鉴于北京地势在军事上之重要，彼本身即以北京为根据，而争得帝位者，且其时北方之隐患，尚未消除，移都北方可以就近控制也。定都以后，即首先徙江苏、浙江、山西等处人口以实之，同时将已毁之城垣宫阙，重新建筑，而气象复兴矣。

永乐所自居之宫，为元之西宫，即洪武时保留未毁者。今重建北京，即于其东改建皇城，此即今之紫禁城也。至其重建城垣之计划，为移城垣于稍南，而空其北面，元城东西两面各有三门，今以空其北面之故，则每面只有二门，而迤北之每面一门，不复存在矣。今德胜门外犹有土城遗址，此即当时所废弃之元城北面也。由此言之，元城伟大之规模，至明初而稍削矣。

虽然，总计内外城，则明之规模，亦未必逊于元也。盖民居皆在城外，日益增多，乃于嘉靖三十二年（纪元一五五三年），兴筑外城。以工费太大，先筑南面，此即今南面之外城也。

不独外城之展修也，即城面之加砖甃，亦明代之工程也。其初本系土城，《马可·波罗游记》已言之矣。正统十年（纪元一四四五年）始命太监阮安等于内面加以砖甃，（《日下旧闻考》三十八引《英宗实录》）至于外面之加砖，则或在永乐修城时也。以上为明代京城之大概情形，至于宫殿则完全与今所存者相同，仅名称略有更改而已。即以名称而论，亦仅前三殿不同，若乾清、坤宁二宫，亦未改也。今试再述其大概，乾清为皇帝寝宫，坤宁为皇后寝宫，前三殿则为外朝，文华为经筵典学之所，武英则为聚储学士之所，而六宫则妃嫔所居也。

明之大内宫殿，有一异事，即修建甫成，即遭焚毁是也。永乐十八年，三殿告成，次年即灾；其后正统五年再建，因张灯延烧火药，正德九年两宫灾；十一年又成，嘉靖三十六年（纪元一五五七年）又灾；至四十一年又兴建告成，万历二十五年又毁；天启七年又告成。由此以迄于李自成之变，其一部遂遭破坏。（《明史·李闯传》："闻满洲兵至，先纵火焚大内，午门及三殿两宫九门皆毁。"[1]）清顺治帝入关之初，仅于武英殿临时受朝。及康熙八年，始将太和殿、乾清宫修成，于是明大内之规模，迭兴迭废，而传至于今也。

但皇城内之布置，有异于今者，盖明代皇居所占至广，凡皇城以内，均宫殿及内官衙署厂库，不以居民也。其独成范围者，在西曰西内，凡三海附近之地属之；其在东者曰南内，南池子以北、骑河楼以南之地属之。惟南内曾为英宗称太上皇时所居，英宗复辟，不愿再存此建筑，故亟摧毁之。然世宗入承大统时，为其本生父母所修世庙亦即在此也。

举凡明宫内之曲折，《明宫史》及其他记载已详，不须备言。一言以蔽之，其规制为清代建筑所从出。虽属已经修

---

[1] 原文如此，《明史》中为《李自成传》，只说"焚宫殿及九门城楼"，"闻满洲兵至"云云。

改，而遗址犹存，处处可以考见也。

然明代建筑，至今日遂全无存在者乎？曰："有之。"若在城内者则大高玄殿，在昌平者，明长陵是也。大高玄殿在北上门之西，临紫禁之护城河，门前牌坊一署"孔绥皇祚"，一署"弘佑天民"，中间南面一坊，民国□①年撤去。此明嘉靖帝所建斋宫之一，以祀道教之三清，并令女官习仪于此。门前三亭钩檐斗角，穷极工巧，明时中官呼为九梁十八柱，洵足代表中国最复杂之木质构造。虽经雍正、乾隆两次重修，然终可视为未改明代原状者也。

至明十三陵，以长陵规模最大，建筑雕刻亦最精。

明代建筑诸宫殿第一大问题，厥为木料之采运也。《明史·成祖纪》云："永乐四年，分遣大臣采木于四川、江西、湖广、浙江、山西。"盖明代习惯，梁柱必用楠木，且须极大也。

《日下旧闻考》卷三十四引《见只编》②："京城皇极门且成，而金柱明梁非围尺极大者不中，时川贵采办，在在告困。适通惠河道工部郎陆澹园以天津至海两岸平沙葭苇之地，有历朝大楠木漂没者悉为搜发，至一千有奇。其中梁柱围尺者一百五十有七，约省金钱二百余万。"

至于大石，则"取于涿州房山，花斑石则取于徐州，而

---

① 编者按：此处原文缺。
② 《见只编》：明代姚士粦撰，书中对明代中叶的社会风貌、掌故轶闻，有真切记述。

砖则取于临清，取于苏州"。（见《两宫鼎建记》①）

至于颜料，则《明史·周忱传》言："三殿重建，诏征牛胶万斤，为彩绘用。"《邹缉传》言："买办颜料，本非土产，动科千百。民相率敛钞，购之他所。大青一斤，价至万六千贯。及进纳，又多留难，往复展转，当须二万贯钞，而不足供一柱之用。"

清

清代之继承北京地位，其政策迥殊于前代，盖一遵旧规，不加变易也。当其初入关时，即不肯别建宫殿，直至康熙初年，始将三殿两宫重修，已如上述矣。清代又力矫明代奢靡之习，于可省之费，类从节省。康熙帝曾力诋明人用楠木之费，自云本朝悉用满洲所产之黄松，费省而同样耐久。（《国朝宫史》）又康熙时曾因修沟而发现明代筑沟之制，系以生铜为管，而砌以巨石。（《啸亭杂录》）大抵明代无谓之奢靡，至清而稍除，然并不因此而减其美观也。

---

① 《两宫鼎建记》：又名《冬官纪事》。明代贺仲轼撰，成书于万历四十四年（1616）。贺仲轼（1580—1644），字景瞻，一字养敬。其父贺盛瑞担任营缮司郎中时主持故宫部分建筑重建有功，后遭诬陷贬职而终。贺仲轼准备为父申冤时作此书。

关于北京城防之布置，吾人不可不更为数言也。马可·波罗已言元代京城楼橹械库及屯兵之制矣。明英宗正统四年，复修正阳门正楼一，月城中左右楼各一，其余各门正楼一，月城楼一。城四隅立四角楼，深濬城濠，两崖悉甃砖石，当门通以石桥。两桥之间，各有水闸。（《日下旧闻考》卷三十八引《英宗实录》）至此城防之制益完。

清代对于北京城防之布置，极具深心者，其敌楼炮台之距离，曾经精密之计算，非漫然也。其瓮城城门之方向，除正阳为中左右三个门洞外，其余八门，彼此相对，向内而不向外。无论左出右出，皆取曲尺线，所以屏蔽正门也。而各门箭楼，甃以砖石，列炮窗三层，四隅角楼，为三面抱角式，既可捍卫城角，并便于三面射击也。此等建置，为明为清，尚无确证，以余所知，康熙帝曾改建城楼，又曾用西法制大将军铜炮，置之内外城楼。是由弓矢时期，进于炮火时期，故防御工程，当然随战术之进化也。

清代于宫室制度，虽较明为俭；西郊外离宫之建筑，则远胜于明也。

南郊外之南苑，系元时之飞放泊。康熙以来，均为游猎之所（建有团河行宫），而明代迄未一举行狩典也。

西郊诸梵宇，即今日吾人常驰汽车以行游之诸处，在金元多为离宫，及明代则为权阉所据，或构别业，或兴塔院，未曾收归国家经营，至清代始举全力以缔构之。远近参差，各具幽胜,园林景物之美盖前代所未有,故皇帝每流连其中而忘返也。康熙当时幸畅春园,雍正帝以后,则时幸圆明园,光绪帝则奉太后时幸颐和园,而静明(玉泉)静宜(香山)等园,复点缀其间。二百余年间,大内仅为岁时行礼之所,而燕居听政,皆已移在园居。故研究清代北京建筑之故实,尤须注意于苑囿也。

圆明园者,康熙帝以赐雍正帝之别业也。在畅春园鼎盛时,圆明园不过一附属之小园而已,雍正、乾隆二朝屡事扩充。乾隆尤注意文艺,将其南巡时所见名园佳景,皆取其意而仿造于园中。若吴县狮子林、钱塘小有天园、海宁安澜园、江宁瞻园,南方文人豪士所艳称之名园也。其精华之处,皆已萃入圆明园,而彼辈不得专美矣,不独此也。乾隆帝为娱养太后计,且仿苏州街市之式样,造一买卖街于园之附近;其后又用欧西建筑式样,造海晏堂于园中,虽经劫火,犹可见嶙峋之残柱,带有罗马风也。(参看 Chinese Architecture R. A. S. North China Br. P. 283)故圆明园为荟萃各处建筑风格之区域,其价值正等于秦始皇之咸阳宫殿也。

北京之大内,沿自明朝,为体制习惯所拘束,虽有西苑在旁,可资游眺,然终未能极视听之娱。居其中者,觉尊严有余,而风趣不足。故满洲诸帝决定不将已有之大内变更,而另辟一新建筑以代表其一朝之特采,此即所谓离宫也。离宫之中，尤以不在北京范围以内之热河避暑山庄为最高之代表，其性质盖融合汉族之优美文艺，以期适应非汉族塞上之生活者，其作用则兼为政治宗教文化之崇高枢纽。每年皇帝于此举行狩猎，并召见藩属王公，聚集诸教僧侣；有时远方君主代表前来，亦于此延接，皆此种作用。据《热河志》称有万树园一区，可容万人，列幕环布。乾隆中英国使臣马加[①]来，即在热河召见，而其中所藏欧洲各国暨其他外邦赠献物品，绘画、丝织、钟表、枪械之属，亦不胜计，今移存于武英殿博物馆者，尚不少也。

试取避暑山庄之记载观之，其地域之广大，宫殿之繁多，点缀之精富，式样之复杂，抑又在圆明园之上。虽然，当乾隆鼎盛之日，在北京范围以内，足以代表清代特色之建筑，断推圆明园也。

一八六〇年之役，全园被毁，此种惨劫，实中国近古文化上一绝大之打击。盖从此以后，大帝国包罗万象之精神，不能复见矣。除一部分历史的正式建筑，勉得维持现状外，不复能有进步之表现矣。同治年中，曾有修复园居之议，卒以朝野有识之士，鉴于物力之艰，群起反对。然慈禧太后，终不肯舍此意，故光绪年中有颐和园之修建。颐和园者，只能视为圆明园之一部分，其中颇有圆明之遗物。故修

---

① 马加：即乔治·马戛尔尼（George Macartney，1737—1806），出生在北爱尔兰安特里姆郡，英国近代著名政治家，曾率领使团以给乾隆皇帝祝寿为名，于1793年抵达中国访问。

成以后，颇复呈承平景象。然其占地迫狭，结构卑陋，以视圆明，瞠乎后矣。颐和园今虽亦渐颓废，然试入游其中，但令人感觉其布置之凡俗，不能代表高尚之文艺，而最触目生憎者，厥惟恶劣粗率之彩画。总之同、光以后，旧秩序已渐失坠，经营斯园者，率皆市井巧宦、贪狠宫监，献媚女主之侧，竞取中饱而已，土木之兴，遂为士大夫所诟病。无复具有远大眼光、高尚思想者为之指示，国家制作，自然日显退步。此吾人于北京最后一段大建筑之颐和园，所以不禁低徊叹惜也。

试入北平市而一游，殆无人不感觉其街衢之宏整，有异于其他城市。此固向所谓历代都城之旧规，本应如是，非北京所独有也。然他处迭经毁灭，遂无由见其遗迹，惟北京以历代帝王之注意，存之独久耳。满清对于此事，盖尤为注意。据《金吾事例》所载，知政府管理民居至严，有侵占及建筑不如式者，立即强迫其拆毁也。凡街道两旁之市房，皆政府为之经营者也。正阳门外之廊房、头条、二条各胡同，所谓廊房即明代经营之市房也。清代尤注意此事，每遇国家庆典，必在大街两旁，修建楼屋，以壮观瞻，直至慈禧太后万寿时犹然。今东西四牌楼，及西直门大街，犹可见此种遗迹，试思当全盛时，其整齐宏壮之市街景物为何如耶！

然沿街修建市房，实为侵占街道之肇端。盖市房租与商家日久，不复过问，于是街道日渐壅塞，试向正阳门前观之，两旁楼房，已侵入大街，而天坛、先农坛两坛墙，不能取一直线，以达正阳门也。

北京寺观之盛，元明以来，固如是矣。且追溯自佛教输入中国以来，各帝都亦无不如是矣。但鉴于今日佛教建筑之逐渐凋零，北京终为最后保存最多数量之区域，此又谈中国建筑史者，所不能不注意之问题也。

北京著名之伟大佛寺，如雍和宫，为雍正潜邸，其后遂为黄教势力之中心；东西城用作庙会之两寺，其中护国寺，为元宰相托克托①之故宅；隆福寺，有明南内之故材，景泰年间所建。《春明梦余录》：城外长椿寺为明李太后藏像之所；西城妙应寺，为辽白塔寺，与《洛阳伽蓝记》所述永宁寺塔同型（五一六至五三四年），详见《白利登杂志》一九二七年三月号《英叶慈博士论中国建筑》。虽隆替不等，而旧迹多尚可寻。至于西山诸刹，规模尤大，占据之地，风景尤佳，实为北京生色不少。其建筑式样，大致一律，可以代表近古佛教建筑之通式。总之，研究北京公共建筑，宫殿衙署以外，断推佛寺也。虽然，佛寺以外之各种宗教建筑，亦未尝不各有其价值。宣武门内之天主堂，自清初已为基督旧教之中心；东直门内之俄国教堂，则为希腊正教之中心；而新华门对面之回教礼拜寺，则乾隆帝所敕建；至

---

① 托克托：《元史》作"脱脱"（1314—1356），元末政治家，军事家。

彰仪门①内之牛街，则又回教徒聚处之中心也。

凡官署皆在正阳门内之左右，而今使馆界为尤多。其建筑式样，差如宫殿，而逊其宏壮与华丽。其中树木房屋，往往经名人之盘桓，而增其历史的价值。然自交民巷划归使馆以后，衙署多迁至他处，加以革命以来，屡兴新筑，于是北京向所夸耀之有名公署，几于摧毁无遗矣。

第宅一项，亦吾人所应一述者，明代十王府，即今所谓莫理逊街。入清以后，各王府分处内城，其建筑制度，殊有一定之规定；而其他官吏，亦各有等级，不相踰越，此皆有其相沿之历史。惟北京世族大家之居宅，最足代表古书中所描写之邸第，非他处所及也。

今述及清代北京建筑，有重要之点，不得不略费数纸，唤起读者之注意，则琉璃是矣。

琉璃砖瓦之制造，北京宫殿之伟丽色彩，大半由于琉璃砖瓦，此尽人而知，琉璃砖瓦之历史，究何如乎？②

据吾人所知，汉代宫殿侈者用漆瓦（《汉武故事》），至魏晋以后犹然（《晋书·后赵载记》），唐代用碧瓦矣。宋李诫之《营造法式》中，亦有烧造黄色琉璃瓦之制度，物料功限，其烧造附于青棍瓦窑中。（青棍瓦即澄泥瓦，不上釉药者。）当时应用，尚不甚广。宋人使金，见其以琉璃覆

---

① 彰仪门：今广安门。
② 以下谈琉璃历史文化的一大段，被编入赵汝珍撰《古玩指南》，初版于1942年，线装铅印本。

屋，深为惊叹，故知琉璃应用之广，必自金始。及元，而设专官矣。据《元史·百官志》，大都凡四窑，其一在三家店，盖取材于西山，而循水道以运至正阳门外之琉璃厂，以制成之也。及明，而以内官典司其事，及清而工艺益精矣。据《大清会典》云："凡陶甓之制，设立琉璃厂于正阳门外之西，以陶琉璃器具，质用澄泥，色有青、黄、翡翠、紫绿、黑。砖甓异名，各按模式，吻有大小垂脊之饰，各有等差。"而《工部则例》有琉璃作等差，尺寸、物料、价值，记载尤为详明，盖琉璃在中国史上，关系甚非浅也。据《汉书·西域传》，其法自西域传来。及北魏太武时，月氏人商贩京师，自云能铸石为五色琉璃，于是采石矿中铸之，光采美于西来者。此为外国工艺，传入中国，而中国改良之后反能青出于蓝，当时所利用者，即太行山脉中之矿产也。此种工艺，据《隋书·何稠传》云，后已失传，至何稠始复兴。大概金元以后，仍利用太行山脉之特产，继续北魏以来之特殊工艺，而加以扩充改良也。

今北京每年新正陈列古玩书画之琉璃厂，即此种琉璃制造厂之故址矣。此处亦北京文艺所萃之区。一过其处，益令人联想及于北京琉璃覆盖之宫殿，包含无穷历史也。

又北京建筑，自同治以后，既无复进步，其尤可伤心者，则天坛一事也。天坛之祈年殿皇穹宇，其建筑之精宏，为世界所乐道。然光绪十五年被火以后，欲重修而无所依据，几于束手无策，其后幸觅一年老之工匠，幼年曾与修理之役，略记其构造尺度，始勉强造成之。即此一端，足征北京建筑之日趋衰败，为可危也。他如太和门及正阳门楼亦于光绪年中被火，其后虽陆续修复，然所费既不赀，而经时亦已久矣。

此属于天灾者，犹不过一二处；其属于人事者，更不可胜记矣。庚子之役，将东交民巷一带之公共建筑物，已毁灭无遗，并且波及各城，如内城之宏仁寺（即栴檀[①]寺），外城之慈仁寺，均以"拳匪"建坛为洋兵所毁，夷为平地。于是故都名迹，一朝澌尽。慈仁寺尚以改建畿辅先哲祠，并附顾亭林祠，足供学人凭吊；栴檀寺则久为军队驻扎之所，若端、庄二邸，亦以拳匪建坛之故，与二寺同一罹劫。

迨庚子以后，入于民国，亦大有变革。其最著者，如正阳门之改建，德胜、安定、东直、朝阳诸门瓮城之撤除，皇城之拆毁，西城大明濠之填平，各处道路之铺修，交通虽利，而旧制已非矣。又如南海宝月楼之改为新华门，及各官署之改建，更不堪逐举。

总之今日，北京所存之建筑，实为中国历代文化之代表，其统系直可谓之不绝如线，舍此以外，更无法求之。前此既缺少注意，以后天灾人事之变迁，将使此项存留物，愈益希少矣。

---

① 栴檀：也作"旃檀"，檀香木。

吾人今日所应努力者，在就现存之建筑，加以学术的研究，不独谋其形式之保存，并须了解其所涵意义，而使其精神上愈益轩豁呈露。此项努力，固须急起直追，然亦至为繁重也。

结论

从以上所言观之，则知北京为唐以前文化中心之继承者。盖缘唐亡以后，其重心移在北而不在南也。由此代加扩展，以容纳许多新的生命，渐成一极复杂、极瑰异之观。

其在纵的方面也，许多远久之经典的历史的意义，包含于其中；其在横的方面也，许多种族语文宗教习俗之结合，表现于其外。关于前者，不待言矣；关于后者，在元明清三代，尤为显著。

故北京者，在十一世纪以后，不独为中国文化中心，抑亦亚洲各民族联合发挥其民族性之所在，抑亦东西两方文化特性接触之所在也。

环顾今日域中，欲求一处，可以研究东西两大支文化势力之异同离合之故，舍北京而外，无有矣。夫据残余之古代建筑而遂欲为此宏大之企图，固知其未足。然从建筑方面，以旁达其他方面，此亦今日学者所应认为惟一方法者也。

　　故今之北京，非独中国之北京，直世界之北京。吾人敢信得世界同情之学者，共同努力，必将有无限希望之新贡献。今兹所述，特不惮反复，重言申明北京所以急待研究之意而已。

记城南[①]

正阳门外正南的天桥,现在成为平民娱乐场所,又有贩卖旧衣旧物的棚摊,和最平民化的食物,与元明两代所称的穷汉市、蒸饼市颇相类。但是其地在清初康熙间,东华门外的灯市,曾一度移在天桥迤西的灵佑宫,很是热闹,而插足其间的,又多为士夫,这里也有书摊,供一般文人选购。天桥的南边,又有酒楼,以为文人觞咏之所,比现在的情形,是大不相同。黄景仁有《元夜独登酒楼醉歌》一篇。歌曰:

天公谓我近日作诗少,满放今宵月轮好。天公怜我近日饮不狂,为造酒楼官道旁。我时薄疴卧仰屋,忽闻清歌起相逐。心如止水遭微飙,复似葭灰动寒谷。千门万户灯炬然,三条五剧车声喧。忽看有月在空际,众人不爱我独怜。回鞭却指城南路,一线天街入云去。揽衣掷杖登天桥,酒家一灯红见招。登楼一顾望,莽莽何迢

[①] 原刊于《天地》1944年第6期,署名:瞿兑之。

迢。双坛郁郁树如荠，破空三道垂虹腰。长风一卷市声去，更鼓不闻来丽谯。此楼此月此客可一醉，谁共此乐独与清影相嬉遨。回头却望望灯市，十万金虬半天紫。初疑脱却大火轮，翻身跃入冰窟里。谪仙骑鲸碧海头，千余年来无此游。不知当年董糟邱，天津桥南之酒楼，亦有风景如兹不？古人不可作，知交更零落。少年里闬①同追欢，抛我今作孤飞鹤。不知此曹今夜何处乐，酒尽悲来气萧索。典衣更酌鸬鹚杯，莫遣纤芥②填胸怀。天上星辰已堪摘，人间甲子休相催。然藜太乙游傍谁，吃斋宰相何人哉。瓮边可睡亦径睡，陶家可埋应便埋。只愁高处难久立，乘风我亦归去来。明朝市上语奇事，昨夜神仙此游戏。

就着这句长歌，便可见当时情况。按黄氏生于乾隆时，是灯市在乾隆时尚为兴盛，酒楼又似在天桥迤南的官道旁。此后关于酒楼的故事，嘉庆时张问陶有《天桥春望》诗云：

种柳开渠已十年，旧闻应补帝京篇。天桥南望风埃小，春水溶溶到酒边。

明波夹道可停车，人为临渊总羡鱼。尘外濛濛千树

---

① 里闬：里门。古代城镇住宅区有围墙有门，称作里门，进而指街里街坊。

② 纤芥：指非常细小的因猜忌而产生的隔阂。

柳，随风绿到第三渠。

城南车马太匆匆，坛树拿云返照红。几个闲人临水立，任他疑作信天翁。

这三首诗的自注，有"开渠于乾隆辛亥""第一渠近天桥，第三渠至永定门外"。是在乾隆时，在官道的旁边，又种柳开渠，增加了无限的风景。

孙尔准[①]有《杏花天》一阕，也关于这个故事，其前小引云：

小寒食宿雨初霁，踏青至天桥，登酒楼小饮，稚柳晴波，漪空皱绿，渺渺余怀，如在江南村店矣。顾其檐曰"杏花天"，因倚声书壁。

据此看来，更可知酒楼的名称为"杏花天"，证以黄氏"酒家一灯红见招"的句子，或者仅此一处。孙氏又有《偕书农小孟饮天桥酒楼》诗，并说到酒楼的形势，我们录在下边：

城南酒楼高插天，下瞰漠漠开平川。两坛烟树郁

---

① 孙尔准（1770—1832），江苏金匮（今无锡）人，嘉庆十年进士，曾任闽浙总督，著有《奉天录》《泰云堂集》《游黄公涧记》，辑有《明诗钞》《福建通志》等。

相抱，左为太乙右秬①田。一掌平波翠如染，万株新柳绿可怜。飞红陊②白渺何处，看额已觉春光妍。（楼额"杏花天"。）九衢车马去如织，更无过客停吟鞭。冷官无事约屡爽，正坐自懒非人牵。今朝贾勇践昔诺，士囊恰值东风颠。颇将霾曀变清泚，窗棂秋举尘满筵。始知命薄往辄阻，清游一日天犹悭。莫嫌钉座太酸飒，曲车榨溜来如泉。豪谈快饮意初纵，情亲乡语尤缠绵。翻思少壮共江国，吴山越水相毗连。其间风景绝天下，船娃荡桨翩如仙。缘何抛弃不归去，却向火宅③尊青莲。人间仕宦有何好，五木十手争枭犍④。便教遂意偶然耳，何烦季主占筵簪。

就这首诗的起句看，似乎是诗人的形容夸大语，然而可证明不是矮矮的小楼，他的高度，想必有可观。其中又有"左为太乙右秬田"句，按太乙即太一，为天上的尊神，秬田即皇帝耕藉的处所，必然是指天坛和先农坛而言。可见这座酒楼，虽是在官道的旁边，可是坐北朝南而开，所以黄氏的长歌有"回头却望望灯市"的句子。

此外洪亮吉《八月二十日偕黄二暨舍弟饮天桥酒楼》诗：

---

① 秬：通"藉"。
② 陊：同"堕"。
③ 火宅：比喻充满痛苦的尘世。
④ 古人有赌博游戏叫樗蒲，又名五木之戏，此处诗句指赌博。

长安百万人，中有贱男子。日挟卖赋钱，来游酒家市。昨日送君回，今日约君来。送君约君于此桥，长安酒人何寂寥。酒人无多聚还喜，破帽尘衫挈吾弟。摄衣上坐只三人，爽语寥寥落檐际。君言内热需冷淘，我惯手冷应持螯。闲无一事且沉醉，不然辜负青天高。青天高高复飞雨，二十四棂风欲举。飞蓬卷叶十里间，直视城南落惊羽。浓阴欲暗南郭门，斜日忽破千林昏。阴晴万态斗秋景，醒醉一梦恬吟魂。持千螯，挥百尊，不觉楼上空无人。君归虽遥莫先走，万事须要落人后。君不见，门前豪骑控双龙，笑我西行马如狗。

就诗里"二十四棂"一语，酒楼或系三间。因为旧式楼房，如前后两面开窗，便每间有八块窗子，三间便是二十四块窗子。而这座酒楼是清静的，无俗客往来，也可就以上的几首诗来证明。到了现在，不只这座酒楼无处可寻，其余的景物也都随世迁移了。

又天坛墙外，在明清时代，于每年端午节，一般富家子弟在这里跑车跑马以示豪俊，后来便移在永定门外的大沙子口，大约是趁着南顶庙会的机会以图热闹。北京除每月的各庙会外，有五顶。东顶在东直门外，西顶在西直门外，北顶在德胜门，全是四月开庙。中顶在右安门外，六月开庙。南顶在永定门外，五月开庙。昔人有《游南顶》诗：

> 柳映红亭水映桥，碧霞宫殿郁迢遥。年年五月开香社，大好风光慰寂寥。
>
> 龙冈委宛似卷阿，披拂香风爽气多。一带苇棚临水岸，酒徒豪饮姣童歌。

很有一番盛况。在民国初年，又一度移在先农坛的东墙外，但是清社已屋，一般王孙公子，连带着窘困了，拴车养马的能力，因之锐减，这种尚武的勾当，便不易再见了。

所以民国初年，易顺鼎有《天桥曲》，他的序子上说：

> 天桥数十弓地，而男戏园二，女戏园三，女落子馆又三。戏资三大枚，茶资仅二枚。园馆以席棚为之，游人如蚁，窭人居多也。落子馆地稍洁，游人亦少，有冯凤喜者，楚楚动人。自前清以来，京师穷民生计日艰，游民亦日众。贫民鬻技营业之场，为富人所不至，而贫人鬻技营业所得者，仍皆贫人之财。余既睹惊鸿，复睹哀鸿，然惊鸿皆哀鸿也，余与游者亦哀鸿也。书至此，余欲哭矣。

曲云：

> 垂柳腰支全似女，斜阳颜色好于花。酒旗戏鼓天桥

市，多少游人不忆家。

天桥桥外好斜阳，莫怪游人似蚁忙。入市一钱看西子，满村叠鼓唱中郎。

不待沧桑感逝波，已看龙种道旁多。牛衣泣尽肠雷转，犹自贪听一曲歌。

几人未遇几途穷，两种英雄在此中。满眼哀鸿自歌舞，听歌人亦是哀鸿。

燕乐歌舞两高台，更有茶园数处开。何处秋多人转少，却寻落子馆中来。

秋寒翠袖如空谷，日暮黄昏似古原。那怪杜陵魂断尽，哀王孙又感王孙。

疏寮茶座独清虚，对菊人都号澹如。三五女郎三五客，一回曲子一回书。

筝人去后独无聊，燕市吹残尺八箫。自见天桥鸿翠喜，不辞日日走天桥。

哭盦老去黄金尽，凤喜秋来翠袖寒。汝岂久寒吾速老，赖寒博得几回看。

苎萝①溢浦②两红妆，感事怜才益自伤。两种才人三种泪，一齐分付与斜阳。

---

① 苎萝：苎萝山在浙江诸暨市南，据说西施是苎萝山卖柴人之女。
② 溢浦：白玉蟾《琵琶行》："芦花荻花愁暮云，天风吹我客溢浦。"此处与"苎萝"都是化用典故。白居易谪江州，作《琵琶行》，溢浦正在浔阳，溢浦红妆，似当据此出注。易自注：两种才人，谓一种未遇，如苎萝之类是也；一种失路，如溢浦之类是也。

易氏这几首诗,也可以算作天桥文艺之一。看他字里行间,自写骚忧,另有寄托,固然是借题发挥,然而将天桥一角的景物,实能描写尽致,是可称道的。

此后民国六年,经当地绅商在先农坛的东墙外,凿池引水,种稻栽荷,辟水心亭商场,招商营业。茶社有环翠轩、绿香园,杂耍馆有天外天、藕香榭,饭馆有厚得福,夹岸植杨柳,架木桥,置小艇,很能号召一时。八年,闽人林传甲曾在水心亭遍觞名流,作天桥之集,颇极诗酒之盛。林氏的诗启上说:

> 天外天高,坛宇望祈年之殿。桥西桥小,池塘通贯月之槎。消闲于柳堤芦岸之间,避暑乎茅舍竹篱之际。瓜皮短艇,不让明湖。莲叶吟尊,如游清苑。化沮洳①为安乐国,气象一新。筑场囿若实业家,利市三倍。汽轮暂驻,时有冠盖②往来。弦管争鸣,近接歌台鼓吹。盖人工所缔造,皆民力所经营,岂一手一足之劳,实万耳万目所集。新世界未克喻其广,游艺场不能媲其繁。仿农事试验初基,艺棉播谷;拓中央公园佳致,移石栽花。元首喜哉,亲署藕香之榭;醉翁老矣,还题国乐之亭。忆易水之琴囊,如闻击筑;话东山之丝竹,重听犁

---

① 沮洳:沼泽,低湿的地方。
② 冠盖:官员的冠服和车乘,指仕宦贵族。

铧。潋滟空漾，可比去年西子；粉白黛绿，何如当日秦淮。曾经沧海归来，感怀灵物；独愧江湖落拓，眷念神京。到处留题，入境必先问俗；匹夫有志，周游无不成书。兹述燕市见闻，藉备鸿儒刍采。简编甫毕，诗债纷来。或依榕荫之枌榆，或搴寒山之钟鼎。日长似岁，公余有"俱"乐之乡；夏至生阴，热海转清凉之候。请挥椽笔，共擘芝笺。以三伏之流光，集千家之精彩。他日拟巴黎之铁塔，企永定为凯旋门；筑纽约之玉楼，瞻正阳如共和路。

这番举动，大概是名士风流，一时兴之所至。其实这座水心亭，喧嚣之极，况且一池臭水，几架席棚，和以前的杏花天相差得太远，更怎能和中央公园、农业试验场相提并论呢，嗣后因为屡次失火，便顿形冷落了。自电车开办之后，便以其地填平，作东西两路的总汇，轮轨交驶，便成为北京交通上最重要的地点。

关于天桥的故事，近人东莞张江裁有《天桥志》，编入《中国史迹风土丛书》，所收材料，很是丰富。所以我们认为这部书在北京史迹上，是很有价值的。又近人赵元礼的诗：

触目尘氛具一区，往来游侠又屠沽。谁知别有伤心客，执笔旁观学董狐。

便是为张氏这部书题咏的。据张氏自序，还要将耳目所及，别为续编，想当更有可观。

天桥的西边，旧有香厂，也是很低洼的，那里一带，多半是皮子作坊，名为香厂，其实是恶臭逼人。民初遇阳历新年，一时改为临时的娱乐所在，和现在的琉璃厂很相似，只是没有古董书画。民元又建新世界，一切仿照沪式的娱乐场，里边有男女戏剧、杂耍、电影等，售票供人们游览，后来当局又以先农坛的北段开放了，改建城南游艺园，和新世界彼此比赛。一时游人趋之若鹜，很是风光，现在也都逐渐消失了。但是这种纸醉金迷的处所，他的存在与否，不影响繁荣和衰歇，因为真正的繁荣，并不在于此点。

但是在城南游艺园鼎盛的时期，有一段佳话，其时是民国八年初秋，园中开了一朵并蒂荷花，园主人便备下赠品，向国人征诗。又请樊增祥主持吟坛，评订甲乙，选诗百首，编印成书，名为《京师城南游艺场并蒂莲征诗册》，里面各体皆备。他的征诗启，大约也是此老的手笔，到了现在，也是掌故之一。启云：

河山壮丽，六龙得驾之天；阆阓氤氲，万象献祥之地。图嘉禾之九穗，岁贡四歧；种连理之双枝，远来南海。是皆产于异地，来自遐方，虽腾耀之足珍，匪当阳之离丽。我城南游艺场，农坛拓址，风来南面之薰；

负国开基,星近北辰之拱。乃生嘉卉,上迓天庥,濂溪爱君子之风,太液拟芙蓉之帐。共说花为四壁,艳到无双;忽看莲是并头,群称第一。祝同心而共蒂,喜一叶之凌波。异闻则遍布九阍,芳馨则溢流四座。梨园撅笛,都作霓裳天上之声;洛浦迴①舸,竞奏神女湘中之赋。每当花骢与油壁②争趋,团扇共轻衫并集。颊潮初上,微问定子之歌;眼缬始舒,细谱念奴之曲。佳人解语,逸士题诗,润色风花,寄情吟咏。挹芳尘之未歇,冀胜事之常存。敝主人幸睹休征,敢居好事,爰将薄赠,征集名篇。拟潘岳嘉植③之词,声铿金石;仿昌黎鉴湖之咏,采绚云霞。庶几合欢双颖之花,与甘霈黄龙而并纪;孤卉异资之瑞,同灵芝岐麦④而齐辉。寿世文章,自镌铭于碧落;清时祥瑞,合图画于金门。

应征的首卷,是广东新城水湾继昌学校的钟杞卿,他的作品,有序有诗,序集文选,诗集唐宋,很妙合自然。樊氏批评他:"侯鲭⑤在筵,天衣无缝,妙在借句而申己意,援古而写今情,格意双超,骨采兼茂,可谓聪明净冰雪、缛彩郁

---

① 迴:同"回"。
② 油壁:油壁车,古代用油涂壁的、华贵的车子。
③ 嘉植:美好的树,比喻俊才。
④ 岐麦:即两岐麦,稻生双穗。
⑤ 侯鲭:美好的肉食,此用娄护"五侯鲭"典,汉代娄护能言善辩,有五家侯(汉成帝的舅舅王谭、王根、王立、王商、王逢)争相送他美食,他将五家美食合成鲭(指鱼和肉的杂烩),世称"五侯鲭",后世指代佳肴。

云霞者矣。"第二名是一位刘女士，她的诗格清新，也还可取，诗云：

两朵花如一朵开，金明池里是谁栽。料得大士杨池水，恰称元元本愿来。

花萼相衔共一跗，二乔二赵可能如。秋风结得青莲子，对抱双璋有贺书。

映日临风别样娇，不曾解语也魂销。同根同气还同艳，恰似江东大小乔。

婷婷倩影样翻新，惹得诗人拥鼻吟。岂少奇葩供赏咏，只缘尊重足同心。

当时国内南北失和，人心厌乱，有署名余觉民的，借题发挥，斥为妖孽，意直语快，但是他的诗思，是很别致，才作出这意外的文字。

纷纷南北争持久，大好山河尽蒙垢，戾气腾糅到碧池，一朝同体花先剖。君不见，城南辟圃如平泉，簇簇云锦铺晴烟，游人共道风光好，池上新开并蒂莲。世人啧啧称祥瑞，我道薛严见魑魅，物反常理皆为妖，岂比嘉禾生双穗。一花一叶水中央，花叶相扶歌沧浪，一干忽生双菡萏，风风雨雨争低昂。斗妍竞艳心同苦，倒浸红云竟无睹,可怜本是同根生,面面相看不茹吐①。西风一夜发轻飙,红妆一褪香同销,空嗟摇落增秋感,憔悴芳魂不可招。

又有人诗云:

争说城南看花去,惟怜宫北已黄昏。水天昨夜莲房冷,残月清风神武门。

大约是对于这个风雅的勾当有所不满,而加以微词,也未可知。而林传甲水心旁集同人觞咏也在此时,为南城平添了无限韵事。

天桥的东边是金鱼池,相传为金人的鱼藻池,以养金鱼得名。鱼坑约六七十座,在明清两代,也是南城名胜。梁清标有《金鱼池》诗,可见一斑。

长安赤日如火然,仆夫刺促车尘间。金鱼池头管弦动,吾见此地张高筵。堂上风帘桃竹簟,门外腰里铁连钱。举觞半是神仙客,皎皎照人称玉尺。挥麈四座笑语清,荷风翦翦行几席。欻忽天末阴云垂,烟水冥蒙气萧瑟。红牙板拍灵鼍鼓,龙笙啁啾杂急雨。白堕频浮琥珀

---

① 茹吐:即吐刚茹柔,吐出硬的吃下软的。比喻欺软怕硬。

杯，青衣独擅梨园部。响声遏云云不行，凫鸥泛泛珍珠领。潜蛟起舞游金山，何如张乐临洞庭。共君掌中杯莫空，须臾那能湖阴晴。海水三见扬尘土，红颜无几成衰翁。君不见，燕王昔筑黄金台，千金废址生蒿莱。又不见，荆卿击筑燕市歌，壮士萧萧逐逝波。潋滟鱼藻塘，葱茏郊坛树，不见当时人，犹存歌舞处。都城游骑日喧阗，朝暮风光自来去。樽有酒，歌未央，蜉蝣天地间，何为多忧伤。乌归亭暮高台凉，玻璃千顷何苍茫。安得长绳系白日，接罗倒着濯沧浪。

一般游人流连忘返的情形，也可以就这首诗看出。但是前人的竹枝词，如"金鱼池畔看婆娘，心急偏疑曲巷长"，"成群结伴跑明窑，魑魅当门任所睄"，则风景衰歇，沦为下流，渐为土娼所踞了。此后又被地方官驱逐，现在，这座池子，鱼业还很兴旺，惟风景上已无可取。

金鱼池一带，在昔既富于风景，都人不仅时往游观，还有建筑园林别堡，以为久住之计的，沧桑屡变，可惜多已无存。其中也有化私为公，借以存在的，便是清初的洪庄。洪庄是洪承畴的赐园，在今铁香炉①迤南。康熙时，顺天府尹钱晋锡在大兴、宛平两县，各建义学一处。每逢朔望，命题

---

① 铁香炉：1965年起改名为红炉胡同，因为这里曾有一座大铁香炉而得名，至今铁香炉仍埋于地下。

考试，选择文章好的，给他奖金，补助膏火。宛平的义学，在宣武门外的长椿寺，大兴义学，便租洪庄里边的房屋开办。后来宛平的义学，由长椿寺归并到大兴，从游的人更日见其多。钱氏便商于洪氏子孙，请他将庄内的空地，卖给义学，建筑斋舍，洪氏子孙不以为然。钱氏是欲罢不能，便上了一道奏疏，托言洪氏愿割地建学，疏上，甚为圣祖嘉赏，赐给"广育群才"的立额，洪氏见了谕旨，虽然惊诧，也无可如何。钱氏便就洪园的地基，将义学扩充了，名为首善义学，到了乾隆时，更称为首善书院，后来又改为金台书院，光、宣间改为顺直学堂、畿辅学校，如今仍然存在着。又广渠门内的万柳堂，是清初大学士冯溥[①]园子，后来赠与都统石天柱，里边的布置，很是讲究。有某亲王闻之，欲设法占为己有，石氏便连夜召集厂商，在里边建起来一座大悲阁，改为家祠，名为拈花寺，到如今也还存在。不然，恐怕也随着其他的园林烟消雾灭了。这也是北京外城可称道的一件事。

[①] 冯溥（1609—1691），字孔博，号易斋，卒谥文毅，益都（今山东青州）人。清初文华殿大学士，大藏书家。著有《佳山堂集》，在清初文坛很有地位。

京官生活回忆[①]

十载京官堪资温饱

北政府中央机关，除外交部自成一系统外，其余犹多保存旧日部署规模，参事等于旧郎中，佥事等于旧员外郎，主事之名依旧，大抵有空额。其佥事有兼科长者，有不兼科长者，补缺甚难，既补之后，却可高枕无忧，任何政局变动，皆不受影响，其运命至十七年北伐完全国都南迁时，始告结束。虽俸给无多，自民十以后，积欠累累，然历年积蓄，亦颇堪温饱。彼时房地价低廉，京城世胄，贫不能自存者辄鬻其第宅，费一二千元，即可割得一区，稍加修缮，益以卫生设备，倘在东城交通便利之区，便可赁与西人，坐收数十元之月租。即不然，移家其中，尽可俯仰自得，较之南方都市之局天蹐地者，

[①] 原刊于《子曰》丛刊，1948年第5期，署名：萧志。收入《四十年来之北京》第一、二辑合刊，黄萍荪编，上海子曰社出版，1949年12月版，第40页，署名：颖斋。

已相去不可以道里计。作十年京官，总可有五亩之宅，养八口之家，此间乐不思蜀。部署中之风气较朴者，如国务院，如内务部，如教育部，不尚征逐，不事逢迎，衣裳车马，皆可从俭，即月入百元内外，亦仍绰有余裕。闻国务院有某佥事者，十年徒步，未雇一车，即以所省之车资，购得华屋连楹云。

彼时包月之人力车，橡轮革盖，水月电灯，铃声叮当，疾驰而过闹市，月才须十五至二十元耳。主人不必有丝毫之费，而每日上衙门、吃馆子、逛胡同、听戏，无不以之，余暇仍在宅中听差也。即包月马车，亦仅五六十元。稍煊赫之秘书科长，例坐马车，若包月人力车，几于人尽可享此权利也。前清旗人贵胄，沿袭旧习，人皆以不当差为耻，其习气最重者，甚至百计夤缘①求得一录事（书记），亦意气阳阳，乘其马车而入署办公焉。汉人每目笑存之，不知彼之心目中，犹有前清之制度在。前清满蒙笔帖式（在主事以下之部员）及军机处会典方略等馆之供事，皆得于一定之年限议叙保举，亦不失为出身之一。至于民国政府之录事，乃雇员而非官吏，极少升补之机会，一班人固未之察也。

京城官气之重，久已驰名矣，交际场中，见人必问"贵衙门"；一班市肆，闻交通部某宅、财政部某宅，尤动色相告，趋走恐后。中央公园之收票员、警察，见胸挂证章、手持手杖之客，例不索票。盖凡属官吏，几无不与地方警察有

---

① 夤缘：攀附、拉拢关系。

关系者。本段警察入住户之门,须入门房,见户主出入,且须敬礼,若有吉凶之事,更须照例问候。若办婚丧而无警察站班,殆绝无面子之人,亦绝无而仅有矣。

京师警察之出身

北京警察,昔为全国之冠,缘其创办时最为棘手,故因难而见巧也。前清城中最狡而横、人莫敢撄其锋①者为宗室,次之内廷当差之诸色人等,恃符横行,无所忌惮,欲其听警察之指挥,其难可知。是以巡警部设置之初,以亲王、将军为长官,挑旗丁为巡警,时当庚子之后,联军占领时代,巡捐局略有规模,因而用之,专以调停肆应为能事,不似租界巡捕之动辄倚势凌人,其声誉之所由来如此。然旗人充警察,确有一种长处,其服从,其讲礼貌,其善词令,皆素所服习,不学而能,且人数众多,分布匀称,居京者,皆泰然信赖其能保障安全焉。警察中有一种白行縢②者,市人即呼之曰"白腿",是谓保安警察。皆特选少壮精技艺者,由袁世凯在北洋时之顾问瑞典人曼德中将训练统率,名为警察,实有正

---

① 撄其锋:对抗对方的锋芒。
② 行縢:中国古代绑在腰腿上的护具,多为骑射时使用。白行縢,即白布绑腿之雅称。

规陆军力量。每遇政局变动，保安警察列队出巡，号令严明，服装精整，居民辄恃以无恐，盖已成为市有之武力矣。

京城居民向无纳税义务，庚子以后，街巷设栅门，点街灯，雇清道扫秽土，始出公益捐，每户月仅铜元二三十枚，下贫之户且邀豁免。凡市政皆由警察厅兼理，虽有市政公所之设，实未举办要政。十年以后，政府财政枯窘，警饷不继，始收房捐，为数亦极微细。其具有特殊势力者，甚至并电灯自来水之款亦复积欠不缴，京城生活自由，有如此者。

听戏吃馆子

听戏吃馆子几为一日不可缺之生活，名角上场常在午夜，往往多夕阳时分，公园啜茗，茗罢赴宴，驱车而往，犹颇从容，金吾不禁，九衢如水，万籁俱寂，踏月而归，亦绝无拦路打劫之事，次晨拥被高卧，不报当关，非至午后竟无上衙门者。殆绝不知时间之可贵，亦不觉时间之不易销磨。好交游者，甚至日有饭局两三处，每处一到，匆匆即行，车夫则多得饭钱，主人亦自矜热官①，状亦殊可哂也。

作十年京官，若居积者必可致富，好学问者亦必可成

---

① 热官：权势显赫的官员。

书。友人福建程君树德①，每日携《二十四史》一本入署，不但浏览全遍，且钞②得资料无数，其《九朝律考》即由此而成。又河北王君立承③专收有绣像之旧书，其时风气未开，学人尚不知重此，乃以廉价尽收之，而手自钩摹其像，以成副本，遂成小说收藏专家，十年之后，售诸北大，得善价焉。他如陈师曾之画，乔大壮之印，某某数君之医与命相，皆由曹司④清暇中得之。以视徐星伯之《永乐大典》，何子贞⑤之钞国史，无多让焉。承平余韵，此亦其仅存者矣。

全盛时代之北京

民初十年之间，为北京全盛时代。往昔京官，皆过客而已，无作久居计者。汉人向只能居南城，南城地狭人稠，屋宇敝陋，耳目之敝，止于野寺城濠，日日软红，实解乐

---

① 程树德（1877—1944），字郁庭，福建闽侯（今福州）人，著名法律史学家。曾获举人功名，后毕业于日本法政大学法律科，著有《中国法制史》《九朝律考》《汉律考》《论语集释》等。
② 钞：今作"抄"。
③ 王立承，本名王孝慈（1883—1936），字立承，号鸣晦庐主人。河北通县人，监生，广西法政学堂毕业，与瞿宣颖是互换兰谱的结拜兄弟。王孝慈是民国藏书家，总因买书而经济窘迫，鲁迅曾在与郑振铎的通信中以"老实人"指代他。
④ 曹司：官署。
⑤ 何绍基（1799—1873），字子贞，号东洲，晚号蝯叟，道州（今湖南道县）人。清代诗人、书法家。

趣。及乎宣统中，内城开东安市场，外城开游艺场、商品陈列所，郊外辟农事试验场，始有士女相携之乐。尤以社稷坛开放之后，翠柏森森，丹垣隐隐，使人心旷神怡，流连忘返。社稷坛之辟为中央公园①，其中布置经营，均出内务总长朱启钤之手。朱氏专精考工之学，办事颇有魄力，亦有眼光，公园之妙处，一无恶劣之时式建筑，二无低级趣味之娱乐，三无重复堆砌之布置，四无特权阶级之横行，至多挂证章不买门票，然汽车横冲直撞则无之，护兵马弁睥睨盱亦无之。故有闲阶级咸赖以消磨岁月，自晨光熹微之际，迄于漏尽更阑，形形色色，川流不息，有专练国术者，有专作球戏者，有逐日专对弈者，亦有专观弈者，有专阅报者，有专散步者。大抵西装客多就来今雨轩②，旧式士大夫多聚于春明馆③，喁喁情话，则宜于沿城濠一带，而好静者则趋四宜轩④，携家者喜往水榭花坞⑤一带焉。往时部署闲曹众多，茶座之间，往往弥望皆相识者，随意就坐，竟可不必解囊。南迁以后，留滞周南者，仅少数桑榆景迫、安土重迁之人。然犹

---

① 中央公园：今北京中山公园。原为明清时社稷坛，是皇帝祭祀土神、谷神的地方，1914年在朱启钤的主持下辟为中央公园，1928年为纪念孙中山改名为中山公园。

② 来今雨轩：中山公园内知名的茶楼和饭馆，建于1915年，为社会名流聚会之所。

③ 春明馆：中山公园内的露天茶座，火腿烧饼、火腿鸡丝伊府面等非常美味。民国时经常举办画展和摄影展，文人多在此赋诗唱和。

④ 四宜轩：原为中山公园在社稷坛时期的关帝庙，后改为临时集会之处所，取名四宜轩。

⑤ 花坞指唐花坞，建于1915年，当时建有砖木结构的房屋14间，为花房。唐花坞南面为水榭景区，建于1916年夏秋间。

偶藉公园通往还。近十年来，北平老住户迭经沧桑，周余黎民，亦无此心情再上游乐之原，偶一经过，竟日可不逢一素识矣。

徐世昌柄政之日

徐世昌柄政之日，南北和议失败，各省无形独立，中央库款支绌，借贷无门，欠薪已成常例。每一长官莅任，辄不负已往之责，仅将其任内所委人员筹发若干，久而久之，并其本任内之薪俸亦不能负责矣。欠薪愈多，人愈欲多兼数差，以资集腋。长官惮于开罪众议员报馆，乐得滥下委令，于是参事上行走、参事上任事、参事上办事名目繁兴，额外人员超过定额数十倍。此本前清旧例，然彼时非实缺人员无多俸给，故不影响国库也。至民国十年，黄陂①复任，吴佩孚系之董康②、高恩洪③等在内阁中提出快刀斩乱麻之办法，除实缺及考试分发者外，一律取消，登时官为之荒。然继此则并此区区政费而亦无出，实缺人员仍不得一饱，而官之途穷

---

① 黄陂：指黎元洪，黎为湖北黄陂人。
② 董康（1867—1947），字授经，号诵芬室主人，江苏武进人。著名藏书家、法学家、律师。1889年考中举人，曾任北洋政府司法总长、财政总长等，后投身汪伪政府，1947年病逝。
③ 高恩洪（1875—1943），字定安，亦作定庵。蓬莱县（今烟台蓬莱市）口上高家村人，北洋时期交通总长、教育总长。

矣。至乎末期，仅能于年节点缀数成，并一全月而不可得，相顾咨嗟，然亦终不至竟成饿莩，则以彼时生活程度甚低也。民十年以前，京官之巧宦者，一身可兼十余差，甚或兼至外省之差，安居不动，坐领干薪，月有收入二三千元者。比及兼差有禁，在部署中虽不能保持，而仍可在中央系统以外之机关，如路局、税局、电局之类，细大不捐，积少成多，优游之乐，仍未甚减也。所苦者，不骛声气之拙官耳。

铮铮露头角之流

北政府中铮铮露头角之人物，试分析之，仍以前清之京官为最具势力，最负才名，如汪大燮、孙宝琦等是；次之则前清之外吏，则如钱能训、周树模之类；此外则曾任前清之幕僚，如熊希龄、张弧等，亦颇不乏。此三等人，各得前代官场之一体，融会而贯通之，便成民国之京官风气。其人大抵雍容和平，勉持大体，缘其更事多，世故熟，头脑究不糊涂，试与接谈，往往一见之下，即知来意，酬答之词，恰如分寸，不待烦言，此种阅历之养成，亦实不易也。前清外吏虽然能磨练盘根错节之才，然至于谙习国故，练达政事，规模宏远，识解洞明，又不如京曹。清末民初，此等人才辈出，若叶恭绰者尤也。其人类多文学素优，声应气求，转相汲引，故负好贤礼士之名，而士大夫亦争附之。

清末新设各部，类皆兼办国营事业，与前此六部之仅居行政监督地位者不同，如外务部有关税机关，邮传部有路船邮电机关，财政部有造币印刷官产机关，是以收入丰盈，京曹坐支津贴，已驾外吏司道养廉之上。又加之粤人多习于豪奢，新设部中，粤籍良多，极尽挥霍之能，虽王公勋戚，亦自视瞠乎其后，于是雪茄一支费十金者有之，每食必具鱼翅者有之，常川雇用中西名厨数辈以应不时之需者有之，饮食歌舞之外，继以弈博。袁世凯虽出身贵胄，却极似曹操，性不喜奢华，尝召秘书长梁士诒面戒好赌。梁巽词曰："不过星期六偶为之耳。"袁厉声曰："星期六乎？恐未必。"嗣是奉系入关预政，此风尤炽，军阀固挥金如土，政客不免竭蹶趋承，或有倾其家者。前清京城中，官吏不能公然挟妓赌博，新邦弛此二禁，好征逐者莫不便之。

秘书人材争相延致

京师人文荟萃，文墨一道，苟有所长，不患人之不知，以其局面宏阔，故但有气类之相从，而不虑同行之相妒。举画家言之，齐白石、汤定之人都皆甚晚，数年间即名动公卿，此犹与京中仕宦无甚渊源者，若有世交前辈之提挈，尤不患无啖饭处。自民元以至十七年间，以政事文章歆动权贵，争相延者，其名辈稍在前者，有如郭则沄、许宝蘅皆自前清已居禁近，稍晚者有如罗掞东兄弟①、黄秋岳、曹纕蘅②，皆其尤表表者。诸人大抵翰墨工敏，真有倚马万言之概，代言各如人意所欲出，余事并工诗词书法，所谓秘书之才，于斯有盛。事考其故，良以民初诸贵仕多从前清幕府中出，气类相聚、衣钵相传故也。

民初之秘书人才能力较诸清末有过之无不及者，殆即应酬文字之发达。京城习俗，婚丧喜寿均喜铺张，若无对联点缀，不成场面。而纸联之中下者，仅须费二三角，送此人情，还可扰酒饭一顿，车夫既得脚力，又得饭钱，人皆乐为之。是以秘书中之专办应酬文字者，且日不暇给焉，而撰写寿屏尤为文人一出路。由今思之，金朱绫绢，视若泥沙，悬挂半日，即为废物，殊不免于暴殄，即丧事之白布挽联，在今日亦是衣被万家矣。

---

① 罗掞东兄弟：罗瘿公（1872—1924），名敦曧，字掞东，号瘿公，祖籍广东顺德，近代诗人、京剧剧作家。罗复堪（1873—1954）名惇暧，字照崖，号复堪，别署风岭诗人，近代书法家，尤擅章草。二人为叔伯兄弟，均为康有为弟子。

② 曹经沅（1891—1946），原字宝融，后字纕蘅，四川绵竹人。擅书法、诗文，著有《借槐庐诗集》。

北京的人情味儿[①]

虽然写下这个题目,其实我脑筋里并没有一个具体的意象,只是朦胧一片。有时对于一个挺熟烘熟的地方或人物,经过了相当别离,反而会想不起他的正确模样来,只是残存一个混然的影子,这大约是任何人全有过的经验,我对于北京,正复如是。假如让我说出理由,真有点讲不明白,大概一个新的物事,我们比较易于看出其特点,譬如一个生人,我们很容易看出他是大鼻子、三角眼等,而熟了以后,就把特点消失,于是即使是非常出奇的相貌,我们也觉得与常人无殊了。这就叫作"安之若素"。北京,要在一个外国游历家看起来,应该有多少稀奇古怪的东西,可是在我们住过十年二十年的朋友中,绝不愿意拿圆顶子的天坛、汉白玉的石牌坊、高大黑暗的太和殿或前门楼子来代表整个北京,北京之所以为北京,绝不在乎这个。

[①] 选自《四十年来之北京》(初辑),黄萍荪编,上海子日社1950年出版。署名:慵庵。

然则我们就算忘记了他吗？这可不能。在中学读书时就念过一篇丘迟《致陈伯之书》，最后几句精彩话，其实也是很平凡的话，有曰："暮春三月，江南草长，杂花生树，群莺乱飞。"据说投降了北朝的陈伯之将军，看了这几句竟大动思乡之怀，当下"反正"回到梁朝来了。丘老先生的笔杆子的确不平凡，十六个大字的妙用，抵得过十六万大兵。然而这也不能不说江南的风物，确有使人恋恋之处，丘公的妙笔，正触在关节上，使那印象朦胧的人忽然清楚了，就发生了"意想不到之效力"。我对于北京，苦无这么十六个字可以形容，乃至一百六十个字也写不出，但其惓怀风物的心思，却是随时可以触发而不能自已的。

现在正是江南春好，马上就让人想到北京的春天来和这里作一对比：有人说北京没有春天，只有冬天和夏天的接续，又说：北京的春天只会刮风，远不如秋天来得爽朗，这些话全不差，可是他们忘了南方从二月到三月那些连绵不断的雨天，我一想到王渔洋的名句"十日雨丝风片里，浓春烟景似残秋"，和吴梦窗的《唐多令》[①]"听风听雨过清明，愁草瘗花铭"，心里就不免起一片黯阴。北京的春天到得迟，其实江南春天也不甚早，只是江南有个"秋尽江南草不凋"，简直可以使人忘记留心于阶前小草、树上新芽。常绿

---

① 原文如此，应为《风入松》。

树与常绿草在冱寒的北京觉得是一种宠爱，到了这里，只觉得太多以至于讨厌。在乡间，北京的春天诚然过于单调，没有小桥流水，菜畦秧田，可是都市中却感不到，假使你住在上海，除了到"人头挤挤"的小菜场去买臭黄鱼以外，还有什么？星期日或假期，也许交易所里动脑筋的朋友放下对讲电话到法国公园去白相相，弄得人山人海，倒又与大马路或小菜场没什么差别！而况去过北京的朋友心里有数，像上海这种公园也配叫做公园吗？公则公矣，园则未也！北方的风沙固是一憾，可是一到旧历四月便晴朗了，事实上北京的春天在初夏，从端午节起，才算正式入夏季。三月中旬以后，中山公园的牡丹正在盛放，而天不作美，往往此时正是狂风乱吹，黄尘滚滚，所以军阀时代，有赏花专车，从天津每天打一来回，也是争取时间之意，否则可能一夕风来，香消玉殒。公园的管事人虽然搭起芦蓬，也不见得管事。如今大家穷得饭也吃不周全，自然也谈不到开专车赏花了。

要领略北京的三昧，其实也不关乎公园的牡丹之类，犹之乎不关乎前门楼子与太和殿，赏花专车只是给有钱趁专车的人们预备的，这些人赏花，不见得就真正懂得"赏"字，花也不需要此辈鸣锣喝道之徒来帮衬。若能够悠然步行，从彰仪门大街到崇效寺去看牡丹，或者比坐汽车到中山公园北海赶热闹有点意思，尽管这里附近有的是菜园子和义地,远处陶然亭窑台上有放风筝的顽童,粪车子也在左右播送着木樨香。我们还要缩小缩近观察的范围,连崇效寺也不须去,胡同儿里的春天,更有使人神往者在。"箫声吹暖卖饧①天",这是南方小城市弄堂中的春天,意境很美,北平呢!卖饧的箫声不见得有,可是连"蛤蟆古都儿"(科斗)全可以拿来卖,你就知道春天怎么送到每一个家庭中了。刚涮出子来的小金鱼儿,衬上从护城河捞来的绿英,多有生意!卖了一冬天白菜的贩子,开始吆喝"菠菜呀,约斤的菠菜"(冬天的菠菜是论把儿的),换些新鲜的颜色,就使你增加若干力气。——南方的菠菜何尝不绿,但因其在南方,就不稀奇了。闲园鞠农作了一部《一岁货声》,把北京终年的叫卖声分月记录下来,不是"老北京"对于这本书一点感情也没有,但如果住在那里十年以上,就会越看越亲切。在手头若有原书,一定可以给你抄下几条来加以"笺注",可惜没有。富察敦崇也有一部很好的富有人情味的《燕京岁时记》,据我看来实在比顾铁卿的《清嘉录》文章好些。就是更古远的刘侗《帝京景物略》,也只能写出北京的"个性",特别是由普遍而又深入观察而来的认识,万万不是住在"府邸"中——北京称为大宅门儿——的王公大人所及知的。现代小说家只有老舍会描摹这样东西,《骆驼祥子》及《四世同堂》中有好些妙文,并不是关乎故事内容的,而

---

① 饧:同"糖"。

是那衬托故事的环境抒写。你若是道地北京人，必有一番会心；闲园、富察及老舍全是旗人，旗人乃是生根在北京的人，他们得天独厚，当然写出来不同凡响。

我说这些事，其实只有一句话，就是于平凡中见伟大。北京的性格原是如此。上海十里洋场，代表的东西是国际饭店、先施公司①，和法租界的花园、洋房、住宅，北京呢，虽然有像前面说的天坛、前门、牌坊、宫殿等等，其实那等于庙宇，或坟墓，是古远的遗留，不是和民生日用发生瓜葛的，上海人则天天得和国际饭店或先施公司一流的东西打交道，上海人的理想则是住洋房坐汽车。当然我不否认北京人也高兴洋房汽车，可是他们绝不肯为这些事劳心焦思，看成性命。所以我们在北京很少看到花园洋房，甚至于私人园林也没有苏州多，他们住一所小小的四合房，摆上两盆红石榴花，或栽两棵海棠树以至枣树，就觉得很"款式"了。王维所说的"云里帝城双凤阙，雨中春树万人家"，上联分明是一种不可企及的存在，北京人看故宫三殿亦即若是，下句却写出一个帝城之为大。万家春树岂不比花园洋房而九千九百九十九家住鸽子笼好？在上海，在香港，在广州，试睁开眼，不是如此吗？我们万不会在北京胡同中感到一点胁迫，两旁的高宅巨邸夹得我们出不来一口气，形容得

---

① 先施公司：上海南京路上第一家由华人自建的百货大楼，开张于1917年10月20日，百货门市部于1954年停业，旅馆部分于1956年公私合营。

我们特别藐小。北京是阔大的,一切全是阔大的,他从来不排挤任何人,也从来不特别欢迎任何人,即使是劳动阶级住的大杂院儿,也有一方院子,有树可以乘凉。特别是楼房最少,大家站在一个地平线上,显着彼此平等。真的,北京的洋车夫实在显着不比住在上房的老爷低,人家也不因为他从前是"黄带子"①,现在"混蹳了"加入胶皮团而另眼看待,这个与其说是宽容,不如就是根本没有那些嫌贫爱富的坏毛病,固然北京号称封建堡垒,然而亲王、郡王、贝子、贝勒毕竟死走逃亡,豫王府变了协和医院,礼王府变作义达里——等于上海之弄堂房子。只有顺承王府变为张作霖、张学良的邸宅,好像犹存封建意味,若醇王府之成为民国大学②,郑王府之改为中国大学,郑王府之改为辅仁大学③,端王府之改为北大工学院,倒还真正作了民主的堡垒了。贵族遗留的势力没有了,可是那点礼数,那点涵茹,却影响了整个社会。我们把抽鸦片烟、娶姨太太、听京戏、提笼架鸟当作封建习气自是不差,然而对于饭馆的堂倌对饭座儿那点礼节:"你来啦,楼上看座儿!""你够了?让给我吧?""你走?送座儿!"也认为应该革命的虚文,我觉得

---

① 黄带子:清代宗室的别称,为努尔哈赤生父塔克世直系后裔,腰系黄带子;叔伯兄弟的旁系后裔叫觉罗,腰系红带子。带子是血统身份象征,可升可降。
② 醇王府分为老府和新府,此处指老府,位于鲍家街,现为中央音乐学院所在地。
③ 原文有误,辅仁大学位于定阜街,是涛贝勒府的花园和马厩。

很不必。任何人对于礼貌的接待总比冰桶强，而况北京人的客气与老实相连，不完全是虚文呢！举例言之，在北京虽也曾有过吃仓、讹库、滚车沟、打群架的混混儿流氓，可是自从警察成立，居然就少见了，反之，最先洋化的上海滩却老是白相人、闻人、大亨执掌大权，谁也惹不起。没有听说北京演戏的得拜过房爷，也没有听说在社会上找碗饭吃得认老头子。这样比较下来，究竟北京之所谓封建势力何在？我们就不能不疑惑了。假使有人问，旧封建势力是无耻、贪污、低能的集团，这回我则要报之以哈哈大笑，因为他老先生可谓"难得糊涂"了！

守旧、保守，就是守旧保守，千万莫在西服的头上戴红缨帽。这是殖民地文化的表现，是半瓶醋先生的拿手作风。一面摆经史子集，一面摆冯玉奇、王小逸的是报纸本子，外带卖自来水笔、内幕新闻杂志，实在不大顺眼，北京人是不作兴的。大栅栏内联升不卖皮鞋，等于琉璃厂邃雅斋①不卖《唯物论》。据说伦敦人还有点油灯或煤气灯的，并不妨害伦敦之为近代大都市。北京至今没有"殓仪馆"也没有那么些"大酒家""大饭店"，可是他自始至终有"杠房"，有"饭庄子"。一两百年以前通用的红白大事执事，现在还在"一份儿""半份儿"的讲价钱，六十四杠、三十二杠

---

① 邃雅斋：旧京知名古籍书店，1925年由著名篆刻家张樾丞出资开设，1958年并入中国书店。

也得有分寸，不能乱来。连撒纸钱的还得专找"一撮毛"呢！就不用奇怪，为什么吃丸药非上同仁堂，买酸梅汤非上信远斋，紫毫笔、白折子讲究清秘阁了。我说，有中国一天，留一点这种老玩意儿也不错，其意义着实比用轮船把国宝运到伦敦去展览大些。这才是活历史、活文献，比教科书上讲半天莫明其所以然强得多。孟子曾说："所谓故国者，非谓有乔木之谓也，有世臣之谓也。"我以为不然，世臣不能永远活下去，乔木却可以传上千百年。听说傅作义为了开辟飞机场，把先农坛的老柏伐了不少；这笔损失，也许比把整个北平去了不在小处。天下逛公园的到了北京全都"叹观止矣"，并非北京公园的水比西湖大，草地比虹口公园广，乃是因为那些亭台楼榭可以发思古之幽情，朱启钤布置的中山公园所以值得赞赏，正因为他的设计可以和旧的相调和，不属于"洋式门面"那一套。北京人也很看重自己的家当，袁良作市长的时代，曾把将腐朽的前门五牌楼和东西四牌楼改建钢骨水泥的，式样仍旧，且更加宽大，按说本是一件好事，可是北京人就很不开心，说袁某把木料卖了钱，甚至有人说那是楠木、檀香木，比洋灰值钱得多。这种谣言十分可笑，然而也很可爱。——北京就是北京，东西虽则老了，也用不着你操心。不是在故宫古物南运的当儿，竟曾有人卧轨力争吗？

保守不完全是顽固，无伤大雅的历史传统、习俗，何必不让人民有点自由？有点精神的慰藉？清明节去上坟，八月节度中秋，绝不该与专制君主贪污政权视作同科。北京保留了旧的，可有时候正从这旧的上面长了新芽。程大老板①传到谭鑫培是一变，谭叫天到马连良又是一变；陈德霖到梅兰芳一变，梅兰芳到程砚秋又一变，可是大家全说京剧是牢守家法的。五四运动起于古城，广东革命多是北方教授南下参加，此又一事也。学术上也有京派和海派之分，反而京派是进步的，海派是保守的。唐文治、胡朴安、柳诒徵之学，只能传习于大江以南，如到北京，一定遭排斥。胡说剥士②所自负的"文化运动"，"五四"是北京的撒手锏，这是尽人皆知的了；其实在学术上，这里老早就走反传统的路子，章太炎大弟子钱玄同拜崔解甫为师，崔是康有为的私淑门生，由古文到今文，正是一百八十度大翻身。钱氏之外，五马三沈之中的马幼渔、沈兼士，都是章门，而都"谢"了"本师"。史学界的疑古，小学音韵方面的捧高本汉，Falgren，考古界抬出伯希和、斯坦因、斯文哈丁③，皆是北方的事。这个时候，上海还正在风行徐枕亚的《玉梨魂》，或者请郑探花、刘状元点主呢！哈同花园里的王静安，终于也被清华大

---

① 指程长庚（1811—1880），清代徽剧、京剧表演艺术家，"老生三鼎甲"之首，同光十三绝之一，三庆班班主，曾为内廷供奉。
② 原文如此，应指胡适博士。
③ 今作"斯文·赫定"。

学国学研究所所罗致，而离开"苍圣明智大学"①与"广苍学窘"②了。

不过这儿究竟有个限度，即是雅量涵容，陈汉第、林琴南、与胡适之同时讲学，在近日大约怕是各学校都不可能的事。

---

① 今作"仓圣明智大学"，又名哈同大学，位于哈同花园内，因仓颉而得名。由哈同的夫人罗迦陵创办，管家姬觉弥（又名姬佛陀）担任校长，于1915—1923年间存在。曾聘请康有为、王国维等人任教或挂名，偏重中国古学，培养了不少人才，也有一些争议。

② 今作"广仓学窘"，"窘"通"群"，又叫广仓学会。与仓圣明智大学一同创办，曾出版一些学术丛书，王国维的著作在此出版。

北京味儿[1]

自古道北方是膻酪之乡，那种口味是南方人所不惯的。尤其是生葱大蒜的气味，十有九个南方人都不敢请教。然而秋高气爽之际，寒气初凝，肥羊正好，几个人敞着衣襟围着火炉，烤着羊肉，和脂麻[2]烧饼同吃，虽然是胡俗，确是别有风味。北方一切生活情绪总是那样浓重阔大，直截痛快，地理环境有使之不得不然者，因为天气太冷，所以不得不采用烧烤的烹调，又因为火气太重，不得不拿生菜来调剂。我想善于冷食的莫过于北京人了，在寒风凛冽堕指裂肤的长夜中，可以买到脂红玉白的水萝卜，还有那家家必备能解煤毒的腌白菜，一嚼之后，凉生肺腑，酒后食之，尤为妙极。冰糖葫芦是各种鲜果如葡萄、荸荠、山查[3]、核桃之类浇上冻凝的糖汁，外脆而内柔，也是别处所绝吃不到的。真正北京饭

---

[1] 选自《四十年来之北京》（初辑），黄萍荪编，上海子日社，1950年出版。署名：萧志。
[2] 今作"芝麻"，《本草衍义》作"脂麻"。
[3] 今作"山楂"。

馆中，当三伏天气，第一样拿上来的是冷盘，用冰块拌着鲜菱藕、莲子以及核桃，尤其什刹海一带的饭馆，本地风光，随摘随吃，还可以凭阑消受湖边的荷风柳月，不愧为消暑胜境，较之电器冰箱中拿出来的冷饮，更饶自然之趣。然则北京人不独善于浓肥之味，其能利用丰富的蔬果，也颇值得效法的。

讲道地的烹调，北方究竟不免过于单调，北京是个四方游客云集之地，所以不能不有调和南北风气的馆子，于是山东馆兴焉。山东人本来在北京人中最善于经商，北京许多重要商业都在山东人之手，他们的生活方式自然很可以影响一班大众。不要以为山东人是侉子，济南风土之清秀不亚江南，古人已有定评，沿海一带，文化尤为发达。就是鲁东，从前运河驿道所经，也很殷盛，他们恰好处南北之中，所以两方都容易接近。其口味的特点，在乎以清腴救过浓之弊，只是我们觉得汤菜太多，未免单调，也是一种缺憾，但北京菜之中，够得上讲口味的，总要推山东菜的了。

民国初年是银行事业极盛之时，银行中淮扬镇一带的人较多，而清末民初之间，京城有几个显者，也是此中人，所以淮城厨子也走过运。次之便是闽菜，因为福建人团体最坚，乡谊最重，而他们的口味又是那样特别，非此不欢，所以势力殊为不小。至于川湘菜，在南都虽然占重要位置，而北部却始终不曾十分发达过。

回想我们耳目所接，六十年来，始而科举应考，继而捐班引见，又继而学校宏开，又继而议员麇集，又继而军阀政客，此仆彼起，哪个不要进进八大胡同，听听京戏，上上北京馆子，最低限度，总有些三亲两友，往来酬酢。北京的风气，考究吃的都不喜欢在家请客，其原因是从前京官都住在南城，离酒食征逐的地方都相近，无论选色征歌，都很方便，在家反不免有些拘束，而况馆子里可以代你送信请客，其待客之和蔼周到，规矩内行，又是独一无二的。你倦了醉了，可以躺在极干净炕上，饿了可以先吃点心，菜吃不完可以马上送到贵宅。非但此也，前清京官上馆子，照例是不惠现钞——现在可不行了。你是甚么功名，翰林几时可望开坊①，部曹②几时可望得京察③，你的座主、同乡、世好、姻亲有些甚么阔人，平日都打听得清楚，若是军机章京、都老爷④，更是趋众惟恐或后，他们绝不怕你漂账，等你放了外任，就来收账了。久居古都的人，总还想得起这种故事，北半截胡同广和居，是最有名的老菜馆，相传有何绍基所署账单，上面写着"子贞亲笔"。这件宝贝，后来广和居歇了

---

① 开坊：明清时翰林院中修撰、编修、检讨等官员升迁至詹事府的职位，称为"开坊"。后泛称翰林院的官员升官。坊，即春坊，詹事府的别名。

② 部曹：指各司衙门的官职。

③ 京察：明代吏部考核京官的一种制度，三年一考，考为一等可以升官。

④ 都老爷：明清时对都察院官员的俗称。

业，不知归于谁氏了。北京的规矩，店铺都有铺底，辗转互相授受，这是要出钱买的一件产权，买来之后，尽管另换招牌，这种手续叫作"出倒"。

张之洞、樊增祥的诗中都提到广和居，虽然是北方馆，可也是一班南方士大夫捧起来的，所谓"潘鱼"是苏州潘炳年，所谓"吴鱼"是吴均金，所谓"江豆腐"是安徽江澍畇，光绪末年，又有韩朴存教以锅烧猪肘，叫作"韩肘"，民国十七年以前，四壁挂秦树声、章华、邵章诸人的诗字，都是宣南寓客。最后曹经沅在故都，还替他鼓吹过一番。然而无论如何，雅人深致总敌不过庸耳俗目，人家都要想热闹地带，请些不伦不类的客，吃些不甜不咸的菜，谈些不痛不痒的话。至于曲巷闲坊，花晨月夕，二三知己，杯酒论心，久矣乎无此风趣，而况广和居的主顾，都是贞元朝士，久已寥若晨星，反不如西四牌楼的白肉馆①，倒还有些普罗的引车卖浆之流，作座上客，他们所谓明朝传下来的肉锅，成了北京城稀有的历史古迹了。

北京的烤羊肉虽然美，然而只宜于秋冬，四季咸宜、雅俗共赏的还要推烧鸭，这件事西洋人捧得最起劲。他们说北京的特色是三D，第一是鸭子，第二是灰尘，第三是外交团，Duck、Dust、Diplemats.三个字的英文字母，想以D字起，这

---

① 指西四牌楼的砂锅居，以烧燎白煮著称，以清代王府祭祀煮白肉发展而来。

话原是东交民巷的人说出来的,连他们自己也算在内,真是语妙解颐了。自同光以来,除掉公车士子,引见外官,议员军阀政客之外,外交团确也增加辇毂①不少风光,他们观光的志愿尤其虔诚,玩起来比中国人更会玩,甚么怪地方怪事情他们都能找到的。北京士大夫的作风,魔力真不能算小,连万里外的大腹贾和仪态万方的贵妇人都极羡慕而揣摩得惟恐不似。他们最对胃口的是红绢官衔灯笼,挂在大门口,原是非常壮观。只可惜现在的政体不容许红缨帽的存在,然而有一个小国的使馆至民国二十年左右,还用这种装束的看门人。他们认为北京的脂麻烧饼与小米粥是世界最可口最富营养的平民化食物,天天都吃不厌的。北京的土炕与纸窗,中国人铲除之惟恐不尽,我们租房子以拆土炕与换玻璃窗为第一条件,他们租房子却要房东替他们把土炕纸窗修起来。的确,外国文化人看着北京房屋那样宽敞舒适,庭院那样宜于养花养鸟,而狗与猫又都那样可爱,买书、借书、收古董又那样便宜,雇佣人又那样廉价服从有礼貌,街上的平民生活又那样简朴和平、易于接近,在西山庙宇里租上几间房,可以穷奢极欲畅所欲为地过一个暑假,就是把一座庙整个买下来,也不是一件难事,谁不感觉到北京士大夫的自得其乐呢?大约这三十年总养成了不少的外国"北京迷",他们古书房里堆着满架的线装书,甚至堆到地上,还要帮办笔墨应

---

① 辇毂:皇帝的车舆。

酬,写信给中国人,一定要称仁兄愚弟,接到帖子,一定要请一位先生送对联。平日的起居,早晨是不起来的,经常的消遣——或者也可以说事业——就是逛旧货摊。至于听戏吃馆子,那更是头头是道了。

凡是西洋人记北京的书,几乎无一部不提鸭子,吃鸭子的地方,总是叫作便宜坊,内行的人晓得真便宜坊在米市胡同,其实也不一定真的才格外好,后来文化经济集中内城,也就少有人专程跑到城外去吃了。鸭子一个个标好了价目,你要吃多少斤的,他先拿给你看明白了。再给你片来,一碟又一碟,和生葱蘸酱,裹以花卷,七八个人也觉吃他不完,临时还拿鸭骨头炖白菜,愈觉清香,一洗腥臊之气。妙在味既美而价又廉,既简单而又不单调。

北京菜馆有一点应该做到的优点而从不曾做到的,就是不能利用第宅园林的结构来增加酒食嬉游的兴趣。人生衣、食、住三个条件是如连环不可分离的,在优美的环境里,眼对绮罗清艳,再品着美酒佳肴,不是尤为圆满么?为甚么喧嚣局促污秽的局面不肯改革呢?《负曝闲谈》里所描写的致美斋,窗外是煤,煤堆旁是溺窝子,的确始终没有改过。别的都市,寸金之地,找不到宽闲地方,那还罢了,北京甲第连云,洞天福地,所在皆有,何以不能利用呢!像广州的南园,虽然地势不宽,而布置何等曲折幽静呀!最可惜的是中央公园,有那么好的环境,而致美轩、春明馆一带,还是和市井一般的布置，并没有小院回廊，也没有锦茵绣幕，太与外间的苍松怪石画栋朱楹不相称了。

假使有一家私人的园林，能供应上等的烹调，庶几方可为故都生色；谭家菜就是这样产生的。谭名祖任，广东南海人，家世清华，讲究书画，喜交游，好饮馔。在抗战前后十年间，谭菜的声光真了不得，足可算得故都风光最后一段精彩。在这个期间，士大夫都已南迁，故家乔木可算沦落殆尽，旧梨园供奉的声客，也已成广陵散，海王村畔，所寓目的尽是些不堪入目的赝品古董，一切景象，万分消沉，只有这一点还是硕果。

本来广东菜馆在故都不甚出色，只有粤籍寓公的私家做出来的，才能代表真正的岭南风味。谭家的女眷能亲自入厨，他在米市胡同的南海会馆收拾出两间精雅的书斋，虽不算是甚么园林名胜，然而谈起戊戌政变时逮捕康氏弟兄的一段掌故，座上客却不能不为之感慨低回。始而几个文人轮流在这里置酒延宾，既而声名越做越大，耳食之徒，震于其代价之高贵（在抗战初期，要一百块钱一席），觉得能以谭家菜请客是一种光宠，弄到后来，简直不但无"虚夕"，并且无"虚昼"，订座的往往要排到一个月以后，还不嫌太迟。他只有一间餐室，而又不肯"外会"，还有一个条件，请客的一定要连主人请在内，所以谭君把鱼翅吃得肥到气喘不安，终于因高血压而送命。然而那种时期，士大夫隐于厨传，究竟不失为一种寄托，是值得称道的。

  谭菜的拿手在鱼翅，这一大盘鱼翅真是纯净而腴厚达于极点，吃了之后，也不想再吃别的了。所以继之以一碗清炖草菰汤，不着油盐，纯取其真朴。还有一样著名的白斩鸡，据说是开水烫熟的，所以其嫩非凡。末了杏仁菜和甜点心一上来，就知道"观止矣，虽有他乐，不敢请矣"[①]。若是你还坐着等饭和稀饭，那就是贻笑大方的大外行了。到了客厅，然后用极精巧的茶具请你喝铁观音茶，这也是非内行不会喝的。

---

① 此系吴公子季札使鲁观周乐之辞，出自《左传·襄公二十九年》。

故都二老[1]

故都近来有两位八十以上的老画家,齐白石与黄宾虹是也。濒老(白石字濒生,他的名字叫璜,取田于渭滨之意,于今果然年尊望重,竟成预兆)他的住宅是他自己卖画钱积蓄起来购置的,他素有善于居积之名,据说房产不止一处,所以晚景颇为不恶。只因小心过甚,房门箱匣,钥匙累累,佩带随身,好像减少了雅人风趣,其实他为人是极慷慨而重风义的,其雅在心而不在形式。宾老在北平只住了十年,中经离乱,闭门不与外事,自得其乐,与濒老同,而精神之健似犹过之。濒老室中,从来不挂一张字画,座上也没有一样古玩,除作画外,没有别的嗜好。宾老则一间斗室,虽然小到不足回旋,而所读的书,从地上一直堆到顶篷,顶篷已经坍了下来,书沾了雨,他也不介意。他的书并不讲究版本,但是很多专门而罕见的。他尤其喜欢搜罗乡邦文献,考证表

---

[1] 原载上海《申报》1948年8月18日,第8版"自由谈",署名:铢安。

彰，不遗余力。案上堆满了古印、古玉之属，虽然自己不再刻印章，对于金石文字，仍常常有新的见解，喜欢用籀文写联语，随手送人，毫不吝惜。求画的人虽然很多，每天早起，还要用粗纸临古人的画，完全为的是自娱，不杂丝毫名利之心。他的物质生活简单之至，然遇琉璃厂人送字画来，只要真是上乘，他不惜重价收购，比人家买他的画，出的价高多了。出其余技，从事园艺，在尘封蠹蚀的书架上，可以发现他手种的菖蒲，在北方干冷的气候中，这是很不容易做到的。尤其矮矮的一扇板门旁边，恐怕只有三尺地，手种了一丛瘦竹，真令人消尽尘俗之气。宾老现已南归，他的北平故居，不知将来谁写入"续日下旧闻"矣。

良乡栗[1]

良乡是北京南面第一个县,也就是京汉铁路南来所经的第一个县。县的建置来历可以追溯到西汉,虽然相当的古老,然而并不出名。既没有发生过重大的史事,也没有产生过特殊重要的人物。可是每年一到秋冬天,上海的市街上到处可以看见辉煌夺目的良乡栗子几个字。这是这个地名的特别走运了。

提到炒栗,可也不算是一回小事。《辽史》里有这么一段记载:萧罕嘉努[2]是南京的栗园主管官,皇帝问他有什么新鲜的见解,他说:"我只有炒栗子的经验,别的我却不懂。大凡炒栗子的时候,小的熟了,大的必生,大的熟了,小的必焦。所以一定要大小均匀,才能尽美尽善。"这段话含有很深切的意味。也可以证明一千年前,炒栗子至少在北方已经盛行了。原来辽代的南京正是今天的北京。至于所谓栗

---

[1] 原载上海《新民报晚刊》1956年11月12日,第6版,"旧话重谈"专栏。署名:向平。

[2] 《辽史》本传作"萧韩家奴"此处据报刊底本未改。

园，据后人考证在固安县，固安也在北京之南，和良乡正接界，固安产栗，也是从古就有记载的。

炒栗子的风俗最初传到开封。北宋时开封有个炒栗子专家名叫李和，驰名远近，别人无论如何仿效，总赶不上他。后来北宋亡了，开封归了金国。金国的京城也在北京，因此炒栗子的李家又回到北京作他的买卖。某年南宋的使臣到了金国，忽然有人拿了炒栗子来送给正副使各十包，随从的人也每人送一包。问他姓名，才知道就是李和的儿子。说罢，掉下眼泪来。南宋的使臣们大为感动。这事见于陆游的笔记，写出遗民的心理沉痛非常。

搭棚与裱糊[①]

北京著名的工艺中,有两种最为旧时代所称道。其一是搭棚。搭棚之奇,不奇于高大,而奇于曲折严密,和真的房屋差不多,甚至于反胜过真房屋。北京的旧式房屋大都是四合院,没有南方的大厅堂,遇有婚丧大事,不能容纳多人,所以必须在院子里搭起棚来。这种棚一样有玻璃窗,有房间,冬天可以装火炉,夏天可以通风,也不怕雨淋日炙。一装一拆,不过费几小时的工夫。现在这种需要不多了。不过假如开起大规模的展览会来,恐怕还是很适宜的。

光绪年中,故宫的太和门(天安门内的一重门)失火烧掉了。这时正逢光绪的婚礼,要重建万来不及,于是就用芦席棚照原样搭起来,加上彩绸装饰,壮丽辉煌,竟与真的无异。北京的耆老至今还惊叹这种工人的技巧。

另一种是裱糊匠。无论什么破旧的房屋,经他一糊,

[①] 原载《新民报晚刊》1957年1月13日,第6版,"旧话重谈"专栏,署名:向平。

立刻觉得窗明几净，一尘不染。并且无论什么曲折隐微之处，都可以一丝不漏。讲究一点还可以加上花纹，所费也并不多。

相传有个著名的裱糊工人，手艺最高，被宫廷知道了，要试他的手段，发出一个葫芦，派他在里面糊一层纸，而且限期要交上去。他想了想，找了些极锋利的碎磁片，倒在葫芦里面，尽力摇来摇去，把里面刮得比较平滑。然后把溶解了的绵纸浆倒了进去，停一会，再流出来，等里面干了，再倒一次。如此者若干次，等纸浆已经在里头浸得面面俱到，而且干透了，交了上去，把葫芦打破一看，果然有一层细绵纸糊在里头，天衣无缝。这事是见于前人笔记的。

宋朝洪迈的《夷坚志》也载有相类的一件故事。宋徽宗拿了十个窄口的琉璃瓶，叫首饰匠在瓶里面镀金。没有一个人不说琉璃要碎，经不起火，无法动手，不敢应承。后来一个锡匠说："这有何难？只消一天工夫就可以镀好。"人家都要看他怎么镀法，原来他把金叶在瓶子外面先包好，取下来塞进瓶子，用筷子在里面搅一搅，使金叶大致贴合瓶里。然后慢慢灌入水银，掩住瓶口，来回摇荡。过了一会，将水银泻去，金叶就完全贴住在瓶里了。这个锡匠的智巧更值得称赞。

北京的冰[1]

前些时报载北京已经开始藏冰了。这藏冰的故事是南方人所不大熟习的,也很值得谈谈。北京一向保持上古的传统,冬天把天然的冰块砍下来收在地窖里,一直保存到第二年的夏天,由冰窖分送到消费者手里。其用处极广,其取价极廉。平常人家都有冰桶的设备,每天放一大块冰,可以半天不化。既可保存食物,又可冰浸水果冷饮。李慈铭的《越缦堂日记》里曾经举出冰桶、凉棚、冷布窗三样东西是北京夏天最好的享受。特别是卖冰的用两个铜盏叠起来敲,其声清越而悦耳,住过北京的人总有点留恋不忘。

每逢三九节候,湖水全已结成坚冰。冰窖的人走到北海的中心,用大斧尽力砍伐,砍成绝大的长方形立体,然后用巨缆捆起来,在湖面上拖拉着到窖里,这个工作是很艰苦的,劳动者冒着刺骨的寒风,与冰雪作斗争,必须用不透水

---

[1] 原载上海《新民报晚刊》1957年1月15日,第6版,"旧话重谈"专栏,署名:向平。

的皮制裤将下肢完全包裹，不然真要冻脱脚趾。《诗经》里《七月》一篇曾经描写过："二之日凿冰冲冲，三之日纳于凌阴。"这正是说夏历十二月砍冰，正月收入冰窖。凌阴就是地下阴森森的冰窖。这个风俗在古代非常重视，夏天需要冰比冬天需要炭还要紧。几千年后，读这诗还如在目前。

在北京的夏天常常可以看到一种奇特的景象。上面是赤日当空，行人汗流浃背，而街上拉冰的车只用一块芦席遮蔽，冰并不融，仅仅留下点滴的水而已。这是因为冰块实在太大太坚，阳光即使直接晒着，也起不了大作用。不过从冰窖里拉出来，不免杂有污秽，作为食用的冰是不卫生的。将来终会为人造冰所替代了。

年宵摊与厂甸[①]

广东风俗有所谓年宵摊。从夏历十二月廿六七日起,到春节前一日为止,在街头巷尾陈列百货,争奇斗异,惹得游人如鲫,昼夜喧阗。近来此风在香港也很盛,有友人来信谈及年宵摊中百货以鲜花为最出色,而鲜花之中又以梅、桃为最昂贵,一枝有售价合人民币七八元的。粤地气候温暖,和内地的成都、昆明一样,每到夏历新年,已经可以见到红紫缤纷,因而人们也特别富有爱花的习惯。南国风光是谈起来就使人神往的。

由年宵摊不能不联想到北京的厂甸。这两种性质极相像,而时间却恰好互相参差。年宵摊终于春节之前,而厂甸则始于春节,一直到元宵,甚至于延长到元宵后两三天。一是为过年做准备,一是供过年的消遣。若论规模之大,当然要推厂甸。当初这地方本来是烧造琉璃砖瓦的工场,属工部

[①] 原载上海《新民报晚刊》1957年2月11日,第6版,"旧话重谈"专栏,署名:向平。

管辖，所以名为琉璃厂。因为地方空旷，而又离市中心近便，所以成为一种市集场所。每年腊月，就由各商家联合搭盖芦席棚。凡是售卖书籍、字画、珠宝、玉器、金石、文玩比较高等的货色，都陈列在棚里，观众可以鱼贯而入。曲折回环，巡视一周，须费不少时间。其实这些货色平常在店铺里也是可以买到的，到了新年，索价还要贵些。但是观众取其便利，也总愿意趁此机会观光一下。真正在这里购买名贵物品的当然不多。倒是路旁地上摆的小摊，很有些新奇可喜而价廉的东西，独具慧眼的赏鉴家往往能得到奇遇。这些也无非是后门一带小市里收来的荒货，在物主卖出来的时候，全是三文不值二文，一到了厂甸，就会被真正识货的或者是特别爱好的人收去了。自清末以来，经过几次变故，宫廷府库累代的收藏都散入民间，虽然珍品早已善价被人买去，甚至流入异国，剩下来的零缣断璧也还很富有文物价值的。

三十年前住在北京的知识分子没有不喜欢逛厂甸的，甚至冒着大风严寒天天去也不厌，每天必有些小收获。最使人低回不忍释的是旧纸、旧墨、旧黄历、旧搢绅（职员录）、宣德炉、粉定霁红的小磁器，都是一天少似一天，可遇而不可求的。因此又想起清初的人经过明末之乱，也有同样的心情，不过那时集中地不在厂甸而在慈仁寺，王渔洋一班人都极爱逛慈仁寺，曾经有人在这里买到一张熹宗乳母客氏的名片，觉得珍贵得了不得。

无论逛庙逛厂甸，只要耐烦留意，可以增进鉴别古物和书籍版本源流的经验，甚至在书摊上翻书就能吸收不少学问。清末李慈铭在他的大门春联上说"老恋京华读异书"，北京确是值得留恋的地方。

北京的杂技[1]

有些杂技是真功夫练出来的。在旧时代里，虽然得到广大群众的赞赏，可是不为文人所称道，因而姓名不能彰显，这是可惜的。

清末北京的杂技艺人就不少可传的，而记载中很少见，只有《便佳簃杂钞》[2]中有一篇记坛子王的，写得很生动。据说这人住在麻线胡同。身材高大，秃顶，穿短衣。所用的是一个大绍酒坛，打磨得光滑非常，面上还画着金龙五色云。一只手提起来，还有丁丁当的声音，这是因为坛里头装有铜铁碎片的缘故。他的玩法，最精彩的是坛子在额上滚来滚去，不粘不脱，忽然用头向上一顶，坛子冲到屋梁，又复坠落地上，隆然一声，地都觉得震动，而坛并不破。玩到后

---

[1] 原载上海《新民报晚刊》1957年2月27日，第6版，"旧话重谈"专栏，署名：向平。

[2] 《便佳簃杂钞》多载同、光、宣三朝掌故，史料颇多。作者沈宗畸（1857—1926），字太侔，号南雅、孝耕、繁霜阁主，广东番禺人。二十五岁中举后供职光禄寺，三十岁时因病耳聋，由此离开官场，热衷诗文。为南社成员，著述极多，曾与徐凌霄、袁克文、徐半梦并称为"京师四大才子"。

来,并不用手而用臂,用肩,用腰,用膝,上下左右,忽离忽合,只觉满身都是坛,满台都是坛,起初还看见人在坛影中舞蹈,后来就只见有坛不见有人了。最后这人忽然倒在地上,仰卧不动,坛从屋梁下坠,正中在鼻子上,人家都以为一定要受伤了。谁知他用鼻尖一努,仍旧舞弄起来,好像踢毽子一般。临了,坛子立定在地上,人又立定在坛子上,向观众道一声:"坛子王献丑。"无不拍掌叫绝。

又盲人王玉峰[①]以三弦出名,能在三弦上弹出各种声调。据说也曾经到上海献过技,可惜享年不久。又济南有个姓邱的,能用一弦一弓传出生旦净丑、金革丝竹各声,无一不肖。

又河南人陈青山奏口技,自带一副小布幔[②],一根木尺,躲在里头可以摹出男女老少嬉笑怒骂以及风声、水声、鸡犬声等等,由远而近,由简而繁,使听者感觉得如身历其境,等到木尺一敲,布幔一掀,原来空无一物。

这三个都是光绪年间的人。

[①] 王玉峰能在弦上模仿京剧演员的唱腔,称"三弦弹戏"。能弹奏二十多出,最拿手的是《空城计》《二进官》和《韩琪杀庙》等。
[②] 布幔:布制的帷幕。

厂甸回忆[①]

每到春节，到过北京的人一定不能忘记厂甸的游踪。在旧时代里，年龄、性别、职业以及文化程度不同的人，很难在同一场合中满足个人的兴趣，只有厂甸是任何一种人都爱逛的。妇女们喜爱的是花粉首饰；儿童们得到他们的玩具；风雅的文人则流连于书籍字画文玩。至于有特殊兴趣的人们，也往往能找到廉价而对他们适用的东西，例如钟表、照相机、望远镜、仪器，以及茶具、酒具、烟具之类。从新春到灯节后的大半个月中，无一天不是人山人海，水泄不通。纵然遇着大风雪的日子，去的人也并不减少。为什么呢？因为大家都预料到买的人少，卖价就更可以便宜些。

每逢看见古旧的用品陈列在地摊上，不禁要想起五六百年中的北京，不知聚积了多少封建王朝向劳动人民榨取的贡品。从明朝起，每种用品都有一个库，每一个库到现在还成

[①] 原刊于《新民报晚刊》1958年2月28日，后收入科学普及出版社编《祖国的风光》第1集，科学普及出版社1958年7月出版，署名：向平。

为一个街道的名称，大的如西什库，小的如缎库、蜡库、颜料库、帘子库之类。这些库都在宫禁以外，历来都被典守的人盗卖自肥。经过几次变乱，库物流落外间的更不可胜计。据我所知道，即在辛亥以后，还有些库存的东西，从明朝以来未曾动过的。我们爱好文玩的人，在四十年前常常能用廉价买到外间所无的旧纸、旧墨，以及作画用的上等颜料。还有明朝的瓷器、铜器、玉器等等，都是极有价值的文物。

前人笔记中谈到在北京买旧货的趣事很多，虽不一定是从逛厂甸得来的，也总是大同小异的传闻。其一是某人带着他的小孙子走过货摊，看见一方紫檀界尺，孙子一定要买，买了回去，拿来东敲西打，忽然有一天，界尺的一端脱开一条缝，再用力一敲，原来里头还有抽屉，抽屉中间用棉花裹着十颗绝大的珠子。又其一是某人在古董摊上看见一个小皮垫，花了两百钱买来，垫在腕底写字。过了些时，皮子缝口的地方绽开了，索性把它拆开，原来中间藏着苏东坡的字、倪云林的画各十张，卖出去得了二千两银子。这话不像是假的，古人对于字画不像今人喜欢装裱。我听见已故名画家黄宾虹亲口对我说：他的徽州故乡，大家族往往有几百年不移居的，房屋建造又极坚固，他们的书楼上所藏书画，代代相传，很少打开。据父老说，在咸、同以前，竟有董香光[1]的真迹从未裱过的。所以在清代发现宋元真迹不加装裱，不是不

---

[1] 董香光：即董其昌，号香光居士。

可能。

　　新春逛厂甸的风俗究竟始于何时，没有人考过。北京的庙市是从明朝就发达的，厂甸的市集也就是庙市的扩充。

北京建置[1]

凡是到过首都的人，一看见正阳门和天安门，必定对于高大坚厚的城垣，宽平齐整的街道，种种庄严宏伟的气象感到肃穆而亲切。

的确，六百年前规画北京建置的人，眼光是远大的，胸襟是广阔的。那时就打破了传统的拘束，奠定了永久的规模。一座皇宫位置在中心，前面是政府官署，后面和左右是市街，西面留出风景区作为点缀。当初原只是两道城墙，一是围着皇宫的紫禁城，一是大城。乾隆年间，才在紫禁城之外加筑一道皇城。对于交通，不免增加了一层障碍。至于大城以外的外城，是明朝末年推广的，因为工程过于浩大，只筑成南面的一道，而其他三面始终不曾完成。所以现在整个的北京城成了一个凸字形式。除了添筑的这两道城墙以外，大体上还都是初建时的规模。站在城楼上一望，街道笔直，

---

[1] 原载上海《新民报晚刊》1957年5月5日，第6版，"旧话重谈"专栏，署名：向平。

树木葱茏，但觉整齐，不觉拥挤。唐诗上所咏叹的"云里帝城双凤阙，雨中春树万人家"[①]，料想也不过如此。可惜过去的统治者管理不善，侵盗公地，破烂失修，路面坎坷，沟渠阻塞。北京的市容反而被人作为讥笑的话柄。这是后人不肖，辜负了祖先的期望。到了今天，才使旧的面貌焕然一新。

追溯从前汉、魏以来的都城，固然也很伟大，但都是几部分合组而成的，不是一气呵成的布置。即如南京，还有六朝的遗迹，原来就是几座城各自存在的，明初建都，不过筑了一道城墙，顺着不规则的地势，一概包罗在内。论起高度和长度，虽胜过北京城，无奈不成完整的体系，总嫌缺乏计划。只有唐代的长安，虽然也受地形的限制，然而中间开辟一条朱雀大街，两边整整齐齐各为五十四条街道，比较和北京还差不多。中古时代，似乎有一种思想，不愿意把都城的内容完全暴露出来，以为有碍城防的安全。据说宋太祖建开封城的时候，原拟的图样是整齐的，他却拿起笔来在图上弯弯曲曲一改，说街道要照这样布置。宋朝人还很称赞宋太祖的老谋深算，见解不凡。其实后来金兵围汴，何尝因此而受到丝毫阻碍呢？宋朝人比较是因陋就简的。所以宋朝出使到

[①] 出自王维《奉和圣制从蓬莱向兴庆阁道中留春雨中春望之作应制》，全诗为："渭水自萦秦塞曲，黄山旧绕汉宫斜。銮舆迥出千门柳，阁道回看上苑花。云里帝城双凤阙，雨中春树万人家。为乘阳气行时令，不是宸游重物华。"

辽金的人,都看到辽金都城的壮丽而惊讶不止。辽金的都城就是现在北京城的前身。

顾亭林说:据他在各地的体验,凡是唐朝的旧州城,城墙必定高厚,街道必定平直。可见唐人气魄是雄厚些。北方的大城市,很多到今天还保持这样的规模,可能人烟稍为稀少,显得空旷寂静,而当日的雄壮美观的布置仍然可以想象得出。不像南方城市的狭迫欹斜,不能展布。

当然,北京具有特别有利的条件。地势平坦,可供无限地扩展,西面有深远的山林,可资点缀,东面有运河,可以直达,在元代船只简直可以泊到城下,城内也有河流,可以洗刷污秽。在今天新建设形势之下,几百年前的盛况又恢复了。

北京的香山[①]

近日报载北京西郊外的香山已经开放了,并且将有一所饭店出现。从此北京的郊区更增加无数游览胜地。许多古迹又能换一种面目与世人相见了。听到这样的消息,不觉为之神往。

北京西郊外一直伸展到太行山的深处,风景清幽,林木深秀,大部分是辽、金的离宫旧址。参差历落,棋布星罗,经营了长时期,费了不少人力物力,才有这样的结果。元、明、清三朝的宫廷寄生分子又各自占有了些地方,或修佛寺,或营别墅,千岩万壑之中点缀无数的层楼杰阁。人工的美结合了天然的美。特别在夏令,最是消暑的胜境。

由北京城到西山深处,香山正在一半的路程上,既不算很远,登山也不很难。在清朝有一所离宫,称为静宜园。以乱石砌成虎皮纹的墙,将重要的楼台院落包括在内。正门也

[①] 原载上海《新民报晚刊》1957年5月12日,第6版,"旧话重谈"专栏,署名:向平。

有宫门的规模，但比颐和园的宫门小得多，而且朴素得多。里面的坐落也不采用雕梁画栋的形式，恰与静寂的环境相称。进得门来，就顺着宽广的街道，曲折而上，道旁松柏参天，鸟声泉声互相和答，与门外便有仙凡之别。园中最胜处为双清别墅。因为有泉两股，汇为一大池，所以乾隆帝题此名。翠壁倚天，碧波如镜，夏日荷花盛开时，尤为可爱，在山上赏荷，原是极不易的，特别在北方，遇到这样的风景，反觉胜过江南的水乡了。

由双清上去不远，就是旧香山寺，房屋已无存，只有殿前的石屏还在，两旁石柱上刻着乾隆帝的联语。再往东去，就是来青轩，据前人记载，这里的匾还是明神宗题的。想来当时是一处重要坐落，现在看不出来什么了。山上有几处建筑，像雨香馆，是很幽深的，森玉笏是一块绝大的石壁，位置得恰供赏玩。最高地点俗名"鬼见愁"，据说前朝的帝王逢重阳节在此登高。

静宜园从辛亥以后就改为女校及慈幼院，由熊希龄氏经办，把园内山上的地方租给人，添了许多私人别墅。在北洋军人执政时代，每逢星期，冠盖游山的平添不少热闹。这又是三十多年前的话了。

在香山附近还可以看见道旁三两处形色奇古的碉堡，这就是乾隆时代仿照西南少数民族的特殊建筑而建的，作京旗练兵之用。当时八旗的健锐营、火器营，就驻屯在香山，一所一所的小住宅就是官兵的宿舍。光绪年间已经残破不堪，曾经修理一次。事隔多年又毁坏不少了。旗营的子孙后裔也早已不能靠着微薄的俸饷而生存了。由香山而南，到洪山口，有一座圆形的城，城上有楼，形势壮丽，金碧辉煌，其南有演武厅，有将台，是清代皇帝阅兵的地方，也是值得凭吊的古迹。

清末民初的北京报纸[①]

北京报界在清末的活跃是从庚子后才开始的,那时的报纸,因为处在的环境与上海不同,办报的人都有一官半职,才能够刺探政治消息,事实上也就各有政治背景。有两家阵容比较强的是汪康年的《京报》和朱淇的《北京日报》。汪在上海办《中外日报》时,就和曾广铨搭档,通过曾的关系,与路透社和一些外国报纸取得联络,局面更为宽阔。曾广铨生长英国,英语流利,自己又在外务部任职,条件非常便利。后来汪的反袁色彩太鲜明,被袁派暗算打击,放弃不干了。却另外办一种旬刊,而采取小型报纸的形式,名为《刍言报》。自己一个人执笔,不采新闻,专取别家报纸已登的消息和言论加以论断批判,倒是别开生面,叫人看起来非常痛快的。因为他所攻击的不限于某一对象,所以还没有受到当权者的迫害。然而袁世凯再起,汪就知道没有前

[①] 原载香港《大公报》1966年6月30日,第10版"古与今",署名:鹿无虞。

途。据说他在天津看到清廷起用袁世凯的谕旨,默然无语,倒在床上就死了。

汪康年在北京报界实际上种下了恶果。为什么呢?袁世凯的党羽发现了排除异己,可以利用舆论这一法门,于是不但收买舆论,而且制造舆论。所以有汪氏的反袁报纸,就有袁的御用报纸陆续出现。

民国初年,形形色色的人都聚在北京,纷纷以开报馆为政治活动资本。袁帝制运动发生,千奇百怪的现象都出来了。直接鼓吹帝制的是杨度的《亚细亚报》,不但在北京煊赫不可一世,并且还在上海开分馆,人们称之为"元勋报"。其次一等的报,有记者自称臣的,"臣记者"成为一时的笑谈。在一片捧袁声中,起初还有《醒华报》《国是报》《国民公报》等五家不肯附和,终于陆续被收买的收买,被封禁的封禁,自动停办的停办。

帝制取消后,是不是所有帝制派的报纸也会封禁停办呢?倒也不然,除众人所指目的"元勋报"以外,一般的也就随风转舵,不惜向外人另操一副面目了。整个北洋军阀统治期间,北京的政权此起彼伏,何止一次,报纸的翻云覆雨是被人们感觉司空见惯的。

一直到北洋军阀的末期,北京的通讯社和报馆始终是小官僚的副业。他们凭借职务的便利,多少可以采访一点无关重要的新闻。买一架油印器具,挂个牌子,就有向机关要人要求津贴的希望。所谓津贴也无非在机关里派个挂名差事，东一个西一个，总比在穷衙门坐冷板凳、候济欠薪强些。开个报馆也不难，新闻的来源就是上面所说的这种通信社稿，也并不要钱，是白送的。另外向印刷所定印几十份报，送送有关机关，就是个津贴的本钱了。非但一般人不看，也不知道有这种报，连机关要人也明知是个骗局。为了省麻烦，少惹人骂，反正不要自己掏腰包，也就乐得送人情了。

万里长城[①]

谁都知道,万里长城和大运河是古代劳动人民伟大的成绩,是足以向世界各国夸耀的悠久文明。每个中国人都应当知道一点有关的历史。

长城是古代国防上的重要措施,在战国时代,燕、赵、齐登过的边境都有长城,即使是楚国,也对中原各国筑有防御性的长城,所以屈完对齐桓公说:我们有方城和汉水两道防线,你们人再多些,我们也不怕。像这样的长城,当然规模还不大,不过是片段的,秦始皇兼并了六国,统一了内部,就派蒙恬统率大军将入侵的外族逐出,收回现在的河套地方,按照地势的曲折,筑起一道东西向的长城。大约西从临洮(即今甘肃岷县),东到辽东,中间以阴山为屏障。这样长的距离,其计划之宏伟,工程之艰巨,在二千年后的今天看来,也足以令人吃惊的了。但还不是一劳永逸的。在汉代,匈奴还不时突破长城而入侵,仍然在秦长城的基础上不

[①] 原载香港《大公报》1966年6月20日,第10版"古与今",署名鹿无虞。

断增修。以后北魏、北齐及隋朝，为了应付不同的外族，又按照各自的需要，另外有所扩建。那时的秦长城可能已经逐渐被毁了。今天我们所能看到的长城，主要是明代的工程。明代为了防备北方鞑靼、瓦剌政权的侵扰，先后进行过十八次的修建。西起甘肃的嘉峪关，东到河北的山海关，断断续续，联为一气，并且在山西的内部又加筑一道，作为内边。东西总计，虽然不是真正的万里，五千里是有的。嘉峪关和山海关都是在重要地点所设置的关城，这样的关城不止一处，也不是完全一样的形式。次要的地方则称为隘，都可供附近农民在战时的庇护，经常屯兵储械，蓄积粮食。到了清代，长城的作用不大了，当然不再去修补。在制度上仍是在某些地段驻兵设防的，不过名存实亡，只剩少数的关堡，还保存着经年封锁的敌楼。前清末期，有人上去看过，满地灰尘，好像与外面的世界隔着一两世纪的距离，朽烂的盔甲，锈蚀的刀矛，以及残破的公文，无一不显示古老的景象。到今天，这些又成过去，居庸关一带的长城，经过细致的整修，然后悠久的传统与现代文明相结合，不止于使人凭吊古迹而已。据□□□①道一带的城墙，高度为六米半，顶部的厚度为五点七米，女墙（即城上的矮墙）高度为一米，城上是可以骑马的。

---

① 编者按：原版处模糊不清。

瞿宣颖与北京：
一位民国"史官"的居京日常（代后记）

侯 磊

民国学者瞿宣颖（1894—1973）是有"善化相国"之称的晚清重臣瞿鸿禨（1850—1918）幼子，在他八十年的岁月中，除了长沙故宅以外，最主要居住地是北京和上海。在北京，他从13岁起进了京师译学馆，精通英文，并学习德文、法文；毕业后去上海读圣约翰大学、复旦大学，再毕业后北上谋职。1920年，27岁的瞿宣颖进入北洋政府，1946年归沪独居，直至1973年死于提篮桥狱中，此间的传奇，足够做一篇《瞿宣颖的京沪双城记》。

他早年居沪时用文言写作，署名瞿宣颖；壮年居北平时，使用瞿宣颖、瞿兑之、铢庵、瞿益锴等若干笔名，从文言、半文言写到白话；后半生回到上海，写作时署名瞿蜕园。至今人们尚不易分清那么多笔名其实是他一人，因为他同时做了若干方向的学术和文章。

而最终成就瞿宣颖史学家、掌故学家地位的地方，是北京。他笔下跃然纸上的北京，可分为文言、白话两部分，编成两部大书。

北平史官

瞿宣颖早年在沪通过张元济到商务印书馆学习，去京后辅助章士钊编辑《甲寅周刊》，并在其上发表了《文体说》《代议非易案书后》。自己开过广业书社，主编（总编）过《华北》月刊、《国立华北编译馆馆刊》《中和》月刊，名列众多杂志、丛书编委，众多诗社社宾，众多学术机构的发起人和工作主力，众多学会会员。

他曾担任北洋政府的若干官职，而说他是"史官"，是因为他曾担任以下三个职位：政事堂（国务院）印铸局局长，国史编纂处处长，河北省通志馆馆长。参照各处的官制简章，现将职责简述如下：

国务院印铸局："专职承造官用文书、票券、勋章、徽章、印信、关防、图记及刊刻政府公报、法令全书、官版书籍。"

国务院国史编纂处:"纂辑民国史和历代通史,并储藏关于历史的一切材料。"

河北省通志馆:"向各地征集志料,编纂《河北省通志稿》,并要求各地编纂志书。"

担任过这三处的长官,能堪比古代的史官了。具体而言,瞿宣颖从史料的采集、编辑、教学,到校订、出版,都亲自干过,都管理过。

身为史官,为国存史;私人治学,为家存史。他在《南开大学周刊》1928年11月26日第七十二期,发表了《设立天津史料采辑委员会之建议》,提出:"著者在近六七年间,着手搜辑旧京史料。除自著短篇《北京建置谈荟》以外,都以资料浩繁,不暇整理,不敢轻言成书。……其时得有官厅的助力,颇得许多珍贵的资料,预计一年以后妥可有一部极翔实的新著问世。然而,政府长官更迭,原议停顿,此种私愿也无从实现了。"可见他参考工作中的史料来治学,用私人治学来补官方之缺,并希望人人都有保存史料的意识。可惜此处所指的那部"极翔实的新著"则无从问世了。

他认为:"吾国人于字画则知珍重,于史料则不甚顾惜,其毁于无知者之手盖不知若干矣。"而在《设立天津史料采辑委员会之建议》中,他说:"我们所注意的不单是古代的历史,更要注意现代的历史,并且要准备未来的历史。"

何以是"未来的历史"呢?他在1945年所写有关《中和》月刊的《五年之回顾》:"诚以人事靡常,零篇坠简,一旦澌灭,良可痛惜。得一刊物为之传载,即不啻多写副本,或幸如羊祜之碑,一沉汉水,一置岘首,终有一传耳。"而与此观念不大相同的,是他的三代世交陈寅恪。陈寅恪始终不研究近代史,直至晚年,才在已部分散佚的《寒柳堂记梦(未定稿)》中谈一点家事。

与此相符的,是瞿宣颖热心于参与各种学术组织。七七事变以后,北京古学院成立于北海的团城,于1946年8月裁撤。由江朝宗担任院长、张燕卿担任副院长、瞿宣颖与吴廷燮、叶尔衡、田步蟾、周肇祥、王养怡、胡钧、郭则沄等为常务,所参与者皆为一时名士。学院创办了《古学丛刊》《课艺汇选》,仍旧使用文言文,每一期都请人题写刊名。瞿宣颖从第1至5期,连续在其中的《文录》栏目发表文章,并且参与搜集了众多前人未刊的书稿,由郭则沄编印了《敬跻堂丛书》。

他对官方的学术机构尽职尽责,且有着很强的期待。在《文化机关的责任》一文中写道:"凡是负责经营文化事业的人,应该忘怀于一时的政治现象,而竭力发挥所谓为学术求学术的精神。说一句充类至尽的话:纵使国亡,而我们的事业却不可以中断。因为我们的事业实在是国家复兴的基础。"

如果官方机构不够完备,他会加入别人组织的学社,如他参与由表兄朱启钤创办的中国营造学社并编纂史料,所著《明岐阳王世家文物纪略》由中国营造学社出版。而《中国营造学社汇刊》是请他的母亲傅太夫人题写刊名,署名"婉漪"。就在参与古学院的同时,瞿宣颖在自己家中还成立一个学社——国学补修社,参与者除他自己,还有徐一士、谢国桢、柯昌泗、孙念希、刘盼遂、孙海波等,聚会多是在瞿宣颖的半亩园。由大家轮番讲授国学知识,他把自己所讲的授课笔记整理为《修斋记学》,连载于《中和》月刊,并印成线装铅印本出版。

士大夫自由结社琴棋书画、交游论学的思路,是他家中世代的生活方式,他不会改变这种方式。

爱它就为它编方志

民国时热爱北平的文人大有人在,而瞿宣颖的热爱远不止写几篇旧京梦华录,而是把职业前途都用在热爱上。鉴于北平历代方志都不够完备,应该编纂一部当下的志书。他想给北京做地方志。他在《国史与地方史》一文中说:"我们现在固然要一部极好的国史,尤其先要有几部极好的地方史。"地方史不仅作为乡土教材培养人们热爱家乡的感情,更是国史的一部分,爱乡便是爱国。

而他与此相关的职位,是在天津担任河北省通志馆馆长,主持编纂《河北通志稿》,并就编纂事宜与王重民、傅振伦等学者通信,也曾担任上海市通志馆筹备委员会专任委员,负责上海通志馆的筹备。就私人治学上,他在天津方志收藏家任凤苞的天春园中饱览上千部方志,著有《方志考稿》《志例丛话》等。不论是风俗制度史还是方志学,都埋藏治掌故学的重要史料。这些,都是他为北平编纂史志的准备。

而具体工作,他是先后两次通过不同的学术机构,以及他在机构中担任的职位来实行的。

1929年9月,国民党元老李煜瀛(李石曾)倡议成立"国立北平研究院"并担任院长,这是个相当于"中央研究院"的学术机构,是现在中国科学院的前身。北平研究院下分若干研究会,也有院士制度,叫作"会员",一共有九十位。瞿宣颖是史学研究会会员之一,地点位于中南海怀仁堂西四所。史学研究会有众多学术项目,首当其冲者是编纂《北平志》,为此还创办了《北平》杂志。

也许是学术带来的兴奋,瞿宣颖率先拿出了《北平志编纂通例》《北平志编纂要点》,列出《北平志》要分为六略：一、《疆理略》；二、《营建略》；三、《经政略》；四、《民物志》；五、《风俗略》；六《文献志》，算是定了个体例的初稿。又干脆自己编了本《北平史表长编》，都发表在《北平》杂志上。但这部《长编》限于写作条件，他并不满意，也曾受到过其他学者的议论，晚年时还对弟子俞汝捷谈起过，很遗憾没有再版修订的机会了。后来因为抗战，《北平志》的编纂工作被迫停止了。《北平》杂志只出版了两期。

另一次是到了40年代，由民国时清史馆总纂吴廷燮主持编纂《北京市志稿》。这部大书共有400万字，直至1998年才由北京燕山出版社出版。这一次瞿宣颖担任分纂，亲自编纂《北京市志稿》的《前事志》，"采用编年体，为上古至民国二十七年的北京大事记。"《前事志》原八卷，可惜如今仅存《清上》一卷了。

此时北洋政府的各大机构，官员工资并不低，公务相对清闲，不少人再兼几个闲差，或到大学里教书，有的月收入能达上千元。鲁迅、胡适等人都买得起房子，以保证学术和生活的体面。而街面上的警察或"骆驼祥子"月薪6元，租一套十几间房的三进四合院不过几十元，而全买下来需要近千元。此时的北平有古典的遗韵尚无现代化的破坏，有南方的秀丽且有北方的壮美，有皇城府邸的尊贵又有市井小民的窃喜；有廉价的饭食书籍尚无过多的机构冗员，有政府的高工资尚无政治的高压。瞿宣颖的生活，理应十分滋润。

然而，这位史官的居京生活是朴实的。父亲瞿鸿禨不大爱吃肉，多以素食为主，瞿宣颖也受此影响，并不是位老饕。他懂美食和生活品质，作有《北平历史上之酒楼广和居》《北京味儿》等文，不论是写涮羊肉还是谭家菜的鱼翅，皆得其中三昧（当然现在不该吃鱼翅了）。但他并没有过分追求，只是从小生活水平较高。他笔下的北平，是"面食与蔬菜随处可买，几个铜子的烧饼、小米稀饭、一小碟酱萝卜，既适口又卫生。……蓝布大褂上街，是绝不至于遭白眼的"。至于梨园鼓吹、斗鸡走狗、声色犬马，则没什么兴趣。他写过篇《记城南》，但他不热衷于逛天桥看打把式卖艺。诚然，平民娱乐也绝非低人一等，能如王世襄写架鹰、唐鲁孙写美食、张次溪写梨园、连阔如写江湖买卖道儿上"金皮彩挂评团调柳"的人更为金贵。瞿宣颖并非不懂这些，也偶尔会谈及一点，但学术兴趣并不在此。这一点上他很像周作人，仅以故纸堆自娱。

因此瞿宣颖的掌故不集中在吃喝玩乐、风土人情上，而是将历史事件、历代典章信手拈来，本质上是在写政治制度和风俗制度；更本质上，则是他史学研究和编方志的副产品。今人的"豆腐块"味道不如前人，是因为只有副产品，而缺少治学的主干。

故都之爱

尽管瞿宣颖在北京住过很多地方,如他住过北池子、住过东四前拐棒胡同17号,1924年其时寓所已迁黄瓦门织染局6号,在京郊住过香山碧云寺,而他住得最久的地方始终是位于弓弦胡同内的牛排子胡同1号的半亩园东路,前后共四进院落,现在属黄米胡同。

这所不小的宅院原先是《鸿雪因缘图记》的作者,江南河道总督完颜麟庆(1791—1846)的故居,东部为住宅,西部为花园,瞿家只占东部,是瞿鸿禨时代置办下的。瞿宣颖读书求学,并生儿育女,直至儿子在这里结婚,孙子在这里出生,并最终与妻子离婚,并单人于1946年赴上海(家人在1948年去上海),后陆续将半亩园东路卖出。他写过《故园志》,请齐白石画《超览楼禊集图》。长沙故宅中有两株海棠,而黄米胡同宅中仍有两株海棠,他请黄宾虹绘《后双海棠阁图》,并请郭则沄、黄懋谦、傅增湘、夏孙桐等《为兑之题双海棠阁图卷》题诗。

他是《人间世》《宇宙风》杂志的作者,《旅行杂志》《申报》月刊、《申报·每周增刊》也是他的发稿阵地,对于北平，他有太多的话想说，且把一切赞美之词留给了北平。他写道："我是沉迷而笃恋故都的一人。""舒适的天然环境，实是最值得留恋的。""要找任何一类的朋友都可以找得着的。""北平有的是房屋与地皮，所以住最不成问题。……生活从容，神恬气静……"他认为北平如果以公元938年辽太宗定幽州为南京，到1938年已经是建都一千年了。作为千年故都，北平必应当隆重庆祝，大书特书，且需要整理的学术遗产太多了。

《宇宙风》在1936年第19、20、21期，出过三期《北平特辑》，每辑都是名篇辈出。第19期前四篇文章为：周作人的《北平的好坏》（署名：知堂）、老舍的《想北平》、废名的《北平通信》、瞿宣颖的《北游录话》（署名：铢庵）。《北游录话》采用铢庵（作者自己）、春痕（挚友刘麟生）二人对话体的形式，分成十章连载十期，写铢庵带着春痕游览并谈论北京。而第十章《北平的命运》从未来发展的角度，表达出瞿宣颖对抗战前北平命运的担忧。在他心中，北平不只是文化古城，更是近代学术的中心，自古以来有着士大夫自由讲学的传统。而面对日本的侵略，"以此为中国复兴之征兆，亦未可知啊！"这三期特辑的文章被陶亢德编成一本《北平一顾》出版。也许是《北游录话》太长，并未收录。

瞿宣颖喜欢实地考察和旅行，他热爱地方风物，每到一处都要走访文物古迹，恨不得立刻研究当地风土。他为张次溪《双肇楼丛书序》作序称，张次溪研究北京能"亲历间巷，访求旧闻"，他自己也是如此。他写有《燕都览古诗话》，每一处景观作一首旧体诗，并引用旧京古籍讲解论述。京城的中山公园、什刹海是他与友人游览、品茶的地方。故宫、皇城还是各皇家建筑，他都曾亲赴考察，并感慨大量清宫中没有算作文物的日常生活用品，都已残破丢失（这在当时人眼中不算文物）。他赞同朱启钤修改北京的前门楼子，认为这是成功的、现代化的修缮。而到1924年前后，市政公所几乎拆光了北京原有13公里的皇城城墙，他对此大为遗憾。皇城城墙今天只剩下1900米了。

京郊各个旅行胜地，昌平的汤山镇、延庆八达岭、房山的上方山、京西的三山五园，直至潭柘寺……都留下他的足迹，写有旧体诗或游记文章。至于京外，他游览定县，做《古中山记》；赴广东执教于学海书院，做《粤行十札》；游览大同，做《大同云冈石窟志略》。他希望南开大学设立一个机构，用以搜集天津地方史料，为将来做《天津志》做准备。而那些旅行之地，成了他考据的现场。

任何一个地方，要接续上它的历史，就要掌握此地历代先贤的著作。瞿宣颖极为熟悉旧京古籍和历代名家日记，如《日下旧闻考》《天咫偶闻》《故宫遗录》等，辑录、整理、出版了不少。他根据翁同龢的《翁文恭公日记》、李慈铭的《越缦堂日记》、王闿运的《湘绮楼日记》等，辑录出《同光间燕都掌故辑略》，撰写了《北京建置谈荟》《从北京之沿革观察中国建筑之进化》等长文，编辑出版了《北京历史风土丛书》第一辑：共有《京师偶记》（柴桑）、《燕京杂记》（佚名）、《日下尊闻录》（佚名）、《藤阴杂记》（戴璐）、《北京建置谈荟》五部书。前四部是清人所著，而第五本是他自撰。这套书他请史学家陈垣作序，并由梁启超来题签。他在致陈垣的书信中说："《北京建置谈荟》，则颖所自撰也，书虽不足观，以供普通人浏览，稍稍传播爱护史迹之观念，未为不可用也。"（《陈垣往来书信集》兑之致陈垣书第二通）由广业书社出过石印、线装铅印两版，这个书社还出版了一套《明清珍本小说集》，以及瞿宣颖编著的《时代文录》上下两册，《汉代风俗制度史》等。广业书社位于牛排子胡同1号，就是瞿宣颖的家——他自己办的出版社。

他写了大量的旧京掌故结集为《故都闻见录》《北梦录》等。掌故既是文章的内容，又是一种近似于古代笔记的、半文半白文体。他研究旧京有自己的体系，想建立现代化的掌故学。而这种文体在新中国成立后日趋白话。晚年时，他在上海以瞿蜕园为笔名，给《新民晚报》《文汇报》《大公报》等写了不少旧京掌故的白话文，能读出他是用文言思考，再落笔为白话的。那些豆腐块他往往一蹴而就，一刻钟写完，至今读来妙趣横生。

序而刊之

文人几乎是一半写一半社交。瞿宣颖朋友极多，且他的社交也能分成几拨人。

一拨人，是他先天的亲友。瞿家与逊清官员有着盘根错节的同僚、姻亲关系，后裔们时常走动。也包括他幼年时师从王闿运、王先谦，少年时京师大学堂译学馆，青年时读上海圣约翰大学、复旦大学的同学。这拨人更多的是结社雅集，诗词唱和。传统诗社多是以家族、姻亲的形式结合在一起。比如他与连襟张其锽、卓定谋，表兄朱启钤，湘学同门齐白石，译学馆时的好友黄濬，圣约翰大学时的好友刘麟生、方孝岳、蔡正华，以及旧名士溥心畬、李释戡、夏仁虎、冒鹤亭、傅增湘、章士钊、郭则沄、罗惇曧、黄懋谦、夏孙桐等。

另一拨人，是不左不右、偏于中庸的文史作家。如《宇宙风》《古今》《逸经》《越风》《天地》《新民》《文史》《杂志》……包括《古今》主办人朱朴、《逸经》主编谢兴尧、《文史》主编金性尧……以及各自的作者群。这里除了周作人，几乎都是文学史上的失踪者。在《周作人日记》中，曾有多次写瞿宣颖前来拜访。他为周作人的代表作《日本之再认识》，写过一篇《读〈日本之再认识〉》的评论，并为其《名人书简钞存》写了数百字的按语。

仔细想来，这两拨人多有交集，本质上是知识结构和趣味点近似的同一拨人，更像年龄断层的两边。旧名士们的辈分更长，文章更偏于文言。他们都成为瞿宣颖主编的《中和》月刊的作者。

《中和》月刊被瞿宣颖恢复成杂志的本意："杂的志"。杂志没有编辑部成员名单，卷首语、编者按都署"编者、编辑部"，很多都是瞿宣颖亲自写的。凡是发现了未刊的名家手札、史料整理、新颖史论会立刻刊登，形成周作人、钱稻孙、徐一士、孙海波、柯昌泗、谢国桢、谢兴尧、傅芸子、傅增湘、俞陛云、周黎庵、金性尧、陈慎言、孙作云、张次溪等掌故、民俗学家的混合阵营。一时间，郭则沄在此连载《庚子诗鉴》《红楼真梦》，徐一士连载《近代笔记过眼录》，蒋尊祎连载《天治》；瞿宣颖自己连载《养和室随笔》《燕都览古诗话》《方志余记》，更连载先贤未刊著作如王闿运《湘绮楼集外文》、瞿元灿《公余琐记》、耆龄《赐砚斋日记》等。此前，他主持国立华北编译馆，日常还招集华北编译馆的干事、课长开会商议各项事宜，办公地址在北海公园内的清净斋，并负责主编《国立华北编译馆馆刊》。

旧式的家庭关系是紧密的，瞿宣颖与亲友走动频繁。他对待亲友，干得最多的一件事，叫"序而刊之"（或"跋而刊之"）：把对方的未刊著作找来整理，作序、题跋、题词、题签、编校……直至印刷。他在《中和》月刊上开辟《超览楼藏耆贤书札》栏目，将家中所藏的郭嵩焘、俞樾书札等刊登出来。共同出身于京师大学堂译学馆的名诗人黄濬被处决后，瞿宣颖将他的《花随人圣庵摭忆》从杂志上搜集起来，编纂成单行本并作序刊印。此版的纸张奇缺，仅印一百部，为藏书界珍品。据不完全统计，他为徐一士、张次溪、高伯雨、刘麟生等写过序；编校汪诒年纂辑的《汪穰卿先生传记》、燕谷老人《续孽海花》、连襟张其锽的《墨经通解》和《独志堂丛稿》，与表兄朱启钤共校姨父黄国瑾的《训真书屋遗稿》、校《贵州碑传集》等；为陈宗蕃《燕都丛考》、张次溪《双肇楼丛书》、蔡正华《元剧联套述例》等题词；至于题写书名、刊名或自署更是平常。他对个人著作，几乎都作自序或编序例，并请人题签。历史的载体是文献和文物，文献最重要的是刊印。旧文人的风气是他的生活日常，而另一方面，他也在留住历史。

他与画家黄宾虹、齐白石相交甚好，另与陈衡恪、于非闇、陈半丁等相熟。他写了《宾虹论画》《齐白石翁画语录》等文，以记录与黄宾虹、齐白石谈画的金句，使得当时的只言片语，成为后学中珍贵的圭臬。1943年，年近七旬的张鸣岐来到北京。张鸣岐(1875—1945)即张韩斋,清末时的两广总督,为广西的现代化做了不少实事。此时做过总督的人在世者只有他和陈夔龙了。瞿宣颖来听他谈前清旧事,并随问随记,作《记所闻于张韩斋者》,晚年又修改为《记张韩斋督部语》一文,收入《补书堂文录》。两年后张鸣岐就逝世了。早在1931年在沪时,瞿宣颖便为丈母娘曾纪芬笔录了《崇德老人自订年谱》,为丈母娘的父亲曾国藩写了本《曾文正公传略》和若干文章,为老丈人聂缉椝的父亲聂亦峰的公牍出版题跋……亲戚中的重要历史人物,都被他捋了一遍(他这样的人在古代叫"肉谱")。就北洋政府的往事,他也写过《黎元洪复任总统记》《北洋政府内阁人物片段》等;就个人经历,有《故宅志》《塾中记》《解放十年中我的生活》等。当时没有口述史的概念,但瞿宣颖有做口述史的意识。口述史的整理者要在史学上不逊于口述者,能将口述梳理成文并校订正误,很见功力。

北平竟然集中了那么多的"文化遗老",他们支撑起五四运动以来旧文学的半壁江山。瞿宣颖始终是旧体文学活动的组织者,正如他在五四时的《文体说》一文所讲:"欲求文体之活泼,乃莫善用于文言。"他知新而不忘旧,继续让传统文学在其自己的轨道上前行至今。

存史之心

太史公有云："昔西伯拘羑里，演《周易》；孔子厄陈、蔡，作《春秋》；屈原放逐，著《离骚》；左丘失明，厥有《国语》；孙子膑脚，而论兵法；不韦迁蜀，世传《吕览》；韩非囚秦，《说难》《孤愤》；《诗》三百篇，大抵贤圣发愤之所为作也。"而到了民国，瞿宣颖作掌故学，是为了什么呢？

我想，可能是为了"存史"。

瞿宣颖生于清末，成就于民国。他所面对的改朝换代，结束的不是有清一代，而是两千年来所有的帝王，是整个古代的生活细节。中国从此没皇上了，那么有皇上时的一切都没用了。没用之物，首选是抛进垃圾堆，而不是送进博物馆。民国人不把晚清的东西当文物，越是当时的学者，越认为不值得进博物馆。经亨颐曾认为要把故宫卖掉，清宫秘档也变成八千麻袋的废纸出售，激进者多有废中医、废汉字、废旧戏的言论。改朝换代便是旧臣败家，新暴发户闪亮登场，京城八旗阶层败落，众多王公生活无以为继，哪顾得着存旧物？这便意味着历史中断。更何况瞿宣颖笔下那些"杂史"——历史的边角料呢?

而瞿宣颖自幼家中来往,无不是逊清重臣;他所求学、交往的无不是宿儒;家中翻检出前人的旧纸,无不是郭嵩焘、康有为、岑春煊等一辈名士之间的通信手札。他的掌故学有一半是天生而来的:自家和亲友即为半部近代史,任何旧事旧识都是写掌故的素材。他有意识甚至是下意识地保存家族、亲友和个人的史料,好像是一位每天都为孩子拍照的父亲,也像任何东西都要搜集的收藏者。四十岁时,瞿宣颖因兄丧,从河北省政府秘书长和河北省通志馆馆长的职位上辞职返京,客观上给了他编校先人著作的时间。为了恪守母亲傅太夫人的遗命,他整理并刊印了线装铅印本的《长沙瞿氏丛刊》二十卷,包括瞿氏三代的文稿、家谱,特别是父亲瞿鸿禨的《超览楼诗稿》等,因为"苟不汇集刊行,实惟散失之惧","家谱与方志,皆为国史之根源"。编国史所练就的功力,首先要用在编家史上。

纵观他一生工作的"标准流程",始终是:成立学术组织——搜集整理史料——研究并讲学著述——编校前人著述——序而刊之。就像旧时文人造园,请人将园林画成长卷,雅集时每人于长卷后题词作诗,自己再作总序,把诗文绘画,付之桑梓。众人吹拉弹唱,尽欢而散。多年后江山易主,园林荒废,老友凋零,此时展卷重读,借着夕阳念旧时春光。

因为时局的变化，他不得不于1946年离开北京寓居上海，并独居卖文为生。而最终在"文革"中被抄家，瞿家世代的收藏连同他大量的文稿散失殆尽。他本人75岁时入狱，并在80岁时死于狱中。这五年他除了一些自述和交代材料以外无法治学写作。然而，他毕竟留下了大多数的著作，留下了瞿氏家史、北京史志及自身带来的掌故。即便在不能出版时，他仍整理好了平生的《补书堂诗录》《补书堂文录》，并影印、油印后藏之名山，传之后世。他一个人几乎干了三个人，甚至十个人的活儿。如今瞿宣颖仍有大量未刊手稿、书信藏于各大图书馆或民间藏家手中，时常出现在拍卖会上。更有大量秘辛从未写过或讲过，被他带走了。

他的先知之举还有：在抗战前把瞿家残存的古籍1811种共59769卷运到北平，寄存国立北平图书馆，图书馆编印了《瞿氏补书堂寄存藏书目录》，连双方交涉的通信和律师证明一并印上。书是永久的"寄存"了，但长沙故宅是彻底在战乱中毁掉了，"寄存"总比毁掉要好。

每个家族，每位名士都成于时代，兴于时代，最终湮灭于时代。长沙"善化相国"一家，从瞿鸿禨到瞿宣颖，在官职、财产、家传文物、藏书方面都"代降一等"，直至被抄家后损失殆尽——这是推翻旧文化，打造新文化的必然；但在诗文学术上并未下降，直至瞿宣颖的侄子瞿同祖（1910—2008），又是一代大家。同样，尽管历经破坏和拆迁的风险，杭州永福寺畔的瞿鸿禨墓总算保住了。世事变迁没能给瞿家人留下家传的藏书、文物和财产，但留下了前辈著作、家谱、子孙和祖坟——在物的层面没保住，但人和精神的层面保住了，算是不幸中的万幸。

瞿宣颖的一生，是想把遗失的历史打捞起来，把破碎的历史拼接起来，把驳杂的历史梳理出来，把深邃的历史注解出来，把讹误的历史订正过来。为了北京这座城，把自己的青春、诗文、职位、学术和藏书都给了它。在2017年，瞿宣颖的两本册子《学诗浅说》《文言浅说》（署名：瞿蜕园、周紫宜）畅销且得好评。这次整理、注解《北京味儿》，是瞿氏的半文半白、白话的文章中，就北京掌故和研究的一次集中体现，也是瞿宣颖重归大众视野的一次尝试。

本书参考瞿宣颖著作民国时的版本整理而成，不同版本均有说明；除了明显的错别字以外，一般的通假字、古今字、异体字不做改动，个别之处用脚注的方式说明，凡无标点之处加以增补，并就一些当时语境和北京地方风物加以注释，以保存时代特色和原有风范。本书的整理和出版得到瞿泽方先生、金章和女士等瞿氏家族后人的大力支持，得到俞汝捷、田吉、张军等前辈老师的悉心指导，宋希於兄提供了若干资料，高立志、乔天一、张帅等编辑老师编校书稿时付出了辛勤劳动，特别是时代所限，原作者引用古籍版本不一，乔天一老师编校时都对引文作了考据与核对，于批注中引经据典共同协商定稿，对我帮助很大。在此谨致谢忱！

瞿氏学识渊博，淹通文史，文言精湛，于今天的读者来说，其行文时常多用典故和生僻字。本人才疏学浅，但力求完美，整理工作唯恐有误，请专家读者批评指正。

2020年6月10日